国家社会科学基金项目"刑事案件事实认定中的经验法则研究"（项目编号：19BFX092）前期成果

刑事司法
经验法则
运用研究

XINGSHI SIFA

JINGYAN FAZE
YUNYONG YANJIU

潘金贵/主编

中国检察出版社

图书在版编目（CIP）数据

刑事司法经验法则运用研究 / 潘金贵主编 . -- 北京：
中国检察出版社，2022.4

ISBN 978-7-5102-2711-0

Ⅰ.①刑…　Ⅱ.①潘…　Ⅲ.①刑事诉讼—司法制度—
研究—中国　Ⅳ.① D925.204

中国版本图书馆 CIP 数据核字（2022）第 028387 号

刑事司法经验法则运用研究

潘金贵　主编

责任编辑：俞　骊
技术编辑：王英英
封面设计：天之赋设计室

出版发行：中国检察出版社
社　　址：北京市石景山区香山南路 109 号（100144）
网　　址：中国检察出版社（www.zgjccbs.com）
编辑电话：（010）86423751
发行电话：（010）86423726　86423727　86423728
　　　　　（010）86423730　86423732
经　　销：新华书店
印　　刷：河北宝昌佳彩印刷有限公司
开　　本：710mm×960mm　16 开
印　　张：21
字　　数：318 千字
版　　次：2022 年 4 月第一版　　2022 年 4 月第一次印刷
书　　号：ISBN 978-7-5102-2711-0
定　　价：75.00 元

目 录

经验法则运用的基础理论

经验法则运用的实践考察

经验法则运用的制度前瞻

经验法则运用的基础理论

刑事证明中经验法则运用的若干问题[*]

龙宗智^{**}

　　"法律的生命不是逻辑，而是经验。"^①司法实践中的证据判断，是司法者基于自身经验对证据诸要素及其价值作出的判断，因此证据判断亦可称为经验判断。经验法则是证据判断的基本法则之一。对经验法则，国外学者有大量研究，我国学者和实际工作者也有不少专论，尤其是在民事诉讼领域。因为民事诉讼取证手段有限以及证明标准低于刑事诉讼，不少民事诉讼证据事实需要而且允许运用经验法则进行判断，以解决案件事实真伪不明的问题。刑事诉讼也存在可适用经验法则的大量场景，但长期以来，因受证据客观性为证据最基本特性，以及"证明的目的是追求案件的客观真实"等主导观念的影响，在刑事诉讼中运用经验法则忌讳较多，相关的研究亦不深透。本文拟主要结合刑事证明实践，探讨经验法则的运用，指出其运用的误区，并分析经验法则与相关法则和证明方式的关系，以深化刑事领域经验法则的研究，并为司法实践中正确、有效地运用经验法则提供指导与参考。

---

　　* 本文根据作者于 2021 年 5 月在西南政法大学召开的第一届"证据法学论坛"上的发言，以及同月在最高人民检察院网络犯罪研究中心与中国人民大学法学院证据学研究所等单位联合主办的"电信网络诈骗犯罪治理与新型证据运用之高端论坛"上的发言整理改写而成。
　　** 四川大学法学院教授。
　　① ［美］小奥利弗·温德尔·霍姆斯:《普通法》，冉昊、姚中秋译，中国政法大学出版社 2006 年版，第 1 页。

一、经验法则的特点以及与经验判断的关系

所谓经验法则，在实际运用中有两种含义：其一，是指依靠普遍性经验，即被确认的某种一般性知识判定案件事实的法规则；其二，是指总结这些具有普遍性的社会经验所形成的，据以判断证据事实的实际经验内容，即社会普遍确认的各种知识定则。经验法则最早由德国学者提出，是大陆法系的概念；在英美法系中则被称为"背景知识"。[①] 作为知识定则的经验法则，其内涵有二分法、三分法、四分法和五分法的不同界定[②]；而对于经验法则的基本特征，也有学者作了不同的概括，如地域性、时效性和内在性等[③]。为确定经验法则的学理内涵，在此基础上探讨其应用问题，并且便于把握经验法则，笔者首先梳理出经验法则的以下特征：

一是普遍性。个体的生活经验上升为一种定则，应当具有普遍性，这是经验法则的核心特征。这种普遍性，首先是指其生成的普遍性。经验法则是由实践中抽象、归纳出来的知识，反映了事物之间的"常态联系"，符合社会认知活动的一般规律，在相当范围内是人们普遍承认的命题。例如，"趋利避害"是基于人的生存需要的一项经验法则；"违法者将逃避执法检查"则是在此基础上产生的一项具有普遍性的经验法则。经验法则生成的普遍性，要求其源于群体经验而非孤立的个人体验，其生成基础具有集体性、公共性。其次，普遍性也是指其应用的普适性。作为知识定则，可以作为证据与事实判断的大前提，普遍适用于一般的判断场景。这种判断的根据，一方面是一定

---

① ［美］特伦斯·安德森、戴维·舒姆、威廉·特文宁等：《证据分析》，张保生、朱婷等译，中国人民大学出版社 2012 年版，第 355 页。

② 二分法将经验法则分为一般经验法则和特殊经验法则。参见毕玉谦：《试论民事诉讼中的经验法则》，载《中国法学》2000 年第 6 期。三分法将经验法则分为常识、常情、常理。参见陈忠林：《刑法散得集》，法律出版社 2003 年版，第 37 页。四分法将经验法则分为生活规律、经验基本原则、简单的经验规则、纯粹的偏见。参见［德］汉斯·普维庭：《现代证明责任问题》，吴越译，法律出版社 2000 年版，第 155—160 页。五分法将经验法则分为自然法则或自然规律，逻辑法则，道德法则、商业习惯，日常生活经验法则，专门科学领域中的法则。参见张卫平：《认识经验法则》，载《清华法学》2008 年第 6 期。

③ 参见吴洪淇：《从经验到法则：经验在事实认定过程中的引入与规制》，载《证据科学》2011 年第 2 期。

程度的可重复性和可验证性，即所谓"屡试不爽"；另一方面，是为广泛的判断主体所接受，具有"合理的可接受性"，否则难以称为"法则"。因此有学者认为经验法则的首要使命就在于"确保裁判者的心证具有公共可接受性"。①著名的"彭宇案"，其裁判理由受到社会质疑，因为它设立了一个经验法则：如果是见义勇为做好事，更符合实际的做法是首先抓住撞倒原告的人，而不是首先去搀扶被他人撞倒的老人。这一判断不能获得普遍认同，并不具有普遍性即一般适用性，仅属于法官的个人判断。因此，该判断难以成为一项可适用于司法判断的经验法则。

二是相对确定性。与普遍性联系紧密，经验法则必须具有确定性，否则不足以成为知识"定则"。如果某种经验的或然性过大，以致不具备基本的确定性，则难以被普遍适用。因为建立在不确定的知识基础上的事实判断，将动摇裁判的确定性，因此相关经验不足以成为裁判依据。但这种确定性是人们在社会体验和认识过程中获得的，具有一定的主观性，因此仍然属于"相对确定"。此种相对性表现之一是需要置于特定的条件之下，具有情境依赖性。例如，通常认为，在公共场所使用枪支射击，客观上具有危害该公共场所安全的危险性，但若是事发现场无他人出现，且视野开阔，则或有不同，因此危险性须结合时空环境等因素认定。②表现之二，经验法则是对一般状况的概括，并不排除某种例外情况。如一般民众的借还款，小额采便宜原则，而如涉及上千万的巨额资金，则通常以转账、汇款、票据等方式交付，且留有书面凭据，其慎重及理性符合经验法则。但不能排除全部或部分金额以现金方式交付且不留凭据的可能，即使这样做可能不慎重、不理性。

三是效能差异性。经验法则是一个庞大的，甚至可以说是没有边际而且可能不断更新的知识体系，不同的知识定则具有不同的证明效能。这种差异主要表现在：其一，适用的时空效能不同。部分经验法则具有"地方性知识"特征，且有时效性，时过境迁则可能不适用；而有的经验则可能有较大的普

---

① ［美］米尔吉安·R.达马斯卡：《比较法视野中的印证证明》，吴宏耀、魏晓娜译，中国人民公安大学出版社 2006 年版，第 214 页。

② 参见赵某某以危险方法危害公共安全案，北京市第三中级人民法院 (2014) 三中刑终字第 76 号刑事二审裁定书。

适性。如基于人们的基本生存体验而产生的知识定则，则更具普遍适用的价值。其二，经验法则本身的确定性程度不同导致证明效能不同。有的经验法则虽由人们的生活经验产生，但符合自然规律，如太阳升起落下、潮汐涨落等。有的经验法则的确定性相对较低，出现例外情况的可能性较大。例如，强奸案中违背妇女意志总会出现各种反抗性外部表征，这一判断符合经验法则。但也有的案件因个体身体与心理特征没有明显表现。在实践中需要根据经验法则的确定性高低而采取不同的判断方式。对确定性较低的经验法则适用应当更为谨慎。其三，在证明活动中的地位不同导致证明功效差异。有的刑事案件以证据印证，尤其是直接证据印证为主，经验法则仅充当背景知识和辅助证明作用；另外一些案件，因证据尤其是直接证据不充分，事实真伪不明，借助于间接证据和间接事实的经验法则判断，则可能发挥主要的乃至关键的证明作用。

四是性质双重性。经验法则既是一种证明方法（从当事人角度）、证据判断方法（从裁判者的角度），同时，经验法则也是一种可适用的法规则。通常对经验法则的分析，如分析其内涵、特征及应用原理，主要是从证明及证据判断的角度展开，此时，经验法则及其运用是作为一种证明方法或证据判断、事实认定的方法。但在同时，经验法则也具有"法则"即"法规则"的性质。符合或者不符合经验法则，可以作为证据取舍以及事实认否在法律上的依据[①]，因此，法庭质证、辩论可围绕经验法则判断展开，而裁判也应当对此作出回应。同时，证据判断和事实认定是否符合经验法则，也可以作为上

[①] 在马某某等侵犯商业秘密案中，法院经审查认为，两被告人曾是相处较好的同事关系，正常情况下通话支付费用违背日常经验法则，应当认定"手机费"为获取经营信息而给付的对价。参见浙江省绍兴县人民法院（2005）绍刑初字第620号刑事一审判决书；又如田某等销售假冒注册商标的商品案，检察机关认为送货单载明的地址不明，缺乏买受人的指证，不应采纳。合议庭认为，被告人和买受人对买卖假冒注册商标的商品明知，在作案过程中避免留下真实地址，符合经验事实。据此认为该份送货单真实反映了被告人销售侵权商品的实际情况。参见上海市第一中级人民法院(2010)沪一中刑终字第750号刑事二审判决书，以及刘军华、唐震等：《二审新证据的审查及销售假冒注册商标的商品罪中销售金额的认定》，载《人民司法》2011年第12期。

诉和申诉再审的理由。① 陈朴生先生称："在诉讼制度，因采自由心证主义，无论其诉讼构造之为当事人主义，抑属职权主义，对于证据之评价，事实之判断，莫不赋与裁判官自由裁量之权，法律虽不就证据之评价，加以直接形式的拘束，但为使合理的判断，亦应基于经验法则。"② 经验法则是对自由心证的内在约束，具有"法规则"的效力和属性。法官必须依据经验法则进行判决，违背经验法则会作为判决错误的根据和上诉的法定理由。我国台湾地区"民事诉讼法"虽然没有明文将违背经验法则作为法定上诉理由，但学界通说认为应适用第469条"判决不备理由或理由矛盾者"条款，属于绝对上诉情形。③ 日本最高法的判例也表明，其《刑事诉讼法》第382条控诉理由中"事实有错误"，应当理解为依据逻辑规则和经验法则来看，第一审判决是不合理的，且应当具体指出不合理之处。④ 与此类似，我国大陆地区刑事实务中，司法机关通常将违背经验法则解释为认定事实确有错误，据此，检察机关可提起抗诉，人民法院可以改判或发回重审。如在一盗窃案中，被告人杨某通过提出"幽灵抗辩"获得一审法院无罪判决。检察院认为一审法院对杨某的犯罪行为认定明显错误，杨某的抗辩明显不合常情、常理、常识，遂依法提起抗诉，后经二审法院改判有罪。⑤

经验法则的上述特点，使适用经验法则的证明与证据审查，与证明活动中普通的经验判断相区别。事实判断本质上就是一种经验判断，经验的运用无处不在，但是不能将所有的经验判断统归为经验法则的适用。例如，证据相关性判断，就是判断者基于其社会生活经验包括专业经验所产生的关于事物间联系的一种认识。即如华尔兹教授所称，法官对证据有一种感觉、一种

① 梁某某盗窃案中，人民检察院认为该案被盗人财物均为个人财物，不存在保险理赔或借机侵占他人财物等情况，原审法院判决认定所有被害人报案时都极力夸大被盗数额，违反常情常理，不符合经验法则，属于盗窃数额认定错误，并据此提起抗诉。参见山东省聊城市中级人民法院 (2017) 鲁15刑终187号刑事二审判决书。

② 陈朴生：《刑事证据法》，三民书局1983年版，第563页。

③ 参见吕太郎：《以违背经验法则作为第三审上诉理由》，载《台湾法学杂志》2014年第261期。

④ ［日］田口守一：《刑事诉讼法》（第七版），张凌、于秀峰译，法律出版社2019年版，第584页。

⑤ 张琛：《拒不认罪判无罪 广元检方抗诉获改判》，载《四川法治报》2020年10月20日第A12版。

直觉的反映，其基础就是他们的经验和常识等。[①]这种感觉包括直觉的经验，属于个体认识，不一定具有普遍性。而只有运用某种一般性知识，即某种知识定则进行证据事实判断的时候，才能视为是对经验法则的运用。而对于一般的经验判断与根据经验法则进行的判断，实践中常常有所混淆。

不过，这里首先有一个前提性问题需要解决——为什么要区别司法活动中的经验判断与经验法则运用。有论者可能认为区分二者有困难，对司法实务来讲意义也不大。因为经验判断与运用经验法则进行的判断，其作用机制类同，划分标准也比较模糊。不论是普通经验还是经验法则，都是经不完全归纳产生的知识，只是存在规律性强弱的差别。哪些经验已经具有普遍性特征而符合"法则"的标准，并没有广泛的共识，更缺乏普遍的规范确认（只是有的法则可能被某些裁判所表达和确认）。因此，力图区分二者的努力可能是徒劳。[②]而且由于在实务中，判断者的普通经验判断与运用经验法则进行判断往往交织在一起，将其区别开来缺乏可能性和实际意义。

笔者承认，由于经验法则所具有的主观性和不确定性，以及经验判断本身所具有的复合性质，区分判断者的个体经验与经验法则有一定难度，有时不免出现交叉重合。但经验法则作为证据审查判断的基本方法，其建立的基础，就是将个体经验与一般经验即经验法则相区别，从而将具有"普遍性"与"相对确定性"并能获得基本共识的经验，作为认识的背景、准据、基础和前提。因此，承认经验法则，就不能不将其与不具有普遍性的经验相区别。如此区分具有证据法学的学理价值。同时，这种区分也具有重要的实践价值，包括规范适用的价值。在证明实践中，只有符合经验法则的证据内容和事实认定，才能确认其真实性，从而成为裁判依据。而违反经验法则，可以作为裁判认定事实错误，从而成为上诉理由以及改判依据。如最高人民法院《关于适用〈中华人民共和国民事诉讼法〉的解释》（法释〔2020〕20号）第105条规定，审查证据应当"运用逻辑推理和日常生活经验法则"。又如最高人民

---

① 参见［美］乔恩·R.华尔兹：《刑事证据大全》，何家弘等译，中国人民公安大学出版社2004年版，第83页。

② 参见2021年5月22日第一届"证据法学论坛"研讨会综述，载微信公众号"证据与刑辩论坛"，2021年6月5日上传。

法院《关于适用〈中华人民共和国刑事诉讼法〉的解释》（法释〔2021〕1号）第88条规定，证人的意见证言不得作为证据使用，但"根据一般生活经验判断符合事实的除外"；第140条规定，间接证据认定被告人有罪的，证据推理应"符合逻辑和经验"。这里所称"一般生活经验"以及"符合逻辑和经验"中的"经验"，显然均指普遍性经验，即经验法则。

在确认区分必要性的基础上，应考虑如何对二者进行适当区分。根据经验法则的前述特点，可以主要从三个方面进行区分。一是普遍性。普遍性是经验法则的根本特性。由普遍实践而归纳产生并在实践中普遍应用，而普通的经验判断不具有此一特性。二是相对确定性。经验法则虽然具有相对性而非绝对认知，但仍然有支持事实认定确定性的背景知识确定性，因此而成为一种获得共识的"定则"。普通经验判断依赖的则非此"定则"。三是法规则性质。违背经验法则可以作为事实不清、证据不足的认定依据，因此成为上诉或撤销原判的理由。普通经验判断虽亦要求妥适，但不具备法规则效力，难以成为裁判和上诉依据。由于普通经验判断不具有规则意义上的拘束力。即便有不当判断，也不必然带来救济或程序制裁。这本质上是因为经验判断比经验法则的确定性弱，审判人员素质、个人生活背景、社会阅历等都可能导致判断结果的差异。不当的经验判断常常是"可以理解的"且不一定是"错误的"，有时属于法官自由裁量范围。

此外，经验法则适用与经验判断的区别，还体现在适用范围方面。认定事实和法律适用是裁判案件的两项核心任务。有学者认为，不仅事实认定适用经验法则，法律适用也需要运用经验法则。[①] 此种观点之失在于混淆了经验法则运用与司法活动中普通的经验判断。对法律适用，需要基于法官的司法经验进行选择适用。如在"许霆案"案中，因行为人的行为方式特殊，无先例可援引，法官凭其多年的司法审判经验，适用盗窃罪对其予以处罚。但不能认为这是适用经验法则进行判断。因为经验法则是事实认定的根据，不应

---

① 参见陈林林、何雪锋：《论经验法则的司法定位》，载《求是学刊》2017年第3期。

适用于法律规范的选择。① 否则，就会混淆事实与规范的界限，混淆证据法的问题域，而且突破了专业研究和司法适用的约定俗成，造成概念和学理上的混乱。

当然，经验法则判断与个体经验判断有时也存在交叉重合。例如，口供排除规则中"其他非法方法"的判断。刑讯逼供是否达到难以忍受的痛苦的程度，既需要考虑到普通一般人对痛苦的普遍耐受标准，又要注意个别主体的特殊耐受标准，因此可能运用一般性的经验法则，也可能基于个体化的经验判断。在交叉重合的情况下，因为其间包含经验法则适用，即可按照经验法则适用要求进行判断和规制。

二、经验法则的功能及适用机制

（一）经验法则的两项基本功能

在以上特点分析的基础上，可以进一步探讨经验法则在证明活动中有何种功能以及以何种渠道发挥其功能。经验法则是对人们事物运作的普遍方式的概括，反过来，"这种概括又成为使我们能够把特定证据与人们希望证明的一个因素联系起来的前提"②。有国外学者将经验法则发挥的功能概括为三种类型：一是启发性功能，即帮助主体从显著情节推演和形成非显著情节的假设；二是认识性功能，即促使法官获得赖以建立案件事实的间接认识；三是证明性功能，指充当法官就案件事实据理作出最终裁决的综合证明和评判标准。③然而，笔者认为，前述启发性功能、认识性功能与证明性功能的逻辑关系不易把握，结合司法证明实践，经验法则的功能及发挥证明功效的渠道可以简

---

① 有学者经实证样本分析，得出实践中"常理"通常运用于事实认定说理，而无一例属法律适用说理。这里的"常理"指的就是经验法则。参见谢进杰、邓慧筠：《刑事裁判说理中的"常理"》，载《中山大学学报（社会科学版）》2019 年第 3 期。

② ［英］威廉·特文宁：《证据理论：边沁与威格摩尔》，吴洪淇、杜国栋译，中国人民大学出版社 2015 年版，第 221 页。

③ 参见［意］米歇尔－塔鲁否：《关于经验法则的思考》，孙维萍译，载《证据科学》2009 年第 2 期。

略概括为两个方面。一是验证性功能，二是佐证性功能。

所谓验证性功能，是指检验证据和事实认定的作用。这种检验，主要是指经验法则作为判断标准，对证据事实的真实可靠性的检验。此时，特定的证据事实是待证对象，经验法则是检验标准。我们在证据质证和事实辩论中常说，"符合经验法则"，以确证证据事实，或称"不符合经验法则"，以证伪或引起对某一证据事实的合理怀疑，即为经验法则验证功能的运用。不过，这种验证功能也常以其他语词表达，如"不合（符合）情理""不合（符合）常理"等。而在司法实践中，"不符合经验法则"一类的否定性判断更为常用。① 因为证据内容与案件叙事符合常情常理应是其自然属性，往往不需要特别论证；一旦进行常情常理等经验法则适用的判断，多为质疑证据内容和案件叙事的合理性与可靠性，即对证据及事实提出"合理怀疑"。而"合理怀疑"的基础及判断依据，通常正是经验法则。因此，依据经验法则所作进行质疑，与"合理怀疑"的提出具有类似功效。即以"解构"功能，发挥着案件质量保障与人权保护的作用。在这个意义上，经验法则的验证性功能与"排除合理怀疑"的证据标准和方法具有相通性。

所谓佐证性功能，是指证明过程中，使用经验法则对间接证据和间接事实进行判断，从而证明待证事实，此时经验法则发挥着佐证以达到事实确证的作用。例如，明知携带物为毒品或可能为毒品的运毒者，总会在行进路线选择或携带方式上斟酌，以躲避执法检查，因此对躲避检查行为作经验法则判断，即人们行为的趋利避害法则的判断，可以确认运输毒品者的"明知"，从而满足该罪的主观要件。在这里，趋利避害的经验法则作为大前提，结合某个或某些间接证据反映的具体事实（如躲避执法检查等），发挥着"佐证"，即协助证明的功能。不过，虽为"佐证"，但在事实真伪不明时，利用间接证据及间接事实作经验法则判断，可能对事实认定发挥关键作用，即认定或否定某一事实主张。这种"佐证"，在学理上较为规范的说法是：依靠间接证据进行的经验法则推论。

---

① 例如，在周某某受贿一案中，辩护意见提出周某某收取的 400 万元是借款，而非受贿，但一审法院认为，所谓借款在长达 10 余年的时间内无还款不符合经验法则，结合在案其他证据，不予采纳。参见四川省成都市中级人民法院 (2015) 成刑初字第 00215 号刑事一审判决书。

（二）经验法则适用的对象与机制

在诉讼证明活动中，经验法则对证据判断和事实判断的基本作用如何，是认识上有分歧且研究不充分的问题。笔者认为，经验法则的突出作用，是判断证据和案件事实的真实性，确认证据事实的存否，但同时也可用于证据相关性与合法性判断。因此，它既可用于判断证据的证据能力，也可用于判断其证明力。具体作用简要分析如下：

其一，关于证据的"三性"判断。首先，判断证据的真实可靠。例如判断证人证言，证人作出了对被告人不利的证言，但有证据表明该证人与被告人有过节。根据经验法则，此种证言客观性存疑。其次，判断证据的相关性。如盗窃案被告人在 20 年前曾有一次实施盗窃的一般违法行为，根据经验法则，过于久远的同类行为事实缺乏证明作用[①]，因此，我们不认为这一品格证据与本案有相关性，即使我国诉讼中并未严格实行"品格证据排除规则"。

有争议的问题，也许是第三性判断，即证据合法性判断是否适用经验法则。合法性判断是规范判断，而经验法则应对的是事实问题，应当说并不直接适用于合法性判断。但笔者认为，经验法则虽然不能直接用于判断合法性，但是可以辅助和支持合法性判断。由于合法性判断需以一定的事实判断为基础，因此经验法则不可或缺。例如，根据司法解释，使用"在肉体上或者精神上遭受剧烈疼痛或者痛苦的方法，迫使被告人违背意愿供述的"，适用口供排除规则。那么，某一案件中长时间不让被告人睡觉，以及"冻饿晒烤"的逼供持续较长时间，根据经验法则，已经突破多数人的忍耐力，可以作出已达到"剧烈疼痛或者痛苦"以及"迫使被告人违背意愿供述"的判断。这是基于生活知识作出的一个事实判断，同时也是一个规范判断，间接导致排除规则的适用。

其二，关于证据"两力"的判断。相关性的实质是证明力，因此，确认经验法则对相关性判断的作用，也就确认了经验法则对证明力有无及证明力大小的判断作用。证据能力构成，要求相关性、客观性及合法性，而相关性、

---

① 例如，英国 2003 年《刑事审判法》（Criminal Justice Act 2003）第 101 条第 4 款规定，排除被告人的不良品格证据时，尤其需要考虑到该证据与被控事实的时间长短。

客观性均受经验法则影响，合法性中的事实要素判断也受其作用，因此，经验法则亦可适用于证据能力判断。

其三，关于案件事实的验证判断。关于案件事实的验证判断，是指诉讼证明或司法认定的事实能否成立，是否具有客观可靠性的验证判断，在这一判断过程中，经验法则发挥着重要的事实验证作用。一方面，可以质疑主张的事实，认为其不具有合理的可接受性；另一方面，可以支持主张的事实，认为其能够经受经验法则检验。

其四，关于事实真伪不明时，佐证事实认定。主要是在证据印证不充分，尤其是直接证据不足的情况下，通过使用间接证据及间接事实，进行经验法则判断，从而证明案件事实。如通过行为人躲避执法检查的事实，根据经验法则判断其明知行为违法。

经验法则的作用机制，可以从两个方面观察：一是其适用场景与时机。经验法则并不是平时备而不用，只在某些关键时刻，即事实真伪不明时才发挥功效。这种认识忽略了经验法则的日常功用。因为经验法则的作用场景与时间主要包括两个方面：一方面是日常应用，即用于验证证据事实；另一方面是在事实真伪不明时发生佐证作用。而经验法则的日常应用是大量的，佐证功能发挥时机则比较有限。二是适用形态，包括隐形的和显形的两种形态。在其发挥验证功用时，通常是发挥隐形的作用。比如，对某一证词或鉴定意见，我们会根据经验法则判断其是否符合人情事理，如果并无大碍，则不生质疑。而一旦验证产生怀疑，则可能表现出来，此时经验法则发生显形作用。如裁判文书表达：此证言所证明的该项事实不合常情，本院不予采纳。而在经验法则发挥佐证性功能时，证明主体为展开心证形成过程，常常采用显形的方式，即具体论述间接证据如何通过经验法则证明案件事实。

三、经验法则运用与推定的关系

不能否认经验法则运用与推定有密切关系，但在学术研究和司法实务中存在一个普遍的误区：将运用经验法则判断案件事实，尤其是判断犯罪主观要件事实，界定为推定案件事实。由于推定与判断是不同的法律机制，形成这一误区，不仅可能导致概念的混淆、理论的混乱，还可能导致实践中误用证明方法和标准，违反刑事诉讼基本原则，因此需要厘清。

（一）推定与推论的同异

证据裁判原则要求，案件事实必须以证据证明并达到证明标准。只有在证明难度太大，且有认定事实必要时，才能考虑以推定替代证明。因此，推定被认为是"对司法证明方法的替代，也是对逻辑推理方法的规避"[1]。

证据学中的推定是一种假定，指依靠案件中某种基础事实推导出案件事实。推定与一般诉讼证明的主要区别在于，推定需要降低证明标准，转移证明责任。例如，巨额财产来源不明罪，依据国家工作人员持有巨额来源不明的财产这一基础事实，可以推定其以违法犯罪手段获得（不需要查明违法犯罪何时何地、何因何果），除非该国家工作人员提出合理解释（承担证明责任），否则构成犯罪。反之，如果采用证明机制而非推定，则需由控方查明犯罪构成的各项事实要素，持有财产的国家工作人员并不承担证明责任。

由此可见，诉讼证明中的推定机制，是一种特殊机制，即在证明困难的情况下，采用降低证明标准、转移证明责任的方法，克服证明困难，实现事实和责任的认定。推定一般被区分为法律推定及事实推定，前者有法律规范作为依据，后者无规范支持，而是法官根据案件情况作出认定。但二者均系利用基础事实进行认定，具有降低证明标准，转移证明责任的法律效果。

不过，有论者可能提出异议——推定，尤其是事实推定，也可以不降低证明标准，不转移证明责任，因此，依据经验法则判断案件事实，也都可以称为推定。

对概念运用的灵活性似乎不应当否定——只要准确界定了概念的内涵与外延，并且与其他概念相区别。但是，将推论（推断、推理）称为推定，却难以避免概念的混淆和实践中的误用，因为由此将导致证明机制与推定机制的混淆，丧失推定概念和机制设置的必要性。而且刑事诉讼的通行原则是"无罪推定"，即"假定"无罪，控方承担证明有罪的责任；如果首先推定即

---

[1] 陈瑞华：《论刑事法中的推定》，载《法学》2015年第5期。

"假定"其有罪，那么，证明责任当然就应当由被假定有罪者承担，如果自己不能脱罪就应当被判定有罪。很显然，此种机制缺乏正当性。

然而，在语用实践中，推定概念的使用，容易和证明机制中的利用间接证据进行推论的情况相混淆。而诉讼证明中的推论，其特点是不依靠直接证据证明案件事实，而是利用间接证据进行推理从而得出事实结论。如现场发现与被告人有关物证，可以推断其到过犯罪现场。

推论与推定的共同点在于：均需利用某些间接证据（事实）进行判断；同样有赖于经验和经验法则作为判断前提即背景知识。甚至也允许提出反证予以反驳或对涉嫌行为作出合理解释，从而推翻原判断。尤其是在当今刑事诉讼中，为克服证明困难，司法解释与判例增加了对当事人就自身行为作出合理解释的要求，证明责任转移作为推论与推定区分的标准已经趋于模糊。

因此，推论与推定的主要区别，是推定会降低证明标准，而推论并不降低证明标准。两者虽然同样利用经验法则，但区别在于，推论运用经验法则即可合乎逻辑地作出事实判断；推定虽然也利用经验法则判断，但依赖经验法则尚不足以得出可靠的事实判断，在这种情况下，需依据相关法律规范或司法实际需要作出事实认定——虽然按照一般证据标准此种认定依据不充分。

（二）依靠间接证据判断"明知"应属推论而非推定

在司法实践中，在法律和司法解释没有明确规定的情况下，对于犯罪事实的客观要件，学者和实务工作者通常比较注意使用证明方法达到证明标准，但就主观要件，尤其是对某些类型犯罪中的主观明知，由于犯罪嫌疑人、被告人往往不承认明知，而需根据客观实际情况进行推断，这种明知的推断，常常被称为"推定"。例如，根据《办理毒品犯罪案件适用法律若干问题的意见》（公通字〔2007〕84号）第2条，认定走私、贩卖、运输、非法持有毒品主观故意中的"明知"，行为人具有不按要求如实申报，用伪报、藏匿、伪装等蒙蔽手段逃避检查，采用高度隐蔽的方式携带、交接毒品等情形之一，并且犯罪嫌疑人、被告人不能作出合理解释的，可以认定其"应当知道"，但有证据证明确属被蒙骗的除外。此外，在网络诈骗犯罪司法解释中，对犯罪中的主观明知及犯罪故意，也有类似根据客观行为进行判断的规定。[①] 对这些司法解释中的事实认定机制，一些学者和实务工作者即将其称为"推定明知"。[②]

笔者认为，凡是根据经验法则合乎逻辑地作出"明知"的判断，就不是推定，而是推论。主要理由是：

其一，此种情况下的判断没有降低证明标准，不符合推定的特征。如采用高度隐蔽的方式带毒，或携带毒品时逃避执法检查，在行为人未能合理解释其行为方式时，根据经验法则，应当能够合乎逻辑地推断行为人"明知"携带物品的性质。

其二，随意使用推定违反刑事诉讼基本原则及法律规定。无罪推定原则是刑事诉讼人权保障的基石，而推定行为人明知其行为违法犯罪，系有罪推定，在法律没有规定此种例外的情况下，对犯罪的"明知"作有罪推定，违背无罪推定原则及刑事诉讼法关于举证责任的明确规定，损害了犯罪嫌疑人、被告人的合法权利。有鉴于此，相关司法解释的概念使用较为慎重。如根据《办理毒品犯罪案件适用法律若干问题的意见》第 2 条第 8 项，对于上述隐蔽带毒的行为，仍属于"有证据足以证明行为人应当知道的"，因此不属于推定性条款。

其三，推定"明知"，有悖于我国参加的国际公约文本的相关规定。英文中，推定用"presume"表示，推断用"infer"表示。根据布莱克法律词典解释，Infer 指根据事实或者事实推理得出结论。Presume 指预先假设，在没有证据的情况下，假设是真实的。[③] 我国已参加的联合国"打击犯罪三公约"中，关于明知的认定，均用推断（infer）而非推定（presume）。如《联合国禁止非法贩运麻醉品和精神药物公约》第 3 条第 3 款规定，根据本条第 1 款确立的犯罪所需具备的明知、意图和目的，可以从客观实际情况（objective factual

---

[①] 参见《关于办理电信网络诈骗等刑事案件适用法律若干问题的意见（二）》（法发〔2021〕22号）第 8 条及"两高"《关于办理非法利用信息网络、帮助信息网络犯罪活动等刑事案件适用法律若干问题的解释》（法释〔2019〕15 号）第 11 条。

[②] 参见梁坤：《毒品犯罪主观明知推定规则之实证检讨——以 2000—2015 年间的 14 份办案规范为考察对象》，载《证据科学》2018 年第 5 期；吴秀玲：《刑事推定在贩卖毒品案件中的功能和运用》，载《中国检察官》2012 年第 9 期。

[③] See Bryan A. Garner. Black's Law Dictionary (8th ed. 2004) p.2276+3753.

circumstances）推断（infer）。《联合国打击跨国有组织犯罪公约》第 5 条第 2 款、《联合国反腐败公约》第 28 条也有类似规定。此词使用，与无罪推定概念中使用推定（presumption）形成明确区别。

在经验法则运用时，要求慎用推定概念和方法，意在防止经验法则的不当适用。

四、经验法则与科学法则的关系

在现代科学技术高速发展及司法应用日益普遍的情势下，证据法的科学化成为当今证据法发展的主要趋势。在这一背景下，对经验法则的研究，不能囿于传统证据应用，还应当面对体现科学法则的科学证据，尤其是与网络有关的电子数据等新型科技证据的使用问题。因此，下文将经验法则的老话题，与科学证据的新经验结合起来，在新老问题形成的碰撞与张力空间中，分析经验法则与科学法则的关系及相关的问题。

（一）科学法则的特征及其与经验法则的异同

现代司法活动越来越多地利用乃至依赖科技手段和科学证据。一种运用科学技术、科学原理、科学仪器等手段的证明方法，逐渐渗透进证据调查活动中，可称之为科学法则的运用。与利用社会普遍经验判断和认定事实的经验法则不同，科学法则是指运用科学原理和科学技术形成证据、收集证据和检验证据，从而认定事实的证据法则。其实质是利用科学技术原理发挥证明功能。

证据学中的科学法则，具有四大基本特性。一是以科学技术原理为基础，主要来源于实验科学。科学法则无法简单依靠人的直观认识而形成，需要借助技术原理、实验对象、实验操作以及实验仪器等。二是以数字化、数据化为表现。与经验认知或主观判断不同，科学法则以实验数据为基础，可以将某事件或事实的发生概率精确化，从而为事实认定者提供量化参考。如 DNA 鉴定可以将累计非父排除概率精确到小数点后数位。三是可重复性、可检验性。自然条件下的现象往往一去不返，如证人作证时的神情表现通常无法再现。但在科学实验中，主体可以通过科技手段使被观察对象重复出现，进行反复研究。也可以再次创造实验环境检验已得出的科学结论。四是客观性。因前述特点，科学法则相较于隐约、虚幻的主观认知活动，更具"实体感"和客观性。

科学法则与经验法则都具有判断证据和证明事实的功能，两者具有相通性。一方面，两者的证明功效和标准一致。均发挥检验证据、证明和判定案件事实的作用，对案件事实的认定都需要达到证据确实、充分及排除合理怀疑的刑事诉讼证明标准。另一方面，两者都具有证明方法和法律规则的双重性。科学法则和经验法则均可作为证明和审查判断证据的方法，同时也是一种抽象的法规则，违背两大法则可以作为判决错误的根据，并成为法定上诉理由。

两者的区别在于：（1）证明原理和来源不同。科学法则基于科学原理，来源于科学实验和验证。而经验法则基于普通的社会经验，来源于人在社会生活中的主观观察、体会和总结。（2）证明载体和方式不同。科学法则的证据载体可以是各类科学证据①，如专门性意见、大数据分析报告等，形式具有多样性。而经验法则不直接作为证据进行证明，而是作为分析判断证据和事实的前提性、背景性知识，对证据和事实进行检验，或者建立间接证据与间接事实之间的联系。换言之，科学法则通常以科学证据判断证据和事实，而经验法则无具体证据载体。（3）证明的客观性程度不同。两者的来源和证明原理不同，因此客观性程度存在高低。科学法则依赖于科学规律，具有数字化、可重复性和可检验性特点，表现出较高的客观性和确定性。而经验法则虽然经过实践检验和公共认同，但是，经验本身的主观性和不确定性仍然可能造成例外情形，所以经验法则只具有相对的确定性。（4）证明的作用范围不同。科学法则固然重要，但其作用发挥主要依赖于科学证据的收集运用，主要针对专门性事实，证明范围有限，并且，刑事诉讼比其他类型诉讼更加重视人权保障，对科学证据的准入条件较为严格，进一步限缩了科学法则的

---

① 本文使用的科学证据为广义，指具有科学技术含量、能够证明案件事实或者证据事实的各种材料。参见邱爱民：《科学证据内涵和外延的比较法分析》，载《比较法研究》2010年第5期。

作用发挥空间。而经验法则可以适用于全部证据和案件事实的判断，应用契机十分广泛。

关于经验法则与科学法则的关系，学界存在种属关系说、并列关系说、模糊关系说三种学说。种属关系说认为科学法则是经验法则的下属概念。如普维庭教授认为程度最高的经验法则类型——生活规律，包括自然规律、思维规律和检验法则，检验法则包括血型与人的联系的规则，如血型均为 O 型的父母不会有 A 型血的子女，即科学法则。① 并列关系说认为经验法则与科学法则为并列关系，两者相互影响。如果一个经验法则与科学认识相冲突，则该法则是不可使用的。② 模糊关系说认为，科学法则与经验法则在性质和功能是相同的，前者以后者为基础，科学法则本质上是对经验法则的科学化，两者没有绝对化的界限。③ 笔者认为，经验法则与科学法则既相互独立又互相影响，采并列关系说更为恰当。

（二）运用科学法则，不能忽略经验法则的验证和佐证判断功能

智能时代下，科学法则已经成为司法证明的重要部分，但是司法裁判本质是一种主观判断，依靠经验法则的判断仍然必不可少。在科学证据使用过程中，仍应注重发挥经验法则的验证功能。以网络犯罪中的科学证据审查判断为例，应当注意以下两方面：

其一，大数据证据分析中的经验法则运用。大数据证据分析是将收集到的大量数据按照某一逻辑进行梳理，通过信息的拼接（或称"镶嵌"）获知某一事实。例如通过整合一些数据痕迹，如手机定位、高速通行记录、移动支付信息、物流信息及社交媒体信息等，以算法模型和机器识别、辨认和分析这些杂乱无章的数据④，判断特定主体的行为模式，甚至勾画出其生活面貌，从而判定其犯罪构成的事实要素。如对传销犯罪，办案人员可以通过分析被

① 参见［德］汉斯·普维庭：《现代证明责任问题》，吴越译，法律出版社 2000 年版，第 155—156 页。
② 参见［意］米歇尔-塔鲁否：《关于经验法则的思考》，孙维萍译，载《证据科学》2009 年第 2 期。
③ 参见封利强：《理据：一个不可或缺的证据法学概念》，载《浙江社会科学》2019 年第 8 期。
④ 参见林喜芬：《大数据证据在刑事司法中的运用初探》，载《法学论坛》2021 年第 3 期。

告人后台服务器的数据，形成资金流转数据分析，据以认定行为人的行为模式以及在组织犯罪中的地位和作用。大数据证据分析采用的是从数据到行为模型，再到特定事实确认的认知范式。而行为模型的梳理塑造及犯罪地位、作用的确认，需要运用经验法则进行判断，所得出的结论也需要接受经验法则的检验。

其二，抽样证明中的经验法则运用。证据数据的海量化加剧了刑事诉讼的证明困难，实务中越来越广泛地使用抽样取证。2021年《人民检察院办理网络犯罪案件规定》第22条规定，对于数量众多的同类证据材料，在证明是否具有同样的性质、特征或者功能时，因客观条件限制不能全部验证的，可以进行抽样验证。抽样取证是通过对部分物证进行抽样检验，从而推断其他所有同类物证性质的一种方法，依据的统计学技术原理。而多少证明样本能够达到以局部证明全部的功效，即抽样比例，本身很难作出明确的数字界定，实务中基本依靠司法人员的经验判断。但是，这种判断应当达到一个标准，即至少在一定地区内，能够获得办案机关和人员的普遍认同，也就是符合证据法上的"合理的可接受性"，这有赖于经验法则判断。

（三）运用经验法则，不能忽视科学法则的检验和替代功能

科学法则具有替代经验法则和经验判断的功能。如在传统的故意杀人案件办理中，司法人员需要通过作案时间、作案动机、现场痕迹、目击证言等多项证据综合推断犯罪主体及其行为，以"重构"案件发生经过。而现代司法中仅需要"现场录像"一项科学证据，便可解决这个难题，因为现场录像可以无限次"再现"事实经过，一定程度上减免了办案人员的主观判断负担。

如果说传统犯罪认定中，科学法则是一种优质的证明选择，那么在新型犯罪案件中，科学法则则可能是必须的证明方式。随着网络信息技术的普及和犯罪科技化程度的提高，证据收集和分析越来越依靠于科学技术，如利用分布式账本技术进行取证、存证等。而经验法则对这些领域几乎束手无策。"事实认定科学化"特征越明显，科技运用的范围就越广，以经验法则判断的契机和空间就会相应减少。可以说，"随着人类感官察觉的事实与用来发掘感官所不能及的世界的辅助工具所揭示的真相之间鸿沟的扩大，人类感官在事

实认定中的重要性已经开始下降"①。

科学法则依赖科学证据发挥证明作用，而科学证据具有明确性、客观性特点，能够弥补甚至替代主观性较强、确定性不足的经验法则判断。科学法则作用越大，证明的客观性、准确性就会相应增加，裁判的误差便会降低。如前述现场录像的动态连续性、明确性与客观性特征可以将犯罪事实证明到确实、充分的程度，在减轻了办案人员证明负担的同时，提高了证明的准确性。又如骨龄鉴定意见可以帮助事实认定者对主体年龄作出更为精准的判断。因此，运用经验法则，不能忽略科学法则的弥补和检验功能。科学法则是"硬科学"，经验法则是"软科学"，用科学法则弥补和检验经验法则判断，是以客观证据检验主观判断的证明方法，也是提升判断准确性和科学性的有效手段。

证据法的科学化，使科学法则在证据法中的地位日益凸显，传统证据法学中的两大基本法则——经验法则和逻辑法则——已经不能完全适应司法证明的新发展和新需求。有必要确立科学法则，与逻辑法则和经验法则同等重要的证据法地位，以促进刑事诉讼证明方式的整体改善。

五、经验法则与印证证明的关系

我国刑事诉讼的证明模式可称为印证模式，即特别强调利用不同证据信息内容的同一和指向的同一来证明待证事实，因此注重证明的客观性和"外部性"。② 经验法则内容及其运用所具有的主观性，与印证证明之间有某种紧张关系，同时也有互补的关系。一方面，经验法则判断应受印证的检验；另一方面，运用经验法则，可以改善印证模式，抑制其过分依赖证据间的相互印证，不注重心证的弊端。

---

① ［美］米尔吉安·R.达马斯卡：《漂移的证据法》，李学军等译，中国政法大学出版社2003年版，第200页。

② 参见龙宗智：《印证与自由心证》，载《法学研究》2004年第2期。

（一）运用经验法则的证明与印证证明采不同逻辑路径，各具证明特征

运用经验法则证明案件事实与印证证明均为有效且普遍运用的证明方式，因此均为实现证据裁判原则的具体路径，不过两种证明的逻辑不同。前者是以演绎逻辑证明案件事实，即以经验法则为大前提，以案件具体事实为小前提，进行演绎推理后得出事实结论。例如王某强奸案的定罪逻辑。该案具体事实为：案件女生为初到某地实习的 18 岁女学生，在见面仅几小时后，即与自己父辈年龄相仿的陌生男子王某发生关系，根据经验法则的大前提——"正常情况下，女生不会随意与本不相识的人发生性关系"，推理的结论是违背妇女意志。①

而同一案件，如果以印证方式证明，证明逻辑则为：被害人与被告人供述一致，相互印证，证明是强奸；或者被害人陈述与物证——被害人反抗强奸留下的多处伤痕等证据相互印证，也能证明违背妇女意志。印证证明是一种运用两个以上的证据归纳其共同性而得出结论，因此其逻辑方法是一种以知识的融贯性为基础，使用溯因推理的非典型归纳逻辑。②

由于上述不同的逻辑方法，决定两种证明具有不同的特点。其一，经验法则判断更具有"内省性"，即内心求证，可谓"心证"；而印证证明更具"外部性"，即通过两个以上独立证据之间的相互支持关系达成证明目的，重点在主体外部的"印证"。其二，经验法则的确认及推理结论的心证特征，使其具有更强的主观性；而印证证明与心证联系较弱，客观性相对较强。其三，与前面两个特点相联系，心证的检验方式，主要进行"合理性"检验，以"排除合理怀疑"为证明标准；而对印证的检验，则更适合以"证据确实、充分"的标准来判断。

印证证明通过证据间的相互支持，形成稳定的证明结构，并不过多依赖于判断者的主观认识，容易使不同的判断主体，包括不同的审级主体，依据

---

① 参见赵森：《如何审查"没有明显暴力"且"一对一"强奸案的证据——以王某强奸案为例》，载《中国检察官》2017 年第 2 期。

② 参见龙宗智：《刑事印证证明新探》，载《法学研究》2017 年第 2 期。

同样的证据得出趋于一致的结论。因此，印证证明所体现的证明客观性、稳定性和可靠性，较之主观色彩较强的经验法则判断，更容易为被各方面所接受。

我国刑事证明特别青睐印证证明，以致形成印证模式，这同我国证据制度、司法制度乃至治理方式的某些特殊性有关。我国国家管理和社会治理方式，更具整体主义方法特征。表现如"国社一体"，即国家与社会相互渗透融合，而不是西方式的国家和社会的二元分离；"政法一体"，强调政治与法律、政治与司法的融合互动，而不强调法的独立性；"司法一体"，强调公检法三机关的相互制约与互相配合关系，同时统一推行相关的监督约束机制，包括办案质量考评核查制度；"法院一体"，法院整体独立而非法官独立。审委会是最高审判组织，院庭长有审判管理监督权力。此种治理模式，与具有外部性、客观性和稳定性，且容易建立共识、接受检验，因此更具安全性的证明方式——印证证明更为匹配。因此印证证明在中国刑事证明体系中拥有难以撼动的"王者"地位。而经验法则的判断，心证的运用，因其可能因人而异，而且受诉讼条件影响较大（如直接言词原则的贯彻等），具有较大的使用风险，因此在实践中更容易受到限制。

不过，多年来印证模式的运行，也存在过度依赖，以及不当使用的弊端。实践中可能出现两个极端：一是只看印证，忽略经验法则运用，因印证不足而放纵本应定罪的被告人；二是强求印证，人为制造印证，以致冤枉无辜。实践证明，印证模式需要改善，而加强经验法则运用，发挥心证的功能，正是改善印证的重要路径。

（二）两种证明的相互支持

证明资源有限是证明的基本规律，在资源有限的情况下，需要发挥两种证明的互补作用。一方面，以经验法则判断加强印证证明；另一方面，通过印证的证据支持经验法则判断。通过双向互补，达到证明标准。

印证是指不同证据内容一致或指向一致。因此，印证不仅是指直接证据之间的相互支持和加强，也包括直接证据与间接证据之间的相互支持，以及不同间接证据的指向一致。经验法则判断，是借助间接事实推断案件事实尤其是要件事实，然而，如果仅有单一的间接证据，运用经验法则虽可推论事实，但在缺乏印证的情况下，这种单一推论的证明结构比较薄弱，其客观性与稳定性不足。尤其是因为刑事诉讼的证明标准更高，因此需有直接证据或其他间接证据作为印证证据对经验法则判断予以加强，以形成稳定的证据结构。以前述王某强奸案为例，除了根据间接证据进行的演绎推理，即经验法则判断以外，还有被害人的陈述与之相印证，由此强化了证据构造。反之，如果仅有一项间接证据并作经验法则判断，证据构造则显相对虚弱，难以得到司法确认。

（三）两种证明的相互验证

一方面，经验法则应用是否正确，常常需要通过是否与其他证据协调一致予以检验。如果间接证据之间相互印证，或直接证据印证了间接证据，同时这些证据本身可靠，经验法则判断的合理有据就能被确认。

另一方面，印证证明需要经验法则验证。这方面存在的不足，是印证模式运行的主要弊端之一，因此在刑事证明实践中，这是更重要，也更值得注意的问题。首先，参与印证的每个证据，都应当接受经验及经验法则的检验，以确立其定案根据的资格。例如，对案发数年后重审的案件，证人当庭对案件的描述，与原一审卷宗内的证言完全一致。根据"人的记忆会随着时间的流逝而逐渐消退"的普遍认识，此种情况属于异常，可据以质疑证言的真实性[1]，并将其排除于定案证据之外。其次，经验法则还应用于对案件基本事实，即故事合理性的检验。通过证据间指向一致所确认的事实，也应当接受经验法则检验，以排除合理怀疑，达到证明标准。例如，行贿嫌疑人张三与受贿嫌疑人李四，就行贿受贿的基本事实陈述高度一致，相互印证。但调查发现，案件中的请托事项不在受贿者直接管理的职责范围内，而且张三清楚李四的职责范围。在这种情况下，李四缺乏巨额受贿的"交易对价"，虽然因笼统的

---

[1] 与此类似，何某等人故意伤害一案中，何某申诉称该案共犯之一高某的供述是在案发14年后制作的，案发时间又是傍晚，高某能将当时见面时间、地点以及双方对话内容记得清楚、指明何某的体貌特征，明显违背常理，有推卸责任嫌疑，该证言不足为信。不过，受理申诉的法院并未对此进行回应。参见福建省高级人民法院 (2020) 闽刑申 38 号刑事通知书。

职务关系可能构成受贿罪的职务要件，但二人权钱交易的事实认定不符合经验法则。不能经受经验法则检验，即不能排除合理怀疑，导致此项行、受贿事实因存疑而难以认定。

总之，防止过度依赖印证、错误适用印证，就需在证明实践中，不能只注意证据间相互印证的状态，忽略对印证事实在综合的证据构造中是否协调，是否合理地镶嵌于整体的证据构造。因此应当要求各种证据事实能够经受包括经验法则检验在内的"综观式验证"。

经验法则在刑事司法中的适用场域及其规制

韩 旭[*]

对于经验法则的重要性，姜世明教授曾有言："在法官之认事过程中，经常须借由间接事实推论主要事实，其中，即须借由经验法则之运用，乃能进行盖然性推估，而决定其心证度之形成。此一认事过程，经验法则之掌握乃程序运行之关键，其困难实不仅限于刑事程序或通奸案件而已。对于人类认事之过程，经验法则对于何一事实可如何程度对于推论某一事实存否加以贡献，乃涉及对于其所持所谓经验法则究竟系何一等级之经验法则有关，亦即目前实务之事实认定结果所以可能发生与人民法感相悖离之情况，是否与法官对于经验、经验定律、经验原则及法之间有所区别，欠缺充分认识所致？而此一认知之差异，即可能造成其后判断结果之不同。此一问题及现象，并非刑事诉讼所独有，其在民事诉讼中亦同，自值得重视。"[①] 这一论述重在强调民事诉讼中经验法则的运用，但考虑到经验法则亦不为民事诉讼所独有，因此有必要就经验法则在刑事司法中的适用及其限度做一分析。

一、何谓"经验法则"

若要了解经验法则，需先明白此处"经验"的内涵。经验法则中的"经验"不仅仅是个人独有的经验，而应当是人们在长期的生产和生活中积累形成的经验，具有普遍性、重复性和可检验性。将经验上升为法则，更是如此。

---

[*] 四川大学法学院教授、博士生导师。

[①] 姜世明：《证据评价论》，厦门大学出版社 2017 年版，第 98 页。

不仅包括被立法者和最高司法机关以法律、法规和司法解释明示的规范，还包括司法官在诉讼中适用而未予以规范化的社会经验。简要地讲，所谓经验法则，是指人们从生活经验中归纳获得的关于事物因果关系或属性状态的法则或知识。①

其实，经验法则就是我们通常所说的"常识、常情和常理"。前者，如我国《刑法》第224条合同诈骗罪规定："有下列情形之一，以非法占有为目的，在签订、履行合同过程中，骗取对方当事人财物，数额较大的，处三年以下有期徒刑或者拘役，并处或者单处罚金；数额巨大或者有其他严重情节的，处三年以上十年以下有期徒刑，并处罚金；数额特别巨大或者有其他特别严重情节的，处十年以上有期徒刑或者无期徒刑，并处罚金或者没收财产：（一）以虚构的单位或者冒用他人名义签订合同的；（二）以伪造、变造、作废的票据或者其他虚假的产权证明作担保的；（三）没有实际履行能力，以先履行小额合同或者部分履行合同的方法，诱骗对方当事人继续签订和履行合同的；（四）收受对方当事人给付的货物、货款、预付款或者担保财产后逃匿的；（五）以其他方法骗取对方当事人财物的。"列举的上述五种情形即为"以非法占有为目的"的认定方法。又如，最高人民法院、最高人民检察院联合颁布并于2007年5月11日施行的《关于办理与盗窃、抢劫、诈骗、抢夺机动车相关刑事案件具体应用法律若干问题的解释》第6条规定："行为人实施本解释第一条、第三条第三款规定的行为，涉及的机动车有下列情形之一的，应当认定行为人主观上属于上述条款所称'明知'：（一）没有合法有效的来历凭证；（二）发动机号、车辆识别代号有明显更改痕迹，没有合法证明的。"后者如在法庭上公诉人为了证明被告人构成故意杀人罪而非故意伤害罪，往往会从被告人使用的凶器、打击的部位、打击的次数和持续时间等方面进行论述，说明被告人主观上意欲剥夺他人生命而非损害他人健康。

"法则"，根据字面意思可知，系法度、规范、规则、规定、规律、准则、定理、定律、效应、现象、方法、办法之意。与"经验"最接近的意思应为规则、方法和办法。因此，经验法则应是经验规则或者经验方法，即人类生

---

① 张卫平：《认识经验法则》，载《清华法学》2008年第6期。

产生活的一般规则和方法。

经验法则是一个动态的发展过程，会随着人类社会的发展变化而变化。不同的时代可能有不同的经验法则。在使用经验法则时，应警惕使用不当的所谓"经验法则"。例如，将搀扶跌倒老人和送医的见义勇为者视为肇事人员。如此一来，就是人人自危，见跌倒人员纷纷逃离之，长此以往，世风日下。正是基于此考虑，《美国联邦证据规则》第409条规定："有关提供或提议或承诺支付因伤害而发生的医药、住院或类似费用支出的证据被用来证明伤害责任的归属时，没有证据能力。"按照普通法原则，见义勇为或舍己救人虽然是一种美德，但它不是一种法律义务。但是如果某人见义勇为，主动承担抢救责任，那么他就要对被抢救的人善始善终，在抢救的过程中应当小心谨慎，不能半途而废或使该人的情况比抢救前恶化，否则，就要因自己的见义勇为行为而承担责任。在运用经验法则时，应避免由此造成的负效应。经验法则具有缓解证明困难之功效，同时，还可以弥合裁判结论与民众期待之间的鸿沟。

经验法则作为一种司法方法，可能存在例外情形。这一例外，需要辩方承担举证责任予以推翻。在诉讼中，法律允许相对一方当事人有对经验法则质疑和反证的机会，这就意味着，根据经验法则所认定的事实存在被推翻的可能性。[①] 因此，经验法则并非一律不可反驳。一旦辩方提出的例外情形成立，所谓的"经验法则"自无使用的余地，控方的论证体系就会轰然倒塌。

二、经验法则的适用场域

经验法则的适用场域主要有三个领域：一是主观因素的证明；二是证据证明力的判断；三是证明标准的把握。

（一）主观因素的证明

作为犯罪构成要件的"明知""故意""以非法占有为目的"等主观因素，

---

① 毕玉谦：《经验法则及其实务应用》，载《法学》2008年第2期。

除非被追诉人如实供述，否则很难进行确定性证明。此时，经验法则作为连通基础事实与待证事实的桥梁，根据基础事实与待证事实之间的逻辑联系，可以解决待证事实证明的困境。例如，根据交易的时间、地点、方式、环境、价格，可以判断被追诉人主观上明知或者应当明知其购买的是赃物。根据携款外逃、伪造并使用该单据的事实可以判断被追诉人系"以非法占有为目的"。根据使用的凶器、刺杀的部位、刺杀的次数、刺杀后的表现，可以推断故意抑或过失，并且可以进一步判断是追求死亡结果的直接故意还是放任的间接故意。又如，在最高人民法院、最高人民检察院、公安部联合印发的《办理毒品犯罪案件适用法律若干问题的意见》中规定了"有逃跑、丢弃携带物品或逃避、抗拒检查等行为"等八种情形之下，查获携带有毒品的，可以认定"应当知道"是毒品。不过，允许反证，被告人能作出合理解释的，有证据证明确属被蒙骗的，则可否定推定。因主观因素并非"透视"可知，司法实践中，仅需对证明较易的基础事实进行证明，然后根据基础事实与待证事实之间的联系，运用经验法则，合乎情理地对待证事实进行判断。因此，在主观因素领域，经验法则大有可为。

（二）证据证明力的判断

证据证明力的判断并非证据规则之规制范畴，而是通过经验、理性和良知进行判断。例如，2019 年最高人民法院《关于民事诉讼证据的若干规定》第 85 条第 2 款规定："审判人员应当依照法定程序，全面、客观地审核证据，依据法律的规定，遵循法官职业道德，运用逻辑推理和日常生活经验，对证据有无证明力和证明力大小独立进行判断，并公开判断的理由和结果。"依据此规定，对证据证明力的有无和大小的判断应当运用逻辑推理和日常生活经验进行独立判断，即运用经验法则进行判断。

同时，2021 年最高人民法院《关于适用〈中华人民共和国刑事诉讼法〉的解释》第 139 条第 2 款规定，对证据的证明力，应当根据具体情况，从证据与案件事实的关联程度、证据之间的联系等方面进行审查判断。该解释第

88条第2款更是明文规定了"一般生活经验判断"。[①] 前述的规定中，无论是"关联程度"还是"联系"，均需要利用经验法则予以审查判断。

（三）证明标准的合理把握

根据《刑事诉讼法》第55条之规定，刑事案件定罪的证明标准是"确实、充分"。证据确实、充分，应当符合以下条件：综合全案证据，对所认定事实已排除合理怀疑。"排除合理怀疑"乃是一种主观判断。何谓"合理怀疑"，需要运用经验法则进行判断。在印证证明模式下，证明标准主要借助于证据之间的外部印证性进行判断。而在自由心证制度下，证明标准则更多需要运用经验法则进行评估。尤其是运用间接证据定案时，更需要借助经验法则。2021年最高人民法院《关于适用〈中华人民共和国刑事诉讼法〉的解释》第140条规定："没有直接证据，但间接证据同时符合下列条件的，可以认定被告人有罪：（一）证据已经查证属实；（二）证据之间相互印证，不存在无法排除的矛盾和无法解释的疑问；（三）全案证据形成完整的证据链；（四）根据证据认定案件事实足以排除合理怀疑，结论具有唯一性；（五）运用证据进行的推理符合逻辑和经验。"其中的"运用证据进行的推理符合逻辑和经验"即经验法则的运用。其实，"矛盾""解释""证据链"无一不是需要司法办案人员运用经验法则进行的推理和判断。同时，运用印证证明，既要防止印证不足而导致事实真伪不明，也要警惕"印证过度"——不同证据间的信息印证度过高，缺乏合理差异，违背经验法则。[②]

三、对经验法则适用的规制

为了防止司法人员滥用经验法则进行自由裁量，实有必要从以下方面进行规制。

---

① 最高人民法院《关于适用〈中华人民共和国刑事诉讼法〉的解释》第88条第2款规定，证人的猜测性、评论性、推断性的证言，不得作为证据使用，但根据一般生活经验判断符合事实的除外。

② 龙宗智：《刑事印证证明新探》，载《法学研究》2017年第2期。

（一）经验法则中的"经验"具有普遍性而非个别性

经验法则具有推理大前提的功能。推定的依据限于特定的基础事实，而推论则可以从相关的全部事实中进行推论得出结论。①

为了保障推论的正确性，经验法则中的经验应具有普遍性、反复性和可检验性。经验应为人类的一般经验，而非司法官个别的经验。因个别经验并不具有反复性和重复检验性，将其作为大前提使用，难免会发生推论错误的情形。同时考虑到，经验是人的认识在特定的历史中存在的状态，时时在更新，不仅昨日的经验与今日有不同，他人的经验与自己的经验有不同，即便是同一人的经验，也会因时间、地点的变化而有所不同。② 为了防止司法办案人员滥用经验法则，对经验法则中的"经验"进行限制确有必要。

（二）通过司法文书的充分说理公开"心证"的形成过程

实务中法官的困惑是，在对事实是否存在形成了明确心证之后却苦于找不到足够证据，因此只能借助经验法则对裁判结果加以证成。易言之，有责任心的法官可能不满足于证明责任判决的结果，由无法通过其他更为妥当的方式克服事实真伪不明的状态，不得不走上经验法则代表的"少有人走的路"。③ 因此，在司法文书中，司法官应对经验法则的运用进行充分说理，尤其是对基础事实与待证事实之间的关系符合常识、常情、常理进行分析论证，从而使一个成年理性人足以相信发生了 A 事实必然会产生 B 事实。由于经验法则具有一定的模糊性和运用的随意性，司法官更有必要进行充分论证，通过说明推论的证据、基础，使人明白司法官结论的形成过程。司法官职业其实就是一个说理的职业，一名优秀的司法官必然是说理的"高手"。只有充分说理才能实现定分止争的诉讼目的。

---

① 龙宗智：《推定的界限及适用》，载《法学研究》2008 年第 1 期。
② 王继民：《从日常生活经验法则解析事实推定的司法适用》，载《人民检察》2004 年第 5 期。
③ 曹志勋：《经验法则适用的两类模式——自对彭宇案判决说理的反思再出发》，载《法学家》2019 年第 5 期。

（三）通过陪审员的参与实现经验法则的可检验性

人民陪审员以其经验参与审判，经验法则中的经验乃大众经验，非职业司法官所独有。因此，人民陪审员的参与可以使经验法则的运用得到普通的法律外行人的检验，尤其是通过人民陪审员参与庭审、评议检验经验法则运用的正当性。为此，笔者主张，凡是运用经验法则进行证据推论的案件（不包括证明标准的判定），都应当适用普通程序进行审理，并且应当邀请人民陪审员参与。

（四）加强经验法则运用的辩论，保障相对方的辩论权

经验法则是一项法律原则，有原则即有例外。经验法则具有可反驳性和动态性，因此允许相对方以反证予以推翻。如在 2019 年由最高人民法院、最高人民检察院、海关总署等联合发布的《打击非设关地成品油走私专题研讨会会议纪要》中明确规定，行为人没有合法证明、逃避监管，在非设关地运输、贩卖、收购、接卸成品油的，有包括适用"三无"船舶（无船名、无船籍港、无船舶证书）、虚假船名船舶、非法改装的船舶，或者使用虚假号牌车辆、非法改装、伪装的车辆等情形的，综合其他在案证据，可以认定具有走私犯罪故意，"但有证据证明确属被蒙骗或者有其他相反证据的除外"。这就决定了法庭辩论的重要性。经验法则并非一项证据，不可能在举证、质证的法庭调查阶段进行，但可以在法庭辩论阶段由控辩双方就其适用的正当性、合理性进行辩论。这是经验法则正确适用的保障。

（五）发挥二审法院的审判监督权纠正一审法院滥用经验法则的自由裁量权

据考证，经验法则一词最早出现在 1893 年弗里德里希·斯坦（Friedrich Stein）关于法官内心认知的著作中。事实上，斯坦在他的这种作品中所阐述的是审判当中的三段论演绎推理的概念，按照历史分析的传统，他认为在这一推理中包含一个人具有一般性特征的概念前提，并且在这一概念的基础上

形成了具有可推论特征的事实大前提。① 按照这一判断，经验法则最常用的场域应是审判阶段。经验法则在一审程序中可能存在误用的可能，对此加以纠正需要通过二审程序的救济进行。因此，应当保障上诉权、抗诉权的行使，以启动二审程序对此事项进行审理。对于一审法院错误运用经验法则的情形，因涉及事实认定和罪名问题，二审法院可以通过发回重审方式予以解决。

（六）司法官应具有一定的年资

经验法则的运用重点在"经验"，而经验需要一定生活阅历的积淀。缺乏生活阅历的人很难谈得上有人生经验。经验法则中所存在的事物的盖然性，是法官的主观盖然性，不是客观事实，它是法官从客观事实的假设出发而作出的主观评价，是法官对待证事实的感知和期待。由于经验法则是反复发生的一种常态现象，必须为社会普通人能够普遍体察和接受，所以法官所具有的经验法则应当与常人一致。② 为了保障经验法则的正确使用，要求司法官具有较长的年龄和一定的生活阅历自有道理。域外法官年龄普遍较大，可以保障经验法则的正确使用。在我国新一轮司法改革中，实行上级法院法官从下级法院选任的做法具有制度合理性。

最后，需要明确的是，经验法则有其适用的边界，凡是可以用证据直接证明的事项，经验法则自无适用的余地。只有在运用证据不能进行直接证明的场合才可以发挥经验法则的作用。

---

① ［意］米歇尔－塔鲁否：《关于经验法则的思考》，孙维萍译，载《证据科学》2009 年第 2 期。
② 杨晓玲：《经度与纬度之争：法官运用"经验法则"推定事实——以"彭宇案"为逻辑分析起点》，载《中外法学》2009 年第 6 期。

论经验法则的核心特征：盖然性

潘金贵　　王志坚[*]

自 20 世纪威格摩尔等法学家倡导司法证明科学以来，证据法的研究重心逐渐从可采性规则向事实认定科学化转移，经验法则的概念也因此逐渐受到学界关注。认定案件事实需要符合经验法则目前已在学界和实务界达成共识，但对于经验法则具体发挥何种作用以及如何发挥作用，学界并无统一论断。有观点认为经验法则是证据推理的补充，即在证据推理无果的情况下法官才运用经验法则进行"情理推断"[①]，而另有观点认为经验法则是证据推理的前提，即任何证据推理都无法脱离经验法则。[②]

而经验法则在司法证明中的作用机理，很大程度上受制于经验法则的特征。对于经验法则的特征，学界已有诸多概括，如规律性和可证伪性、内容客观性和来源主观性、效力抽象性和条件具体性、范围无限性和适用有限性等。总体而言，目前学界对经验法则特征的概括已几近全面，但缺乏对各项特征的逻辑梳理。笔者认为，刑事司法证明对经验法则的青睐源于其"常态联系"中的确定性，经验法则的普遍接受性以及相对确定性决定其被引入事实认定过程具有正当性。而刑事司法证明对经验法则的忌惮又是源于其"存

---

　　* 潘金贵，西南政法大学法学院教授，博士生导师，研究方向为刑事诉讼法学、证据法学。王志坚，西南政法大学法学院博士研究生，研究方向为刑事诉讼法学、证据法学。
　　① 参见［美］波斯纳：《法理学问题》，苏力译，中国政法大学出版社 1994 年版，第 572—578 页；毕玉谦：《经验法则及其实务运用》，载《法学》2008 年第 2 期。
　　② 参见纵博：《论诉讼证明中的逻辑和经验》，载《新疆大学学报（哲学·人文社会科学版）》2016 年第 4 期；龙宗智：《证据法的理念、制度与方法》，法律出版社 2008 年版，第 36 页；［英］威廉·特文宁：《证据理论：边沁与威格摩尔》，吴洪淇、杜国栋译，中国人民大学出版社 2015 年版，第 223 页。

在例外"的不确定性风险，经验法则的范围广泛性、数量无限性、运用主观性又决定了其难以穷尽所有可能，具有不确定性风险。相对确定性和不确定性风险的辩证统一正是盖然性特征的本质要义，正因如此，有必要对经验法则的盖然性特征进行全面阐释，这对完善经验法则基础理论以及规范经验法则的实践运用具有重大意义。

一、经验法则的"双层"内涵

"经验法则"的概念最初由德国学者弗里德里希·斯坦提出，意为"一个来源于一般性确定性经验基础上所形成的一般性则"①。此概念随后逐渐被意大利、西班牙、日本、中国台湾等大陆法系国家及地区所接受。② 在英美法系，没有可以直接翻译成经验法则的表述，与之具有相似功能的概念有 law of general experience、common sense、generalization 等，翻译为"知识积累""背景知识""概括（概称陈述）"等，一般是指"我们认为周围世界如何运作、关于人类行为及意图、关于环境以及关于人类与其环境互动的概括化陈述"③。目前学界对"经验法则"的定义重在考察其抽象的、宏观的性质，而笔者认为，经验法则的内涵应从抽象和具体两个层面分别展开。

（一）经验法则的抽象内涵

目前，我国学界对"经验法则"的概念界定林林总总。综合来看，经验法则的概念大多由性质、来源、内容、证明力限定等因素构成，厘清这些因素就可以较为准确地提炼出"经验法则"的概念。

---

① 参见［意］米歇尔－塔鲁否：《关于经验法则的思考》，孙维萍译，载《证据科学》2009 年第 2 期。
② 在日本，经验法则通常被定义为："作为判断事实的前提的经验归纳为事物的特性和因果关系的知识和法则。"参见［日］兼子一、竹下守夫：《民事诉讼法》，白绿铉译，法律出版社 1995 年版，第 102 页；在我国台湾地区，经验法则是指人类以经验归纳所获得等有关事物因果关系或性质状态之法则或知识。参见陈宗荣、林庆苗：《民事诉讼法》，三民书局 1996 年版，第 487 页。
③ ［荷］弗洛里斯·贝克斯：《论证、故事与刑事证据一种形式混合理论》，杜文静、兰磊、周兀译，中国政法大学出版社 2020 年版，第 14—20 页。

第一，关于"经验法则"的性质，主要存在三种观点。大多数学者采用"知识说"，认为经验法则是某些特殊的经验认识；少部分学者采用"规则说"，认为经验法则是经验运用应当受到的约束机制[①]；龙宗智教授采用"混合说"，认为经验法则既是特殊经验认识，又是经验运用规则[②]。笔者认为，"知识说"和"规则说"所指内容都是经验概念体系中不可或缺的一部分，且二者存在密切的逻辑联系。因此，在经验概念体系完整的情况下，无须过分纠结概念性质的取舍，只需考虑研究便利即可。龙宗智教授采用"混合说"会使概念运用变得混乱，最好用两个不同的概念来意指所用经验认识和经验运用规则。因此，本文赞同大多数学者观点，从"知识说"角度界定"经验法则"，认为经验法则的外延是某些特殊的经验认识。需要说明的是，考虑到"经验法则"的盖然性特征可能会与"法则"产生矛盾，本文倾向于用"知识、规律"来反映经验法则的性质。另外，再用"经验法则适用机制""经验法则运用规则"等概念来回应"规则说"对经验概念体系的需求，表示运用经验所需遵循的规则。

第二，关于"经验法则"的来源，学界普遍认为经验法则在人类长期生产和生活实践中形成，是从过往经验事实中归纳、抽象所得。归纳是经验法则形成的推理方法，抽象是经验法则形成的思维方法。

第三，关于"经验法则"的内容，学界存在四个层次的认识。其一，"经验法则"是"反映事物之间内在联系的事理"；其二，"经验法则"是"有关事物属性以及事物之间联系的知识或法则"；其三，"经验法则"是"关于事物因果关系或属性状态的法则或知识"；其四，"经验法则"是"一般知识或常识"。笔者最赞同第二种观点。第一种观点将内容限定在事物间的内在联系，不够周延，除此之外经验法则还可以反映事物属性。第三种观点将事物间的联系限定在因果关系，亦不够周延。因果联系反映的是事物与现象之间

[①] 如吴洪淇教授认为，"经验法则是一种对经验的约束机制，通过对经验的约束进而实现对事实认定过程的有效控制"。吴洪淇：《从经验到法则：经验在事实认定过程中的引入与规制》，载《证据科学》2011年第2期。

[②] 如龙宗智教授认为："运用经验知识进行判断，这一规则被证据学者成为经验法则，同时据以判断事实的实际经验内容也被称为经验法则。"龙宗智：《证据法的理念、制度与方法》，法律出版社2008年版，第25页。

的一种确定不移的相互作用关系，它只是事物与现象之间联系的一个极小的部分。证据法意义上的经验法则反映的不仅仅是事物之间因果关系，还包括事物之间除因果关系外的常态联系。①第四种观点对经验法则不作限定，过于宽泛，因此实践意义很低。因此，"经验法则"的内容宜确定为"有关事物性质状态和事物间联系的知识或法则"。

第四，关于"经验法则"概念中对证明力的限定，主要有三种观点。其一，有的学者在概念界定时未对经验法则进行证明力限定，他们认为所有从经验中归纳所得的关于事物因果关系或属性状态的法则或知识都可称为经验法则，至于经验法则的证明力差异，则可以通过类型化区分加以解决。②其二，有的学者在经验法则概念中即有证明力限定，只有"常态稳定联系""常态联系""盖然性命题"才可以作为经验法则使用，经验进入司法证明评价过程之前必须经过一道盖然性检验。③其三，有的学者要求经验法则是反映事物之间内在必然联系的事理。④笔者认为，第三种观点违背了司法认识规律。从不可知论角度来看，大部分事物间的联系是普遍且不确定的，只有少部分通过逻辑推理出来的事物间的联系可称为必然联系，且这一必然联系是有特定范畴的。至于第一种观点和第二种观点类似于"宽进严出"和"严进宽出"的关系。第一种观点在概念上不作证明力限制，任何经验在司法证明评价过程中被运用都被称为"经验法则"，但只有符合相应程序规则和证据规则检验的经验法则才可以成为认定案件事实的依据。第二种观点在经验未进入司法证明评价过程之前就进行筛选，只有符合相应证明力要求的经验才可以进入并成

①　刘春梅：《浅论经验法则在事实认定中的作用及局限性之克服》，载《现代法学》2003 年第 3 期。

②　如张卫平教授认为，"经验法则是指人们从生活经验中归纳获得的关于事物因果关系或属性状态的法则或知识"。张卫平：《认识经验法则》，载《清华法学》2008 年第 6 期。纪格非教授认为，"司法证明过程中的经验亦称为经验法则，是指人类以经验归纳所获得的有关事物因果关系或性质状态之法则或知识"。纪格非：《经验法则适用之正当性研究》，载《证据科学》2012 年第 1 期。

③　如李树真博士认为，"经验法则是人们从经验归纳抽象中所获得的关于事物属性以及事物之间常态稳定联系的一般性知识或法则"。李树真：《精细化司法证明中逻辑与经验基本问题研究》，中国社会科学出版社 2012 年版，第 182 页。

④　如毕玉谦教授认为，"在证据法意义上，经验法则是法官依照日常生活中所形成的反映事物之间内在必然联系的事理作为认定待证事实的根据的有关法则"。毕玉谦：《试论民事诉讼中的经验法则》，载《中国法学》2000 年第 6 期。

为"经验法则"。事实上，从保障证明评价质量、保证司法审判公正水平角度来说，"宽进严出"和"严进宽出"的效果一样，只要守好一道关口即可。若在概念界定中不作证明力限定，则应辅以完善的检验机制；若在概念界定中即已限定证明力要求，则需配合准确的筛选机制。从实践操作角度来说，笔者更支持第一种观点。一方面，因为经验法则的证明力大小受具体环境的影响，即使是同一经验法则在不同案件情形下都会展现出不同的经验法则，因此经验法则的证明力无法事先量化比较，亦无法建立事先筛选机制。另一方面，法官运用经验法则的过程更多是个人经验的潜意识"迸发"。为了契合诉讼事实纷繁复杂的特性，需要坚守司法裁判的自由心证空间，因此不宜事先限制进入司法证明的经验范围，而应采用合理的证据调查规则、证据评价规则来尽可能地提高经验认识的准确性。

综上，"经验法则"可以被界定为"人们从过往经验事实中归纳、抽象所得的知识或规律，这些知识或规律能够反映事物常态属性以及事物间的盖然联系"。

（二）经验法则的具体内涵

从抽象意义上说，经验法则是从"经验库"中筛选出来的具有常态性、盖然性的经验认识。但"常态属性""盖然联系"缺乏客观评判标准，在具体司法证明过程中经验法则的运用始终依赖于承办法官的主观思维，是一种个体性、具体性经验认识的反映，因此具体的经验法则在本质上是一种个体经验认识，依然带有主观性所产生的不确定特征。

第一，根据盖然性很难区分一般经验认识和经验法则，因为经验认识的盖然性并无客观量化标准，符合经验法则的"高度盖然性"要求也不明确。因此在司法推理前固化经验法则的盖然性难以实现，经验法则也无法事先从经验认识中筛选出来。

第二，经验法则在司法证明过程中表现出的是主观盖然性，即法官内心相信确实如此。法官运用经验的过程就是对此经验盖然性的认可，所以说，凡是在司法证明过程中出现的经验均可以称为经验法则。法官运用个人经验的过程本身就已存在天然的、隐性的盖然性筛选机制：无数经验储存于法官的"经验库"中，在司法证明之前法官并不会意识到它们的存在。待到司法证明时，由于受到案件信息的引导、刺激、催化，法官才会突然意识到某些具体经验的存在进而加以运用。在这一过程中，只有那些具有一定盖然性基础的经验才能被唤醒，自主地"涌现"出来。可以说，经验"涌现"的原因就在于其具有一定盖然性基础，至少在法官内心看来确是如此。

第三，过于强调经验法则和一般经验认识的界限不利于保障经验法则的运用。司法证明中的经验法则本质上是法官个体经验认识，在司法推理过作为大前提，大部分情况下不是显性的，而是作为背景知识给予幕后支持。在自由心证为主导的裁判模式下不宜对经验法则的范围作出事先限制，只能在程序上保障推理过程、结果的正当性、准确性。

二、经验法则盖然性特征的内涵

所谓"盖然性"，是指有可能但又不是必然的性质，与"必然性"相对。在 17 世纪之前，英美哲学传统将"知识""科学"和"盖然性"区分开来。"知识""科学"是一种"确定"的认知状态，而"盖然性"意味着认知未获得确定性知识之前的中间状态。直到 17 世纪法国数理学家帕斯卡尔和费马尔发明概率论以及美国法学家芭芭拉教授提出"道德确定"理论之后，"盖然性"才像确定性知识一样受到重视。芭芭拉教授注意到，"盖然性"在表现认知不确定性的同时也具有确定性，并提出通过"道德确定"的方法将"盖然性"改造为确定性知识。[①] 经过"道德确定"理论的改造，道德知识始与物理知识、数学知识并列，成为一种知识。三种类型的知识因来源不同而包含着不同的确定性：物理知识来源于现时的自我感觉材料；数学知识来源于几何论证那样的逻辑演绎推理；道德知识来源于对证言和传来感性材料的判断。

经验法则盖然性的内涵有以下三点：

---

① 所谓"道德确定"理论，是指"在刑事审判中，案件事实清楚达到如下程度，尽管没有纯粹的必要认为案件事实一定如此，但是他们不可能是另外一种状态，每一个不带有偏见的裁判者都会认同这个结论。这样道德确定就成为毋庸置疑的标志"。参见张斌：《英美刑事证明标准的理性基础——以"盖然性"思想解读为中心》，载《清华法学》2010 年第 3 期。

第一，经验法则并非绝对正确，存在发生错误的可能性，也就是说，经验法则同时具有确定性和不确定性两个方面。由于人类主观认知能力有限以及事实认定的"证据之镜"之本质，人们只能无奈接受司法证明的模糊性结果，退守至"在没有更好选择的情况下，此刻看上去最好的就是足够好"的似真推理阵地。① 似真推理不是保真推理，不要求得出必然性结论，因而允许存在错误可能性的经验法则进入司法证明的过程。

第二，经验法则的确定性处于支配地位，普遍大于其不确定性。必要却又危险是对经验法则两面性最好的概括。实践说明，经验知识在很多情况下能够反映客观规律，并能够有效帮助我们达成各种目标。另外，从证据到案件事实是一种回溯性认识，必不可少的是假设，而假设必须依靠经验法则，别无他法，因此事实认定也只能容忍这种盖然性。②

第三，经验法则的盖然性是主观盖然性。哲学领域将盖然性分为三类：主观盖然性、客观盖然性和逻辑盖然性。所谓"主观盖然性"，是指一个人对某一关于客观事实的假设之主观评价，反映的是评价主体的内在心理，如事实认定者根据相关信息判断事实存在的真伪情况。所谓"客观盖然性"，亦即概率论，与个人因素无关，它主要反映同一环境下事件结果的分布情况并用来反映事件发生的概率。所谓"逻辑盖然性"，是指假定与已有经验规则的关系。它不是经验性质的，而是对一定的逻辑推理的评判。③ 可以明显感觉到，经验法则的盖然性，甚至是司法证明中的盖然性，均是主观盖然性。主观盖然性与客观盖然性最大的差异就是无法量化、标准化，两者具有不同的理论体系与研究方法。也正因为如此，自由心证才能成为诉讼案件最优的裁断方式，内心确信才能成为司法证明最稳定的证明标准。

---

① 参见栗峥：《证据链与结构主义》，载《中国法学》2017年第2期。
② 参见樊传明：《司法证明中的经验推论与错误风险》，载《甘肃行政学院学报》2013年第6期。
③ ［德］普维庭：《现代证据责任问题》，吴越译，法律出版社2006年版，第91—92页。

三、经验法则盖然性的特点

（一）经验法则盖然性无法量化

经验法则盖然性属于"培根式盖然性"，是建立在非数学标准上的盖然性。受 1968 年人民诉柯林斯案（People v. Collins）案的影响，美国证据法学界兴起了一场关于诉讼中是否运用数学的激烈争论。20 世纪 70 年代末期，几乎整个证据法学界都在推动法律运用数学上的盖然性。1977 年，英国哲学家乔纳森.科恩（Jonathan Cohen）提出了"培根式盖然性"和"帕斯卡式盖然性"，前者是非数学的盖然性，后者是数学上的概率。科恩认为，司法领域中绝大多数盖然性都是非数学的，是不能通过数学进行量化的。即使崇尚通过盖然性大小将经验法则类型化的普维庭教授也承认，法官无法将他的证明评价用盖然性值加以展示，因此只能将 50% 以上的盖然性值粗略地分为三类：相对可能性很大、具备非常可能的盖然性和具备显然的可能性。[①] 事实上，普维庭教授提出的粗略分类法也同样存在瑕疵，仍然无法解决如何判断主张的盖然性值高于 50% 的问题。经验法则的盖然性无法量化，归根结底是因为经验主义具有主观性的特征。

（二）经验法则盖然性存在差异

一方面，经验法则由于来源途径不同会产生盖然性差异。有的经验法则受到过科学确认，有的经验法则从实证数据验证所得，而有的经验法则仅仅是基于纯粹的"经验"。尽管经验法则盖然性程度无法量化，但其的确会存在差异。有的经验法则的盖然性可以达到几近必然的程度，而司法证明中有的经验法则甚至只是个人偏见，毫无盖然性保证。不同经验法则的盖然性差异决定法官在司法证明过程中必须保持谨慎，尽量选择盖然性程度更高的经验法则予以运用。另一方面，不同主体对相同经验法则的盖然性认识存在差异。经验法则盖然性始终是一种主观盖然性，体现的是主体对其的信任，因此避免不了会受到认识主体主观因素的影响。"大部分经验法则属于适用人之半主

---

① ［德］普维庭：《现代证据责任问题》，吴越译，法律出版社 2006 年版，第 106—107 页。

观性、半客观性，是否违背经验法则之判断因人而异，见仁见智，没有客观、一定的标准，甲认为没有违背经验法则的，乙却认为有所违背而应适用另一个经验法则"，是因为"法官之判断事物固应有理论要素，但亦包含情绪要素，是以理性、情绪与意志之相调和而下判断"。[①] 不同主体对经验法则盖然性的差异化认识是不可能完全消除的，司法证明能做的只能是在赋予法官自由裁量权的同时，将其异于共识的个性控制在司法所能忍受的程度。

（三）经验法则盖然性是相对的

经验法则的盖然性强度并非固定不变，是相对于案件环境而言的。经验法则的盖然性无法用数值表述，对案件事实的推导亦不能采用数理演算，必须根据具体情况具体分析。同一经验法则在不同案件中被运用，所得结果都可能是迥异的。[②] 例如，甲从乙处以 200 元的价格购买了 0.4 克海洛因，后将该毒品如数交给丙，丙支付给甲 210 元。在一般案件中，有毒品、毒资的交换行为且有价格溢出即会认定被告人有贩卖毒品的故意。后经查实，本案中甲系遵照丙的指示到乙处购回海洛因，先垫付 200 元，丙多给甲的 10 元属交通费。甲为购毒者寻觅和指示贩毒者的居间行为，没有超出购买行为的通常范围，只能评价为买，而不能评价为卖，不能认定为贩卖毒品。[③] 其实，经验法则盖然性的相对性可以从两种角度理解。第一，随着案件证据推理的进展，裁判者可以获得越来越多的案件信息。新增案件信息会和原有经验法则形成交互，为原有经验法则附加背景限定。前文已有阐述，背景限定越多的经验法则，其结论的准确性较高，不过其适用范围也越窄。因此，随着案件证据推理的进展，经验法则的盖然性会发生变化，这也是法官强化内心确信的机理之一。第二，原初经验法则在附加新的案件信息以后，已成为另一个新的经验法则。所以，经验法则依存于案件环境，会随着案件证据推理的进展而时刻发生变化。这也可以用来理解经验法则的相对性。

---

① 参见曹鸿兰：《违背经验法则之研究——以事实认定为中心》，中国台湾地区民诉法研究会第 38 次研讨记录，1990 年 12 月 16 日，第 115、123 页。

② 参见胡学军：《推导作为诉讼证明的逻辑》，载《法学研究》2011 年第 6 期。

③ 参见张明楷：《代购毒品行为的刑法学分析》，载《华东政法大学学报》2020 年第 1 期。

四、经验法则盖然性特征的原因

（一）经验法则的来源广泛且数量无限

一方面，经验法则的来源以及涉及的范围十分广泛。刘春梅教授认为经验法则是人类在长期生产、生活实践中积累的一般经验，其范围包括自然定律、逻辑或伦理法则、数学原理、生活惯例、交易习惯以及其他有关学术、艺术、技术、工商业、语言等生活活动之一切定则。[①] 对此，笔者认为：第一，将经验法则等同于一般经验不妥。经验法则是经验库中具有较高抽象性、较强理性的经验认识。第二，将"自然定律、逻辑或伦理法则、数学上原理"纳入经验法则的范畴中不妥。前文已对自然定律、逻辑或伦理法则、数学原理和经验法则的关系进行阐述，在此不再赘述。第三，此番论述依然具有启发意义。从中可见经验法则所涉领域范围十分广泛，包括日常生活、学术、艺术、技术、工商业、语言等各类活动的一切惯例和习惯。可以说，在社会生活的任何方面，只要是具有较高理性的经验知识，都可能在司法证明情境下被法官挖掘出而成为经验法则。

此外，经验法则的范围广泛性还体现在具体内容层面。正如美国学者特文宁所言，"经验法则是一个容纳了具有良好理由的信息、深思熟虑的模式、逸闻趣事的记忆、影响、故事、神话、愿望、陈词滥调、思考和偏见等诸多内容的复杂的大杂烩"。[②] 从理论上而言，经验法则来源于经验提纯，是具有较高理性的经验认识，但事实上会因适用主体的认识错误、价值取向、记忆偏差、思考不周全等原因引入一些准确性不高或存在价值偏见的经验认识。所以，即使被法官挖掘出来的经验法则也存在良莠不齐的情况，这也为司法实践中法官不当适用经验法则埋下了隐患。

另一方面，经验法则的来源广泛决定其在数量上具有无限性。因为经验法则来源于人类知识的总体，司法证明过程中的经验法则来源于法官个体拥

[①] 转引自刘春梅：《浅论经验法则在事实认定中的作用及局限性之克服》，载《现代法学》2003年第3期。

[②] 转引自羊震：《经验法则适用规则之探讨》，载《法商研究》2012年第2期。

有的"经验库",无论是人类知识总体还是法官个体"经验库",其内容都是不可估量的。证据裁判是从具体既知去探求未知的过程,存在无穷可能性,因此能够作为事实认定推理前提的经验法则也是无限可能的。[①] 当然,数量无限性是针对经验法则总体而言的,就具体案件而言,所用经验法则的数量又是有限的。一方面,法官在案件信息的引导、刺激、催化下选择经验法则,"涌现"出来的经验法则必然与案件事实相似或有关联。另一方面,法官必须要在无限数量的经验知识总体中选择唯一的经验法则作为认定事实的依据。根据不同经验法则推断得出的事实可能是完全不同的,诉讼案件的事实认定是不可能同时存在多种结果的。当法官选出多个经验法则且难以取舍时,就说明该案存在"合理怀疑",此时法官应当依据相关证据原则和证明标准进行定案。

(二)经验法则由不完全归纳推理所得

经验法则在本质上属于经验认识,所有经验认识都源于对实践经验的归纳总结。特拉斯特德教授将归纳称为最重要的学习手段之一。只有通过归纳,才可以从过去经验中汲取营养,否则过去经验就变得毫无意义。归纳是学习的基础,是获得科学知识和常识的基础。[②]

从理论上来说,根据归纳推理前提考察的事例是否为结论概括的那类事物的全部对象,可将归纳分为完全归纳和不完全归纳。完全归纳的前提和结论之间不存在范围扩展,因此推理形式并不会对结论的真实性产生影响。但不完全归纳的前提和结论之间存在范围扩展,不能完全排除存在例外情形未囊括进归纳的范围,因此根据不完全归纳获得的经验认识不能保证必然正确。可用推理模式表示:S1 具有 P 属性;S2 具有 P 属性;S3 具有 P 属性……Sn 具有 P 属性。S1、S2、S3……Sn 是 S 类的部分对象,并且在已考察的事例中未出现反例。所以,所有 S 都具有 P 属性[③],不能绝对排除可能存在 S4 不具有 P

① 王亚新:《社会变革中的民事诉讼》,中国法制出版社 2001 年版,第 323 页。
② [英] J. 特拉斯特德:《科学推理的逻辑》,刘钢、任定成、李光译,科学出版社 1990 年版,第 2—3 页。
③ 朱珏华:《论或然性推理可靠度的道德因素》,载《求索》2012 年第 9 期。

属性的反例。哲学家们在为归纳唱赞歌的同时，也已深刻认识到归纳的局限性。如考夫曼指出，"归纳是一种回溯，是从案件到规则或规范、从个别到一般的综合性推理。归纳扩展了推理者的知识，但同时它也是成问题的，因为它常常建立在不完全的基础上（不完全归纳）"[①]。休谟曾经提出，归纳不能得出必然的结论，因为我们从个别推导出一般时，实际做了两个大的跳跃：一是从观察到的事例跳到了未观察到的事例；二是从过去、现在跳到了未来。两大跳跃都会给结论增加错误的风险，因为适用于有限的不一定适用于无限，适用于过去、现在的不一定适用于未来。

司法证明中的经验法则只能是通过不完全归纳推理得到，其原因在于：案件中的证据属于稀缺资源，很难寻找到满足 S 类的全部对象，往往是只有 S1、S2、S3 等几个证据，既无法判断 S1、S2、S3 等的共同所属，也不能涵盖 S 类中的各个元素。[②] 经验法则反映的是事物间的联系，获得经验法则的过程存在两类事物的归纳，用推理模式可以表示为：S1 的情况下发生 P1；S2 的情况下发生 P2；S3 的情况下发生 P3……S1、S2、S3 具有共同属性 S，P1、P2、P3 具有共同属性 P。所以，S 的情况下会发生 P。司法证明中的经验法院源于不完全归纳推理，因此具有盖然性。

（三）经验法则系主客观辩证统一的产物

从总体而言，经验法则的来源是客观的。经验法则中内含的经验认识是人们在长期生产、生活实践中所获得的，以客观经验事实为基础，且经过多次反复验证，因此可以说经验法则是客观存在的反映。来源客观性决定了经验法则具有确定性。但就个体而言，经验法则的来源又不是完全客观的。经验法则是大量经验认识概括提纯的产物。作为提纯原料的经验认识，有的认识主体直接经历所得，如通过观察太阳得到"太阳是亮的"之认识，有的是认识主体间接获得，如通过课本学习或他人传授知道"太阳系有八大行星"，还有的是在直接经历的基础上通过类比联想所得，如在观察到"纸飞机落地

---

① 参见雷磊：《法律推理基本形式的结构分析》，载《法学研究》2009 年第 4 期。
② 栗峥：《司法证明的逻辑》，中国人民公安大学出版社 2012 年版，第 46 页。

都是头着地"的事实基础上，类比联想得出"民航客机降落是前轮先着地"的认识（事实证明该认识是错的）。通过间接获得或类比联想获得的经验知识并非完全客观，掺有他人或自己的主观加工，准确性要弱于直接经历所得的经验认识，所以在适用间接经验时要更加警惕。在司法实践中，法官运用的经验法则多是源于间接经验，这为经验法则的不确定性埋下了隐患。

经验法则的主观性也是其具有不确定性的原因之一，主要有两个方面：第一，经验法则是人们对事实状态的一种主观认识，以抽象形式存在于人们的内心。由于认识能力的局限性，人类无法全面、真实地反映客观事实，必然存在纰漏、瑕疵、错误，由此发展而来的经验法则也必然存在错误的可能性。第二，法官运用经验法则进行案件裁判不可避免地会有主观因素的介入。法官作为自然人生活在社会上，兼具个人动机和社会化倾向，正如美国法哲学家博登海默所言，"大多数人在安排他们各自的生活时都遵循某些习惯，并按一定的方式组织他们的活动和空闲时间"。[1]法官内在主观因素的介入，使司法裁判蒙上了一丝非理性色彩。在法官的主观认识中，有的是基于社会一般人的经历所得，很大程度上能契合社会普遍共识，但也有一些是在性格、情绪、气质、道德情操、生活经历、专业知识、价值取向等个性因素影响下获得的，并以潜意识、思维定式的形式影响着诉讼裁判。[2]裁判者非理性因素的存在是必然的，这也决定了经验法则必然无法以绝对确定的形式存在。

事实证明，排除法官的主观性影响，完全根据客观逻辑进行司法证明是行不通的。从历史角度看，司法证明模式经历了从绝对主观到绝对客观再到主客观相协调的历程：在人类社会初期，纠纷的裁判完全是由部落首领或氏族酋长根据自己的经验和良知决定的。后来，为了寻求裁判的权威性，神明裁判应运而生。在神明裁判时代，完全根据非理性的客观事实进行判案，如"火审法""水审法"等。12世纪，神明裁判退出历史舞台，司法证明进入法定证据时代。在法定证据时代，所有证据的证明力、案件的定案标准都有明确规定，法官只能严格按照这些规定作出裁判，没有任何自由裁量权。法定

---

① ［美］博登海默：《法理学：法律哲学与法律方法》，邓正来译，中国政法大学出版社2004年版，第233页。

② 参见张海燕：《司法裁判事实认定中的非理性因素》，载《北京行政学院学报》2011年第6期。

证据制度下刑讯逼供盛行。在抨击法定证据制度的同时，欧洲大陆开始实行自由心证制度。此时属于绝对主观化的司法证明模式，法官享有判断证据的绝对权力，无任何限制。20世纪中叶，为了防止司法裁判沦为法官恣意，大陆法系国家开始从绝对自由证明模式向相对自由证明模式转变。① 如今，世界各国已普遍接受相对自由证明模式，司法证明模式的讨论已进入新的层次：如何平衡事实认定中的主观性和客观性。②

五、经验法则盖然性特征的双向展开

（一）经验法则在司法证明中普遍运用的正当性

正如英国哲学家休谟所言，"我们如果没有经验和观察的帮助，要想决定任何个别的事情或推出任何原因或结果，那是办不到的"。③ 现代法理学认为，法律论证的基本推理方法包括归纳推理、演绎推理、溯因推理三种。而这三种推理方法都与经验法则有着密切的联系。首先，经验法则是人们经验观察和归纳推理的结果。其次，法律论证中的演绎推理以一般性认识为推理大前提，这些大前提正是经验法则。最后，溯因推理又称推定推理或合情推理，其基本的推理方法是：根据已知事实结果和有关规律性知识，推断出产生这一结果的原因，或者说是"为现象寻找最佳解释方案的推理过程"。④

经验法则表现为某种规律性知识，也是溯因推理的基础。从诉讼法学角度来看，在自由心证制度取代法定证据制度的那一刻起，事实认定者的个人经验就已挤入司法证明的大门，且不可能再被抛弃。法官个人经验一般处于沉睡状态。到了事实认定的阶段，受到证据信息、案件信息等的引导、催化，法官个人经验会被激活，进入司法证明的范畴，成为经验法则。可以说，任

---

① 参见何家弘：《从司法证明模式的历史沿革看中国证据制度改革的方向》，载《法学家》2005年第4期。

② 参见左卫民：《反思过度客观化的重罪案件证据裁判》，载《法律科学（西北政法大学学报）》2019年第1期。

③ ［英］休谟：《人类理智研究》，吕大吉译，商务印书馆1999年版，第24页。

④ 李滨：《情理推断及其在我国刑事诉讼中的运用检讨》，载《中国刑事法杂志》2015年第1期。

何一个案件的判断都避免不了经验法则的运用。法官认定事实的过程必然需要以个人经验为基础，若超脱经验法则的限制，就成了错案、错判。除去事实认定，法律适用的过程也离不开经验法则。一般认为，法律适用是一个以法律规范为大前提，以法律事实为小前提进行演绎推理的过程。从形式上看，演绎推理是一个逻辑推理的过程，不掺杂任何个人经验。事实上，整个法律适用的过程并不是直接推理的，而是在规则、事实（典型案例）与结论（待决案件）之间同时进行的一种"循环推理"。这种循环不是简单地周而复始，而是一种螺旋演进。①法官寻找法律规范大前提依然需要依然过往经验的指引，会让法律适用的过程更加高效、准确。认识经验法则在刑事审判中的普遍性，一是为了矫正对证据评价过程中主观性要素的排斥态度，正确看待经验法则的地位作用，扭转过度客观化、印证化的证据裁判模式；二是为了引起对经验法则的理论重视，探求如何从制度层面对其予以正确引导。同时，尽管经验法则在刑事审判中具有普遍性，司法证明难以摆脱法官主观性因素的束缚，但是也要清醒地认识到它的局限性，防止将其作用片面扩大，避免出现绝对化的错误。

（二）经验法则在司法证明中仅具有柔性效力

由于经验法则在大部分情况下都是准确的，因而能被公众所熟知并被普遍接受。同时需要注意两点：第一，经验法则是在特定范围内被普遍接受的，可能是地域范围，可能是行业范围，也可能是因为某些个人情况而形成的群体范围。例如，各地在冬至节气当天的习俗存在很大的差异：潮汕地区吃"冬节丸"，川渝地区喝羊肉汤，东南沿海一带在冬至时要烧纸祭祖，北方要吃饺子。各地因为文化背景、地理环境、自然气候等方面的差异，饮食习惯、生活习惯也会存在差异。又如，医学领域的某些专业知识并不为其他人所知。在常某某非法行医一案中，上诉人认为"其使用的中医疗法是正确的"，法院则根据省立医院提供的鉴定意见提出"被告人所用中医常识和经验，仅能粗

---

① 参见雷磊：《法律推理基本形式的结构分析》，载《法学研究》2009 年第 4 期。

浅地治疗轻微烧烫伤，根本无法治疗特重烧烫伤病人"。[①] 如何正确治疗烧烫伤是医学领域的专业知识，本案上诉人所采用的治疗方法未受到医学领域的普遍接受，故不得作为定案依据。经验法则的普遍接受性是有特定范围的，法官在适用经验法则时需对此多加注意。第二，经验法则的普遍性只能为法官提供一个参考标准和检验标准。法官作为社会个体，只能感知到自己的经验认识，无法认识到所谓的社会普遍共识。所以，法官在适用某项经验法则之前，只能根据自己的良心问自己："社会一般人是不是也这么认为？"司法证明无法要求法官在每次运用经验法则前都进行民意调查（民意调查的结论也不能完全代表社会普遍共识），只能要求法官在裁判时遵从自己的良心，并认为只要法官遵从良心作出的判断，其个人经验认识就代表社会普遍共识，能被社会普遍接受。

六、结论：经验法则不是"法则"

经验法则虽被冠以"法则"之名，但仍存在"法则性"之争：一方面，大多数学者认为经验法则是一种法则。如有学者提出"经验法则的规则性并不是以法律条文为载体规范诉讼认识，而是以其事实内容约束人们的认识，构成法官评价证据、认定案件事实以及进行推理时的事实准据。"[②] 还有学者认为法则的定位意在描述经验法则的约束力，并提出这种约束力为民事证据规定所明确。[③] 另一方面，也有少数学者反对将经验法则视为法则。如有的学者提出："经验法则是人们对生活经验的归纳概括和总结。这种归案概括是或然的、不稳定的，将这种概括性知识称为'法则'，总感不妥。"[④] 还有学者提出通过相应的立法程序可以将经验法则上升至法律规范层面，但此时经验法则也不再是单纯的知识，法官运用这些法律规则的过程也不再是事实认定，而

---

① 参见山东省东营市中级人民法院（2004）东刑一终字第16号二审刑事判决书。
② 李江海：《经验法则及其诉讼功能》，载《证据科学》2008年第4期。
③ 参见陈林林、何雪峰：《论经验法则的司法定位》，载《求是学刊》2017年第3期。
④ 张伟：《论事实认定中概括的运用与规则——以"彭宇案"为视角的考察》，载《西藏民族大学学报（哲学社会科学版）》2017年第4期。

属于法律适用。①

比较来看，支持经验法则具有法则性的目的是突出经验法则对法官裁判的约束力，而反对经验法则具有法则性的理由，主要是因为经验法则具有盖然性和不确定性。经过思考，笔者发现，两派学者的立论视角不同，支持派学者关注的是宏观层面的经验法则，是一个整体性概念，没有具体内容；而反对派学者关注的才是具体层面的经验法则，是在具体情境下有具体内容的经验法则。尽管有许多国家和地区的法律明确规定了经验法则的约束力②，但这针对的是整体经验法则而言的。司法实践中，缺乏判断法官裁判是否违背经验法则的客观标准、具体标准，因此很多时候，这种条文并不具有实质性的约束力，只能起到一种价值宣示和规范指引的效果。笔者认为，法官适用经验法则是一个具体化的过程，从微观视角观察经验法则的相对性和盖然性，对于经验法则适用规则的完善更具指导意义，因此笔者赞同经验法则不具有法则性的观点。

首先，经验法则不具有法则应有的强制性色彩和稳定性特征。所谓"法则"，是指"在某些情况下应该或者必须得做的"③。在哈特看来，法律是一种以威胁为后盾、被普遍服从的普遍命令，而且也必定一种普遍的确信，即确信如果拒不服从，这些威胁就可能被付诸实施。由此可见，要成为法则必须具备以下几点前提：（1）稳定、具体的内容；（2）可重复操作的判断标准；（3）确定、统一的实施结果。相较而言，经验法则显然不具有这样的特性。另外，哈特阐释了习惯和法律的关系：习惯本身不是法律，只有被特定法律制度"承认"为法律的习惯才是法律。④经验法则类似于哈特所言的习惯，不具有强制性色彩和稳定性特征，是由法官根据个人理性自由判断的，因此不能称之为法则。

其次，法官在裁判时所依据的经验法则始终是一种个人认识，无法上升

---

① 封利强：《理据：一个不可或缺的证据法学概念》，载《浙江社会科学》2019 年第 8 期。
② 如我国台湾地区"刑事诉讼法"第 155 条规定，"证据之证明力，由法院本于确信自由判断。但不得违背经验法则及伦理法则"。葡萄牙《刑事诉讼法》第 127 条规定："除法律另有规定外，相关机关根据经验法则以及自由心证原则对证据的效力进行评价。"
③ 《牛津高阶英汉双解词典》，商务印书馆 2002 年版，第 1314 页。
④ ［英］哈特：《法律的概念》，张文显等译，中国大百科全书出版社 2003 年版，第 27—47 页。

至法则层面。笔者注意到，不少学者对经验法则的普遍性存在误解，没有理清社会普遍共识和法官个人经验认识的逻辑关系。有学者提出"法官个人的认识不得作为经验法则而构成心证的基础"，并以彭宇案为例，认为"本案法官所用'常理''日常生活经验''社会情理'不具有高度盖然性，属于法官个人的认识和经验，因此不能作为推理的大前提，形成的心证当然不具有合存理性"。① 笔者认为，法官在裁判时所依据的经验法则只能是其个人经验认识，社会普遍接受性特征是相对整体经验法则而言的，并不能说法官需要运用社会共有的经验认识进行判断。一方面，社会普遍承认的经验法则处于不可知的范围，没有任何一个主体（包括法官在内）可以同时掌握全社会对某一事件的认识，也没有任何一种方法能够事先准确检验经验法则是否为社会普遍承认。另一方面，法官在运用经验法则进行司法证明的过程中，并不会对其他社会个体的认识进行访问、调查。即便进行访问、调查，也会因为样本的局限性而无法真正反映经验法则的社会普遍性。被运用的经验法则是具体的，始终伴随着法官个人主观思维而存在，并不能等同于社会普遍共识，因此不能将经验法则上升至法则层面。前述学者提出的将法官个人认识排除在经验法则之外的观点，事实上应当理解为那些事后未经受住普遍性检验的法官个人认识，也可称为"个人偏见"，不得作为经验法则而构成心证的基础，应在上诉审阶段予以纠错。

既然法官的个人经验认识与社会普遍经验认识始终存在差异，那么其据以定案的正当性何在？笔者认为有以下几点：第一，法官作为社会群体的一员，日常社会生活经历与社会中其他个体存在共性，因此由经历产生的经验认识也具有一定的共性。法官的个人经验认识兼具社会化和个性化的色彩，在某种程度上可以用来代表社会普遍共识，这是法官个人经验认识能据以定案的哲学基础。第二，自由心证制度为法官根据个人经验定案提供了内部证成。现代自由心证制度不仅释放了司法证明中法官的个人经验，还对其保持着较好的控制，经验法则和逻辑法则是心证合理性的两大保障，自由心证并

---

① 柴晓宇：《经验法则在事实认定中的运用及其规制》，载《社会科学家》2013年第2期。

不会沦为毫无根据的主观臆断。^①当下，法官适用个人经验要受到两个方面的制约：一方面，法官不得选择法律禁止使用的经验法则。如美国《联邦证据规则》第407条规定排除事后补救措施的证据^②，因此在美国司法实践中，不能根据行为人实施了事故施救行为而断定行为人是对事故有责的人。法律基于防止偏见、不公正等社会政策的需要，明确禁止使用某些经验法则。另一方面，法官个人经验认识应当在"法官共识""社会共识"可容忍的置信度之中。自由心证制度承认不同法官对同一经验法则可能会有不同认识，并对此采取宽容的态度，只要法官个人经验认识和"社会共识"之间的置信度差异在可容忍水平，均可接受。但是如果在一般人看来是高度置信的经验法则，而法官却将其视为高度质疑的经验法则，那么就可以说法官个体认识和社会共识之间的差异过大，超出了自由心证制度可容忍的范围，其适用的经验法则应当得到纠偏。第三，司法公信力为法官根据个人经验定案提供了外部证成。法官作为定分止争的裁判者，需要具有权威和公信力。现代司法要求应由那些素质高、能力强、独立公正、人格完整担任法官，如此才能得到社会的信任。^③公众信任司法、认同司法，同时也就认同法官根据个人经验作出的判决。第四，为了缩小法官个人经验与社会共识之间的差距，经验法则存在事后检验机制和补救措施，如当事人有权针对法官所用经验法则提出疑问，法官需要及时、有效地说明所用经验法则的内容和理由，当事人认为法官所用经验法则不符合一般常识和常理，可以提起上诉救济等，这些都为司法证明中引入个人经验增加了保险。

最后，从经验法则的发展根源来看，不能将其上升至法则层面，否则容易重蹈法定证据制度的覆辙。自由心证制度的确立初衷就是抑制法定证据制度的弊端，允许裁判者个人经验进入司法证明。在自由心证制度建立初期，

---

① 胡宇清：《自由心证正当性的系统论解读》，载《青海社会科学》2013年第2期。

② 美国《联邦证据规则》第407条规定："如果采取措施会使得在此之前的伤害或者损害更少可能发生，那么关于上述事后措施的证据不得被采纳用以证明：过失；有责行为；产品瑕疵或者设计缺陷；或者缺乏必要的警示或者说明。"

③ 张建伟：《刑事司法体制原理》，中国人民公安大学出版社2002年版，第257页。

裁判者享有绝对的自由，不受任何约束。[①] 后来，绝对自由心证产生了很多荒谬绝伦、违背常理的裁判，大陆法系知情陪审团制度逐渐被混合式法庭所取代，相对自由心证的理念也逐渐发展起来。相对自由心证中的"自由"仅指证据证明力不为法律规则所事先规定，其心证依然要受到推理规则和经验规则的约束。[②] 经验法则作为自由心证制度中的一种约束机制，意在将个人经验控制在有效范围之内，防止向绝对自由心证一侧滑坡。经验法则和法律规范对心证产生的约束是完全不同的，前者属于隐形的、柔性的约束，后者是显性的、刚性的约束。

综上，在司法证明中重视经验法则的作用有利于避免走向绝对自由心证，与此同时也要避免重回法定证据制度的老路。若要求经验法则上升至法则层面，将其转化为明示的法律规范，必然与自由心证的整体氛围产生冲突，故司法证明仅能赋予经验法则柔性效力。经验法则虽谓"法则"，实则"非法则"。

---

① 《法国刑事诉讼法典》如是规定自由心证制度："法律不过问法官形成自我确信所依据的理由；法律也不规定一种规则并让法官必须依赖这种规则去认定某项证据是否完备，是否充分。法律只要求法官平心静气、集中精神、自行思考、自行决定，本着诚实，本着良心，依其理智，寻找被告所提证据及辩护理由所产生的印象，法律只向法官提出一个问题，它概括了法官的全部职责范围：你已有内心确信之决定吗？"参见［法］贝尔纳·布洛克：《法国刑事诉讼法（原书第21版）》，罗结珍译，中国政法大学出版社2009年版，第79页。

② ［美］米尔吉安·R.达马斯卡：《比较法视野中的证据制度》，吴宏耀、魏晓娜等译，中国人民公安大学出版社2006年版，第213—214页。

经验法则在刑事诉讼语境下的运用研究

张翔宇 *

刑事司法活动中，经验法则在事实推定、证据认定、法律解释以及定罪量刑等方面都发挥着巨大作用。目前我国并未在立法中明确经验法则这一概念[①]，但诉讼活动是围绕作为个体的法官展开的，具体审判活动不可避免地受到经验法则的约束。尽管经验法则在范围与界定甚至是运用正当性方面存在诸多争论，不可否认的是，其对于提高刑事司法效率、保障当事人合法权利以及实现诉讼价值具有重大意义。需要注意的是，刑罚作为最严厉的惩罚手段，经验法则的适用恰当与否直接关系到刑事诉讼当事人的人权保障。现实中，无论是司法人员还是法学研究人员对于民事诉讼中经验法则的适用均给予了较大关注，且由于民法的私益性和调整对象的平等性，公众对于在民事诉讼中适用经验法则的后果容忍度较高。而涉及刑事诉讼，对于经验法则适用边界与标准的讨论依然无法形成共识，且对于经验法则与法定证据规则在实现刑事司法公正的过程中孰优孰劣多有纷争。基于此，从经验法则的正当性与功能入手，对经验法则与其他诉讼规则的冲突与协调展开探索，针对刑事审判过程中对经验法则的误用情形进行反思并提出控制方案，在此基础上对经验法则适用的规范化提出建议，或可为我国刑事诉讼中经验法则的适用提供思路。

---

* 贵州大学法学院硕士研究生。

① 最高人民法院《关于加强和规范裁判文书释法说理的指导意见》第 4 条、第 13 条与最高人民检察院《人民检察院刑事诉讼规则》第 368 条中均使用了经验法则这一表述，然而在上位法中并未对经验法则进行厘定与释明，故经验法则在我国法律体系中仍处于模糊状态。

一、回溯及界定：经验法则适用的正当性及功能

（一）经验法则的内涵

经验法则一词最初用于司法活动中源于弗里德里希·斯坦的著作[1]，通俗意义上来讲，一般是指在社会活动中针对重复出现的事物进行归纳总结形成特定发展趋势与因果关系后经过反复验证获取的关于事物或情境的属性和常态的普遍性知识[2]。经验法则的产生与自由心证制度密切相关，后者期望弥补法定证据制度在实务中由于审判依据不足及绝对机械证据裁判带来的结果的不正义，但其存在的主观裁决这一先天缺陷也饱受诟病，经验法则即是为了对这一情形进行约束与规制而出现。在我国，通常认为 2007 年的"彭宇案"是经验法则得以被重视的契机。

经验法则的构成本身具有复杂性和双重性，日常用语与法律术语存在重合，使得经验法则的经验性与法则性从外观描述上体现出辩证统一，很难单纯以事实问题或者是法律问题来进行分化。在具体诉讼活动中经验法则的运用机制是以法官的主观思维活动为基础，偏重观念或意识的实践应用，因而其运用形式具备相当程度的主观性。但需要注意的是，经验法则中的"经验"在内容上是客观存在的，脱胎于相关主体的客观物质活动，是人类在长期对自然进行改造的过程中所形成的稳定产物。这种经验的形成不以人的主观意志为转移。也正是这一特性，经验法则中的"法则"才具备合理基础，刑事司法活动中对经验法则的排斥与争论多是将目光聚焦在经验性上，忽略了其法则性。

（二）经验法则适用的正当性基础

经验法则源于事物及事物之间的固有联系和属性，是从一般性事项中提炼出的具有高度认同性的、经过反复践行依然保持稳定结果的常态现象，是

---

[1] 原著德文为 "Das private Wissen des Richters"。中文翻译为《法官的私人知识》。

[2] 刘春梅：《浅论经验法则在事实认定中的作用及局限性之克服》，载《现代法学》2003 年第 3 期。

不证自明的不成文法则。

在司法裁判中，无论是在民事诉讼活动还是在刑事诉讼活动中，其认知一般呈现为特定的演进路径，即从初始事实（客观存在的绝对真实事实）到证据事实（由证据形成的呈现于审判程序中的事实）再到认知事实（法官形成内心确信的事实），直至最后形成司法事实（案件经过司法裁判程序最终形成的事实）[①]。这一演进过程通常离不开法官的自由心证，自由心证因此成为大部分国家可接受的诉讼制度。当然，自由心证并不是无限度的，由于其适用极有可能偏向主观擅断，因而需要通过经验法则对自由心证进行约束。

经验法则之所以能在司法活动中得到广泛认可与应用，其正当性基础来源于两个方面：一是外部司法环境的要求使得该法则在具体诉讼活动中的适用具备不可避免性。时间的一维性导致客观真实事实丧失了完全再现的可能，待证事实与证据之间的关联性要求法官根据经验法则及其他法则进行认定，这种规则的适用无论从法律层面来说还是从事实层面来看都无法避免。法官在审判过程中并非单一依据法律与法理进行推理演绎，其适用包含常理、常识、常情等在内的经验法则的相关理念进行裁判说理并非偶然，而是具有一定的普遍性，已然在某种程度上构成了判案根据[②]。具体到刑事诉讼领域，经验法则作用于司法活动全过程，对于证据的采信、证明力的确认起到保障作用。二是经验法则本身的特性决定其具有不证自明性。经验法则来源于人们在长期与外界的碰撞与融洽过程中所形成的对事物发展规律与内在机制的理性认识，该理性认识经过实践检验得到了公众认可，不需要提供额外验证即能取信[③]。从司法审判层面来说，经验法则除一般经验法则外还有特殊经验法则，后者需要在特定领域内形成广泛共识才可在诉讼活动中进行适用。故经验法则本身具有一定的逻辑特性与规则特性，在满足条件时可被反复适用于不同情境，使得其在司法实践中的应用符合法律精神及司法客观性的要求。

---

① 陈增宝：《司法裁判中的事实问题——以法律心理学为视角的考察》，载《法律适用》2009年第6期。

② 谢进杰、邓慧筠：《刑事裁判说理中的"常理"》，载《中山大学学报（社会科学版）》2019年第3期。

③ 毕玉谦：《举证责任分配体系之构建》，载《法学研究》1999年第2期。

（三）经验法则在刑事司法活动中的功能

首先是佐证性功能。经验法则在进行推定时可发挥与法律规则相似的作用，是广义推定观中推定逻辑的一种，在事实推定中起到重要作用。如前所述，绝对真实的案件情形无法还原，加之法官不能拒绝裁判，故即便是案件事实存疑或者是法律有漏洞的情况下，法官依然承担着在待证事实与要件事实之间找到通路的义务。因而法官只能在已获事实的基础上，结合相关证据对案件事实进行无限趋近真实的还原。对于待证事实的认定，经验法则可以发挥辨识作用，从复杂纷乱的线索中找到符合法律认定要求的事实，帮助识别案件要素的客观真实性。

其次是检验性功能。在具体个案中，围绕案件事实与法律适用问题之间的差异与界限已然模糊，经验法则的适用不仅仅是对案件事实进行推定，更涉及诸多法律问题，即同时对法律问题与事实问题产生影响。此外，经验法则在发现法律的过程中也发挥了巨大作用[①]。既有法律并不能完全满足社会公众的期待，在出现规范与公众评价相背离的情形下，或者是出现法律漏洞的情况下，法官必须采取一定的手段进行价值解释和漏洞填补，而自由心证则是选择之一，作为规制自由心证制度先天主观特性的经验法则因其客观性与普遍可接受性而成为刑事诉讼活动不能回避的审判价值取向。

最后是二阶证据的补充与溢出效益。除对法官形成完全心证起到增强或减损的效果，经验法则在证据证明力、证据能力评价以及证据链耦合等方面具有不可替代的作用，可以帮助法官对证据价值作出判断，解决证明困难的问题，实现裁判公正。具体到刑事诉讼中，由于取证难度较大以及特殊案件证据灭失风险较高等原因存在证明困难的频率要高于民事诉讼，由此导致特定犯罪构成要件难以得到证明，此时适用经验法则进行推定可降低某些犯罪的证明难度，从而对那些具有严重社会危害性与法益侵害性但在实践中难以取证或缺失证据的行为进行规制。比如毒品持有类犯罪，在毒品已然转移的情况下很难通过证据证明持有嫌疑人曾真实持有该毒品，通过经验法则进行

[①] 刘治斌：《经验方法在司法中的地位、作用及其局限性》，载《山东大学学报（哲学社会科学版）》2005 年第 5 期。

推定，结合转移数量及频率可有效解决这一难题。

二、冲突及协调：经验法则与诉讼规则

（一）经验法则与自由心证主义

自由心证主义作为对法定证据制度的一种补充，对法官的主观意识能动性要求较高。法官需要在司法审判过程中根据案件事实与证明材料等司法要求对证据证明力形成价值判断并最终树立内心确信，而经验法则的内容脱胎于物质真实，其本身即要求客观性与合理性，故而不是所有的经验都可以上到法则层面并被实际运用于司法活动中。就二者之间的关系来看，经验法则是对自由心证的一种约束机制，其是由已知来推导未知的一种过程，内容由客观世界所决定，源于日常生活且属于被大多数公众所接受的普遍理论，有利于实现自由心证原则在主客观上的辩证统一。

经验法则之所以能约束自由心证，是因为其内容具有客观性，主观性仅仅表现在形式上，法官的个体经验应当被排除在经验法则之外[1]。经验法则在法官形成内心确信的过程中扮演着重要角色，诸多逻辑与非逻辑方法对证据思维活动的参与不可避免，其中基于经验的直觉对于心证的建立影响重大，亦是对间接事实与间接证据进行推论的基础[2]。从这一层面来讲，经验法则与自由心证在认定过程中的冲突成就了二者之间的平衡与约束。当然，适用经验法则无论是进行事实推定还是法律推定，都容易在复杂的个案构成中造成认定机械的问题。实体真实发现主义本身即存在悖论，尽管通过证据证明可以使得法官基于固定标准发现事实，但绝对的证据证明制度同样不利于司法公正的实现。经验法则虽然同时对自由心证主义与实体真实发现主义进行了限制，也同样确保了诉讼效率与公平正义目标的达成。

---

① 封利强：《理据：一个不可或缺的证据法学概念》，载《浙江社会科学》2019 年第 8 期。
② 龙宗智：《刑事印证证明新探》，载《法学研究》2017 年第 2 期。

（二）经验法则与证据规则

经验法则虽然在具体的案件认定过程中呈现出具象化特征，但其总体来说是一个抽象概念，很难用明确的标准界定，其外延随着社会与时代的发展有无限扩展的可能，因而对其进行具体适用不能突破盖然性范围的限制而随意采信。刑事诉讼活动要求极高的证明标准，即达到"排除合理怀疑"，一方面保证了刑法调整的谦抑性与谨慎性，但同时也对诉讼效率与审判结果的有效性产生了影响。需要明确的是，刑事证明标准尽管要求较高，但其亦不能完全免除或然性的因素。如相关规范①中对"排除合理怀疑"这一证明标准所作的制度补充即放宽了证据认定的条件，明确证明情形即便不能达到前述标准，只要其符合"唯一结论"的要求亦可作为定罪处罚的依据。实践中存在的一个突出问题是由于经验法则不具备绝对真实性，因而司法人员否认其在法律适用过程中的大前提地位，导致审判极易陷入过度依赖口供的极端②。适用经验法则进行事实推定时如果标准过高不利于司法效率的实现，而标准较低亦会导致裁判客观性的偏离，如何平衡二者之间的角力是实践当中面临的难题，口供补强规则与证据印证机制是对此问题的一种回应，但同时要防止绝对证据规则下的矫枉过正。

威格摩尔要求在司法证明活动中，法律证据必须围绕"日常逻辑的理性根基"进行构建。③而实践中由于个体差异与信息偏差导致的证明标准的不同适用以及由此得出的不同裁判结果不可避免，且基础事实无法跟推定事实画等号，适用经验法则推进诉讼进程的标准也应当区别于纯粹证据证明的标准，刑事诉讼法④中对证明标准的规定完善了后者在多个层面的系统化与标准化。

---

① 《关于办理死刑案件审查判断证据若干问题的规定》第 5 条中对"证据确实、充分"的证明标准的要求之一是根据证据认定案件事实的过程符合逻辑和经验规则，由证据得出的结论为唯一结论。

② 付斌、高玉蓉：《刑事案件证据证明标准解析——以毒品案件办理过程为例》，载《中国检察官》2017 年第 2 期。

③ ［美］道格拉斯·沃尔顿：《法律论证与证据》，梁庆寅、熊明辉译，中国政法大学出版社 2010 年版，第 116 页。

④ 2012 年以前刑事诉讼法中将证明标准规定为"案件事实清楚，证据确实、充分"，后来加入英美法系中"排除合理怀疑"这一表达。

在刑事司法裁判过程中，如果相对方不能举证证明经验法则的适用不具备合理性，则应当承担适用经验法则的裁判结果。此外，经验法则还可对既有法律规则的适用起到补充与推进作用，如无罪推定原则，其在实践中取得的司法效果是积极的，但对其的不合理使用可能使得审判结果走向另一极端——责任分配的扭曲与不公，经验法则则是对这种极端情况的修正。

（三）经验法则与实质正义

实质正义的实现是所有司法活动的终极目的与理想状态，即在个案当中事实认定精准客观，法律适用明确无异议。经验法则是基于事物要素间的普遍性联系而建立起的以逻辑与经验为核心的推定方法，其目的是无限接近并追求事实真相的重现，但不能真正到达。

即使是仅仅通过证据来认定案件事实而完全排除经验法则的适用，依然无法实现绝对真实。更何况经验法则的设立本身是要在效率、公平、秩序等价值间进行取舍，并不仅仅是服务于实质正义的绝对实现。推定结果与客观事实之间的差异是天然存在的，但不能因此否认经验法则的价值，其在刑事诉讼中出现的目的是尽可能保证司法效率与公平正义。故实质正义与经验法则二者之间并不是当然的对抗关系或因果关系，而是类似于价值冲突的取舍与衡平，最终期望达到促进与协调的效果。

如前所述，刑事诉讼采用的是实体真实发现主义，经验法则无疑是对该主义的约束。在具体的司法活动中，法官作为审判主体，同时作为具有不同特质的个体，其审判活动极易受到隧道视野、锚定效应及舆论驱动的制约，因而在认知需求出现信息加工的趋向性以及可得性偏差时，最常见的一种表现即是有罪推定，由此导致经验法则的误用以及裁判的不公与证据取向的偏好。但是经验法则的排除则会导致审判结果滑向由于证据规则的机械化导致的另一种极端情形，即实质正义完全服务于程序正义，以绝对的法定证据规则进行审判造成审判结果的极度偏差。对经验法则与实质正义之间的距离可通过制度设计来进行避免，比如设立对由经验法则推定的事实进行质证与反驳的权利，以及可以以经验法则适用错误等理由提起上诉等，可有效限缩经验法则与实质正义之间的差距。

三、误用及反思：经验法则与刑事诉讼实践

（一）经验法则适用的两极化

经验法则在实务中的适用并不是当然的。结合具体的案件情形、证据条件以及个案特征，在证据链条完整、当事人言词相互印证且无相反例证的前提下，对其有选择、有区别地适用，对司法正当性的实现具有积极作用。然而，司法实践中的具体适用存在较大误区：或出于司法谨慎与后果免责的考量，在具体的案件审理过程中，法官刻意回避经验法则的适用而严格法定证据规则及证据印证规则；或出于司法效率的追求与实质正义的偏好，在具体的司法审判活动过程中对不需要或者不能够适用该法则的案件随意适用。

首先，经验法则的完全排除适用。在证据充分且真实相关的情形下，严格证据认定可有效保障司法公平正义与裁判过程客观真实的实现。但在实践中，前述情形的出现具有极大的偶然性，大多数情况下案件呈现复杂难断状态，可获取的证据并不能对待证事实产生充分的支撑与说明作用。而在具体情境中经验法则的盖然性程度不尽相同，对于有些经验法则来说，因其在实践中经历了时间的反复检验，其本身已具备超高盖然性，不易被推翻或者出现反例，除非某种特殊情况出现，这种经验法则作为法官裁判的重要智识基础，对其进行排除适用极可能导致司法不公及司法目的的难以实现。

其次，与前述禁用情形相反，经验法则实践中亦存在过度使用的情形。对于证据充分、事实清楚的案件，应当严格适用证据裁判规则，在此种情形下忽略证据之间的相互印证而盲目采用经验法则进行主观臆断，将直接导致司法的任意性与不可取信性。目前学者们就经验法则滥用现象的担忧，盖因经验法则的认定先天带有程度不同的盖然性与主观性[1]。法官自身认识水平以及对具体案件研判的依据不同，采用的经验法则也不同，可能造成裁判结果的无依性。还有一种情形是，法官故意适用经验法则来回避对证据的核实与认定，或者出于对某种意定结果的追求而忽略经验法则适用的前提与基础条件，将该法则作为一种证明工具在未知与已知之间人为制造通路。无论裁判

---

[1] 何雪锋：《我国经验法则案件的实证研究》，载《西部法学评论》2020 年第 6 期。

者出于何种原因在适用条件未成就的情形下滥用经验法则，皆是对经验法则理性主义的损害，甚或在某种程度上带有主观故意。

（二）经验法则适用的无区分化

严格来说，经验法则的排除适用与过度适用属于广义上的误用情形，而将经验法则不作层级、效力上的区分而无差别地运用于司法各个环节，导致在具体适用程序、逻辑推理中出现效用偏差，则属于误用的狭义情形。刑事司法程序中对证明标准要求极高，由于经验法则多是通过归纳手段获取，因而无法吻合这一标准，这也是该法则在刑事诉讼领域的可接受程度远低于民事诉讼领域的原因之一。一般来说，刑事司法领域要求经验法则达到超然盖然性标准，即高于"高度盖然性"但低于并偏向"排除合理怀疑"①，意即运用经验法则需要满足较为严格的条件要求，并绝对限制与排除不符合适用条件的法则，后者通常表现出盖然性较低或者是与事实不相匹配的属性。

盖然性极高的经验法则或者接近必然的自然法则因其自身的高确定性与普遍认同性，因而不存在误用情形，而对于具备较高盖然性或较高确定性的经验法则来说——绝大多数经验法则可归于此列，在不同的情境与诉讼程序中所取得的证明效果千差万别。忽略证明事项、个案情形，进行无层级、无差别的经验法则的笼统适用，可能导致经验法则的理性审核与推论客观性作用难以发挥，偏离其司法证明与事实认定之初衷，沦为一种寻求支撑的诉讼工具，由此忽略其他反向的经验事例，将使法官最后的裁判结果及心证结论无法获得司法认可。

（三）经验法则误用之反思

首先，造成经验法则排除适用的原因之一是其作为外来品，在我国的本土化适用还未达到普遍确信的状态，故而法官对这一法则产生混沌观点或轻视情绪也在情理之中。这就导致实践中相关法律主体总是不自觉适用经验法

---

① 郭夏菁：《论刑事诉讼语境下的经验法则——以实证研究为视角》，载《犯罪研究》2017年第2期。

则，又不愿意自觉适用。另外，经验法则的抽象性与难以确定描述的特性也使得这一法则很难形成书面的、确切的表述与标准，且刑事案件涉及适用经验法则进行评析与推论的情形，一般情况下案情都会相对复杂，对法官适用经验法则提出了较高的要求并形成专业壁垒。除此之外，社会舆论与法官绩效考核制度对判案准确率的要求标准过于单一，尽管根据错案比例淘汰法官有其合理性，但也可能导致经验法则无法得到法官的主动适用。

其次，导致经验法则过度使用的原因有两个：一是立法不完善带来的法律漏洞不能得到有效填补；二是针对自由裁量权范围大小的限制不够明确①。立法对于经验法则相关制度内容的缺失直接导致经验法则适用的无序与随意，同时相应监管机制的缺乏使得部分审判人员对此无法形成严肃心理。法官自由裁量权在法律层面的标准化不具备现实基础，因而在实践中自由裁量范围可大可小，缺乏有力的规制与界定，对于该权力的滥用所导致的不利后果亦无有效规制。再者，法律的滞后性所带来的法律漏洞同样会导致裁判过程的无法推进，在此种情形下，对于提升司法效率的追求可能带来经验法则的过度使用。此外，刑法修正过程中呈现模糊罪过与复合化罪过的趋势，在没有明确区分罪过的情形下，因为罪过要素的模糊导致控诉方举证责任的不清晰亦会带来经验法则的滥用。

最后，经验原则是否具备正当性、是否违背刑法谦抑性以及与罪刑法定原则和严格证明标准的冲突等问题在理论界与实务界均无法形成统一观点，直接导致经验法则在具体适用时无具体标准与明确规范。除经验法则本身的不确定性外，法官主观思维差异性的影响、指导性案例的缺乏以及法官误用经验法则后当事人的救济手段的缺失等诸多因素，直接导致了经验法则运用的困难。经验转化为司法意义上的经验法则虽然需要法官运用自身的专业知识、职业素养、背景阅历对未知事实进行推定，但要求法官通晓各个领域的专业知识，并能据此进行自由心证不具备期待可能性。比如，科学证据的出现对法官正确运用经验法则带来更多挑战，科技拓展了法律领域的广度，对法官的专业性及知识面提出了更高的要求，具备良好法律素养的法官未必能

---

① 羊震：《经验法则适用规则之探讨》，载《法商研究》2012 年第 2 期。

很好地平衡专业问题与法律问题之间的鸿沟。

四、规制及建议：刑事诉讼中经验法则的适用路径

（一）刑事诉讼中经验法则的引入及控制

法官在认定事实的过程中必然要经过从证据到法律要素的推论过程，而完成这一从证据到事实的推理过程需要经验法则[①]。经验法则本身并不具备必然性，且其盖然性程度并无统一标准。相反，作为不完全归纳得出的特定认知，经验法则受到特定价值观念与不同社会政策的影响，表现出偏正性与时代性特征[②]。由此决定了依据该法则所做的推定具备可反驳特性，更容易使法官处于被质疑与攻击的境地[③]。因此，对该法则进行引入需要考虑合理性以及其与案件事实和证据材料的结合情况，再根据其盖然性程度灵活适用，即根据不同的程度标准来确立相应的适用规则，并事先归纳总出客观评价标准，以对经验法则进行可靠性与可接受性评价。经验法则依据不同标准也进行了不同的分类，但通常来说，无论哪种分类，其核心都包括两个方面，即一般性为大众所接受和认可的普遍经验以及为法官职业特性所决定但是在该领域内得到普遍确信的专业经验。以此为基础，反证空间应当与经验法则盖然性高低成反比，概括来说，在分类上偏重自然科学的内容其反证空间应当缩小，属于人文社科类的内容则反之[④]。

具体的控制要求表现为：首先，坚持直接言词原则。通过法庭质证程序进行对抗，可使得法官适用经验法则的参考背景更加丰富，在进行证据评析与核实时可形成更为客观的内心确认。对于经验法则的应用突破了普遍意义的案件，应当保障审判活动满足认识的连续性与期间的不可中断性。其次，进一步规范法官责任制度。法官责任制度的规范有利于裁判公正的实现，但

---

① 樊传明：《司法证明中的经验推论与错误风险》，载《甘肃行政学院学报》2013 年第 6 期。
② 张亚东：《经验法则：自由心证的尺度》，北京大学出版社 2012 年版，第 211 页。
③ 张中：《论经验法则的认识误区与实践困境》，载《证据科学》2011 年第 2 期。
④ 梁春华：《试论刑事案件侦办中的"经验法则"》，载《湖北警官学院学报》2016 年第 4 期。

法官责任制度及错案率考核同样限制了经验法则的适用。对此，应当建立经验法则激励机制，确保法官在合理合法的经验法则适用中免受苛责，并引入容错率来平衡法官责任与适当免责，使得法官可以以较小的心理负担状态对疑难未决案件的证据进行取舍和判断。最后，应当优化法官的选任标准与程序，以提升经验法则适用的合理性与有效性。理想状态下的法官应当是理性中立的，但实践中法官作为个体不可避免受到自身主观的局限。因而，需要通过严格的法官选任标准，结合高等教育专业课程的科学完善和法官继续教育制度的深化与延展，培养法官极高的职业素养与道德标准以弥补人性的差异与偏狭。

（二）刑事诉讼中特殊经验法则的内容及其认定

经验法则本身即具有双重属性。从狭义层面来理解经验法则，要求法官在自由心证时不得脱离常识即一般经验法则；从广义上来理解经验法则，自由心证的基础还应当包括专业判断与专业常识[①]，即包括并不能完全为一般公众所知晓，但在某一领域已得到普遍认可的专业共识在内的特殊经验法则。不同于一般经验法则在司法活动中的直接适用，特殊经验法则的认定和适用需要经过严格而规范的程序获取，且需要由负举证责任的一方予以证明[②]。通常来说，特殊经验法则的认定要求达到某一科学领域普遍接受的程度且无反例抗辩，具体适用中必须经当事人质证。不同国家所确立的专家证人制度和鉴定人制度皆是对此类法则适用的回应，用以弥补法官在具体案件裁判过程中受到的专业知识壁垒的局限。但在实践中，法官专业知识的缺乏导致对鉴定意见自由心证的难以实现，反而带来了审判权与技术权边界的模糊与混淆。

我国鉴定人制度的单一性决定了法官在裁判案件时对鉴定结果接受的消极性与被动性，且由于鉴定人出庭制度的非强制性以及法院委托鉴定证明力的法定化，使得鉴定人成为事实上的裁判者，突破了审判权的法定限制，导致实质上司法职能的让渡。然而质证的有效性来源于对专门知识的了解，如

---

① 陈林林、何雪锋：《论经验法则的司法定位》，载《求是学刊》2017 年第 3 期。

② 马贵翔、顾必琛：《经验法则的构成探析——以经验法则在事实认定中的适用为视角》，载《贵州民族大学学报（哲学社会科学版）》2019 年第 6 期。

何确保法官针对该类内容有效适用经验法则，需要通过设立专家顾问制度或者技术法官制度来为具体案件的心证过程提供专业参考。在这一过程中需要明确的是，无论是专家顾问还是技术法官，都只具有意见权或者鉴定权而非审判权，最终的确认依然应当由法官在对案件事实和证据材料进行充分了解与判断的基础上行使，其他任何人不得以任何形式进行干预，由此或可弥合审判权与技术权之间的抵牾。在刑事司法过程中，经验法则实质上所取得的效果是免除或减轻一方当事人的举证责任[①]。故而对特殊经验法则的采信与认定应当更为谨慎，以免造成司法偏向与司法不公。对此，还应扩大当事人的质证范围，同时明确特殊经验法则适用的条件与门槛，赋予当事人对专家意见提出异议的权利并设立救济途径。此外，应当加强鉴定人品格制度、鉴定程序、鉴定资格的构建，不得根据证据提供者的差异来决定证据证明力的大小，所有的专家证据应具备同等的证明资格。在此基础上，法官应根据自身的专业知识与职业素养作出判断，合理适用经验法则，结合案件事实和其他证据，形成法律确信，对鉴定意见进行充分论证后再作评价。

（三）刑事诉讼中经验法则适用的情境及程序

经验法则所推定的事实真相与法律适用要经过相应制度保障才具有证明效力，辩论原则、以审判为中心的诉讼制度改革等相关诉讼法律机制的完善既为裁判结果的公正提供保障，同时也为经验法则的合理适用提供监督。刑事诉讼中经验法则适用方式有两种：一是当事人主动申请；二是法官依职权主动适用。在实务中，量刑裁量权中经验法则的适用已得到普遍认可。在具体法律规定中亦赋予了法官在该项诉讼工作中的自由裁量权，包括量刑幅度、刑种选择等，为经验法则的适用提供制度基础。需要明确的是，经验法则的适用情境是否包括定罪裁量权，对后者适用经验法则是否与罪刑法定原则的精神相冲突。通常来说，经验法则并不过分干涉定罪裁量权，其只在法律选择和法律适用中发挥作用，就这一层面来说，经验法则的适用不可避免。在定罪裁量过程中适用经验法则应当遵循严格的认定标准，绝对排除低盖然性

---

① 杜邈：《"排除合理怀疑"标准的司法适用》，载《法律适用》2019 年第 7 期。

经验法则的适用，并且法官应当对被告方采取完人假设，避免有罪推定，以保证刑事审判的谨慎性与严格性。

具体的适用程序方面，首先，对证据资格确认时点进行前置。证据资格是证据证明力存在的条件和基础，未确认证据资格的证据不得作为经验法则推定及判断的要素，应在庭前及时予以排除，避免其进入庭审程序影响法官适用经验法则时的主观取舍。其次，进一步强化庭审过程的有效性和核验功能，打造庭审过程的实质性。庭审过程的实质性可帮助法官更加直观地判断案件事实与证明材料的内容，避免庭前书面判断先入为主造成的确信失衡与认知偏见，从而客观选取内容与适用节点。再次，法官应当公开心证历程，就经验法则的适用为双方当事人提供质证与沟通的机会和渠道。将经验法则的适用过程及选取理由在裁判文书中进行披露，完整表述与经验法则有关联的事实认定过程[①]。写明经验法则适用的依据和选取的背景，并进行详细释明，有利于避免适用过程仅存在于法官的内心活动，同时可提高司法公信力，摒除任意性带来的影响，便于审判结果的复盘与反思。如此，监督主体亦可针对法官适用经验法则的程序与依据进行监督，确保法官在合理的边界内发挥主观能动性积极审判。最后，应当完善程序救济规范，将经验法则的适用合理与否纳入上诉理由和司法审查要素进行质证和质疑的权利。目前在实践中，因经验法则适用错误通过上诉或者再审程序对原审判决进行废弃时通常将理由归结为事实认定错误或其他已有诉由[②]。此种处理方式虽然保障了对当事人诉权的救济，但也模糊了判决的指向性与明确性。应将经验法则适用错误作为上诉或再审申请法定理由，以保障诉讼程序的高效推进与司法活动的准确性。此外，考虑到经验法则的适用无具体标准，可借鉴其他国家或地区的做法，出台指导性案例，以形成普遍价值取向，平衡制度法由于先天缺乏弹性带来的规制缺陷，填补法律空白，为诉讼活动的稳定性与统一性提供参考[③]。

---

① ［美］米尔吉安·R.达马斯卡：《比较法视野中的证据制度》，吴宏耀、魏晓娜译，中国人民公安大学出版社 2006 年版，第 214 页。

② 刘春梅：《浅论经验法则在事实认定中的作用及局限性之克服》，载《现代法学》2003 年第 3 期。

③ 蒋贞明：《论经验法则的适用与完善》，载《证据科学》2011 年第 2 期。

五、结语

司法价值的实现依赖于以人为关键的审判活动的有效开展，自由裁量权在现阶段甚或未来相当长的一段时间内在审判中都将发挥重要作用，但无论理性如何影响裁判结果，个体的主观局限性仍然会对司法活动的客观性产生或正向或负向的作用。法律所期许的法官良知与内心公正面临着诸多挑战，自由心证与主观臆断的界限极易打破。辩论主义以及证据主义或可为这一情形的避免提供帮助，然而经验法则依然发挥着不可替代的作用，未来仍将在诉讼活动中产生影响。总体来看，经验法则在实务中与理论上逐步得以完善，其总体趋势与价值引导是在尊重事实与法律的基础上尽可能地使裁判结果趋向公平正义。理想状态下经验法则作用的发挥应是自然而动无须人的理性意识加以干涉与判断，但科技的进步使得经验法则面临越来越多新的难题，技术权与审判权的争夺不容忽视。大数据时代经验法则的形成与更新呈现加速状态，如何把握技术冲击带来的稳定性与因果性的多变值得思考。未来的刑事诉讼制度改革中，应明确经验法则的司法地位，规范其适用情境及不同程度盖然性条件的适用标准，完善其程序规制及价值取向，平衡好经验法则外延的无限扩大与诉讼规则适用的稳定统一。

论刑事司法中经验法则对于事实推定的作用[*]

宋 戈^{**}

经验法则在司法裁判中具有几大功能，具体包括事实推定、法律解释、证据评价等^①，其中事实推定最受关注并且引发了学界的广泛讨论。在民事司法领域，经验法则与事实推定的关系的相关讨论已然相当翔实，并且这种关系得到了法律的承认。^② 经验法则由于其高度盖然性，与民事诉讼的证明标准即优势证明标准较为契合^③，而刑事诉讼的证明标准需要达到"排除合理怀疑"的程度。较之民事诉讼而言，刑事诉讼的证明标准要求更高，那么能否运用经验法则进行事实推定，如何保证经验法则在法律理性的约束下发挥作用等问题便是值得研究的课题，因此本文重点讨论刑事司法中经验法则对于事实推定的作用及相应规制。

---

* 本文系西南政法大学 2021 年度学生科研创新项目（批准号：2021XZXS-348）的研究成果。

** 西南政法大学行政法学院法律逻辑学专业硕士研究生。

① 刘澍：《论司法裁判中经验法则的地位、局限性及应用规则——对典型案例的实证分析》，载《学术论坛》2012 年第 7 期。

② 根据最高人民法院《关于民事诉讼证据的若干规定》第 10 条、第 85 条的规定，审判人员可以运用日常生活经验和逻辑推理进行事实推定。

③ 根据最高人民法院《关于适用〈中华人民共和国民事诉讼法〉的解释》第 108 条第 1 款的规定，对负有举证证明责任的当事人提供的证据，人民法院经审查并结合相关事实，确信待证事实的存在具有高度可能性的，应当认定该事实存在。

一、经验法则的含义和特征

（一）经验法则的含义

根据日本学者的定义，经验法则是指人们从生活经验中归纳获得的关于事物因果关系或属性状态的法则或知识。[①] 在大陆法系国家，经验法则这一概念历经"自由心证主义—绝对自由心证主义—绝对自由心证主义的矫正主义"的发展过程，逐渐为更多人所熟知和理解，对于经验法则含义的讨论与上述日本学者所下的定义无本质差别，我国学者的观点同样如此。[②] 唯一有争议的是，自然规律及定理是否也属于经验法则。有学者认为，自然规律及定理在法律上体现一种必然性，与经验法则高度盖然性的属性不符，不属于经验法则。而在西方的传统法律文化中，自然规律属于经验法则。[③] 实际上，可证伪性是科学的基本属性，否则便无法称作科学。自然规律（如太阳东升西落）同样具有可证伪性，即不具有完全的必然性，只是法律上将其拟制为一种必然性的规律和法则。此处讨论的经验法则同样是一个受到法律约束的概念，即经验法则需要符合法律上证明力的要求。自然规律及定理在法律上被拟制为不需要证明的法则，符合相应证明力的要求，那么也理应属于经验法则。

此外，经验法则是人们在对事物进行判断时不可或缺的工具。不同的个体在推理和判断的过程当中逐渐形成了较为一致的认知，这些认知又为后来的个体所实践、为后来的实践所认可，循环往复之中形成了一系列具有较强稳定性、普遍性的规律或法则。总之，经验法则是人们长期科学实践、社会生活的过程中经过归纳总结、抽象提炼出来的普遍性认知，超脱于个体经验，构成了事实认定或推定的客观依据。

（二）经验法则的特征

经验法则既然是人们长期生活实践当中积累而成的普遍性认知，其认知

---

① ［日］新堂幸司：《新民事诉讼法》，林剑锋译，法律出版社 2008 年版，第 375 页。

② 刘春梅：《浅论经验法则在事实认定中的作用及局限性之克服》，载《现代法学》2003 年第 3 期。

③ See Cfr. Twining, Rethinking Evidence. Exploratory Essays, 2nd ed., Cambridge 2006, p.338.

基础即归纳推理——由特殊到一般的推理。归纳推理又可以分为完全归纳推理和不完全归纳推理，其中完全归纳推理具有推理形式上的有效性或保真性，而不完全归纳推理并不具有推理形式上的有效性或保真性，也就是说，即便前提为真，结论也并不一定为真。就不完全归纳推理而言，其前提并未考察完世界上所有的可能情形，因此其结论并非必然为真，而是具有一定的合理性或保全性。不完全归纳推理的此项特征显然契合于经验法则的高度盖然性，因此经验法则的认知基础应当是不完全归纳推理。

然而司法裁判中，法官适用经验法则得出结论似乎是毫无疑义的过程，致使学界以及实务界对经验法则的特征产生误解，即经验法则的适用不允许存在例外。① 此外，经验法则根据其盖然性的高低或证明力的大小，可以分为不同的类别，因此似乎盖然性程度更高的经验法则就应当优先适用，而盖然性程度低的经验法则则不能适用或者受到严格限制。这样的观点虽不无道理，但将经验法则仅仅视为一种盖然性或概率性的命题，如一些德国学者所做的那样②，忽视了经验法则对于司法裁判具有的基本意义。总之，在静态的语境下讨论经验法则，经验法则被冠以"不可废止性""概率性"的罪名。然而，诚如布迪厄所说，世界上存在一个相对独立且完整的司法场域，在该场域中司法运作有其自有的逻辑。③ 为此，讨论经验法则的特征，应当置于司法场域的论辩语境下进行，具体而言具有两项特征：

第一，可废止性。经验法则的适用并非不允许存在例外，即经验法则允许被挑战乃至推翻，除非该经验法则属于法律上拟制为"必然性"的法则如自然规律（太阳东升西落）、科学定理（一个人不可能同时出现在两个地方）。经验法则高度盖然性的特征业已说明其最终结论并非绝对为真，当法官适用经验法则进行事实推定时，应当允许对该推定不服的当事人提出反证。法官必须避免先入为主的认定，适用经验法则时应当受到职业中立性的约束，并

---

① 刘国如：《民事审判论辩语境下经验法则运用的本质与机制》，载《人民司法》2017 年第 10 期。

② 转引自曹志勋：《经验法则适用的两类模式——自对彭宇案判决说理的反思再出发》，载《法学家》2019 年第 5 期。德国学者一般将原来普适的大前提变更为不同盖然性的命题，即 $p(G,F)=0.9$ 或者 $\rho(E|A≈1)$，即对条件 F 或者 A 来说，发生 G 后果的概率是 0.9 或接近 1。

③ 布迪厄：《法律的力量——迈向司法场域的社会学》，强世功译，载《北大法律评论》2000 年第 2 辑。

且接受当事人的挑战或质疑。对于当事人提出的反证，法官应当充分考察其合理性和说服力，刑事司法中更是如此，每一处运用经验法则所作出的推定，都有可能影响到最后的裁判结果。总之，在司法场域的论辩语境下，事实、证据乃至经验法则，其数量和作用并非固定不变的。司法裁判应当保持一定的开放性，符合特定条件时，应当允许新的事实和证据加入，允许经验法则发挥其作用，也允许其被当事人的反证所推翻。鉴于这些条件或因素的变化，最终的裁判结果也可能会发生变化。换言之，经验法则在司法场域的论辩语境下具有非单调性，即当新信息获得时，原先的结论可能被废止。[①]

第二，非"真值性"。从形式逻辑的视角来看，就某一前提或命题的赋值要么为"0"，要么为"1"，即要么为假，要么为真。然而就经验法则而言，无法进行这样的赋值，它不具有逻辑意义上的真值。另外，经验法则根据其盖然性程度的不同，可以分为不同的类型，那么盖然性程度不同的法则之间在适用的顺序和相应限制上也自然有所不同。这看似无可挑剔的论证，实际上隐含着一个错误的预设：经验法则的盖然性程度是能够确定并且不会变更的。首先，除了法律上拟制为"必然性"的法则以外，其余的经验法则的盖然性程度难以得到确定。从法律逻辑学的视角来看，必然性的法则的真值为"1"，而其余的经验法则的真值则在"0"到"1"之间，那么究竟是"0.6"还是"0.7"，抑或其他可能，则无法断定，其中的细微差别同样无法断定。法官在适用经验法则时不可能利用统计学的工具来计算盖然性，这超出了法官的职责范围，也对法官提出了过于不合理的要求。即便能够利用统计学的工具进行计算并且辅以常识的判断，也至多能够断定经验法则所处的"真值范围"，而无法确切知道其真值。如此一来，根据盖然性程度的高低来明确适用的先后顺序则是不可能实现的目标。再退一步说，即便经验法则的真值能够得到确定，那么如果两个经验法则的真值分别为"0.7"和"0.69"，这细微的差异何以就说明了其适用的顺序差异？如果这两个经验法则存在冲突，其真值差异又如此之小，法官又该如何抉择？概率性所带来的困境说明，法官在适用经验法则时应当受到法律理性的控制，而非屈从于统计学的权威。其次，

---

① 朱政：《法律适用的理论重构与中国实践》，南京师范大学 2014 年博士学位论文，第 110 页。

经验法则的盖然性程度也并非固定不变的，今天的真理也许明天就会变成谬误。反对归纳推理的波普尔提出了著名的例子：要证明"所有的天鹅都是白的"，必须把天下所有的天鹅都放到面前进行考察。而若要证伪这个命题便简单许多，只需找出几个反例即可。经验法则既然是人们长期生活实践当中积累而成的普遍性认知，那么它也会受到后来生活实践的挑战和更新，只需出现一两个反例，那么经验法则的盖然性程度便会降低。如越来越多的反例出现，那么经验法则的盖然性程度便越发降低，甚至沦为一种谬误或偏见。

综上分析，经验法则的盖然性程度无法得到确定并且有可能被废止。对于大多数经验法则而言，其盖然性程度都无法达到真值为"1"，甚至处于一个较低的"真值区间"内，然而法律仍旧承认这类经验法则的作用，原因并不在于其概率性的高低，而在于经验法则在司法场域下发挥着独特的作用。有学者考察了经验法则在事实认定的不同阶段所发挥的作用[①]，说明经验法则的作用并不仅仅为最终的裁判结果提供认识基础，其基本功能是构建案件事实，将现有事实和假设之间连接起来[②]。人类的认识能力毕竟是有限的，法官无法将已经过去的案件事实完全重构出来，于是必须依托经验法则作出一系列假设并且与现有的事实进行对照，验证其假设的成立或不成立，从而逐步构建一个相对完善的案件事实。事实认定是法官的基本职责，经验法则在此过程中发挥着至关重要的作用，下文便重点探讨其作用以及这种作用得以存在的合理机制。

二、经验法则的作用

（一）经验法则主要适用于事实推定

"推定"作为证据法中的法律术语，在英文专业文献中的界定也不尽相

---

① 吴洪淇：《从经验到法则——经验在事实认定过程中的引入与规制》，载《证据科学》2011 年第 2 期。

② ［加］道格拉斯·沃尔顿：《法律论证与证据》，梁庆寅、熊明辉等译，中国政法大学出版社 2010 年版，第 42 页。

同①，我国学者对此也尚未形成一致意见。笔者以为，推定包含"推论"和"认定"两个层面，推论即一种假设性的推理结构，其形式为"如果……，那么……"，而认定则是该推论所得出的结论。审视这一推理结构可知，推定的适用必须以存在某一已被查明的案件事实为前提，"如果该事实发生，那么另一事实也会发生"则是运用经验法则所得出的假设或推论，而"另一事实也会发生"则是推论产生的认定结果。因此司法意义上的推定，是指法官根据既存的某一事实，从而推断出另一相关事实存在的假设。②

根据推定是否由法律明确规定，推定可分为法律推定和事实推定。法律推定是指立法者在制定成文法时就有关事实认定事项，为法官设置了适用规范，以便法官基于某事实的存在而推定另一事实的存在。③笔者对此定义持保留意见。事实推定是指法官基于职务上的需要，根据一定的经验法则，就已知的事实作为基础事实，进而推论未知事实的证明手段。④二者的区别十分明显，法律推定具有法律强制力，当特定情形发生时，法官便需要做出相应的推定，没有自由心证的余地。而事实推定观其定义可知，是法官适用经验法则得出结论的方法或手段，属于法官自由心证的范畴。因此，法律推定和事实推定的根本差异在于是否属于法官自由心证的范畴。

根据民事诉讼法相关司法解释的规定，根据法律规定推定的事实无疑属于法律推定的范畴（当事人有相反证据可以进行反驳），而依据自然规律以及定理定律所推定的事实同样属于法律推定的范畴，原因在于自然规律以及定理定律在法律上被拟制为一种"必然性"的经验法则，当事人不可以进行反驳，并且法官必须进行适用。因此，法律推定可区分为两种类型：可推翻的法律推定以及不可推翻的法律推定。（后文所指法律推定一般指可推翻的法律推定）其中不可推翻的法律推定适用的基础是"必然性"的经验法则，也就说明"必然性"的经验法则仅适用于不可推翻的法律推定，而不能适用于事

---

① 何家弘：《论推定概念的界定标准》，载《法学》2008 年第 10 期。

② 张煌辉：《实践中的私法——法律方法、裁判技术与正义追求》，法律出版社 2020 年版，第141 页。

③ 张煌辉：《实践中的私法——法律方法、裁判技术与正义追求》，法律出版社 2020 年版，第141 页。

④ 毕玉谦主编：《民事诉讼判例实务问题研究》，中国法制出版社 1999 年版，第 209 页。

实推定。事实推定和法律推定的关系在于，实际上都属于推定，客观上都以经验法则的应用为基础，并且事实推定构成可推翻的法律推定的重要来源。[①]当事实推定经受了司法实践的检验，其推定结果被证明为在绝大多数情况下为真时，立法者便将其规定为一种可推翻的法律推定，使其获得了法律的强制效力，也帮助法官在需要推定时有法可依。综上分析，无论是可推翻的法律推定还是不可推翻的法律推定，其客观基础虽然是经验法则[②]，但其约束力来自法律的直接规定而非经验法则本身，由此区别于事实推定。因此，司法意义上经验法则的适用范围主要指的是事实推定，这也是本文讨论的核心内容。

（二）经验法则存在的必要性

经验法则的主要作用在于进行事实推定，然而这种作用在学术界和实务界仍旧饱受争议：利用经验法则进行事实推定似乎有自由裁量权过大之嫌，运用到刑事司法中可能与国家法治原则冲突并冲击无罪推定原则。[③]上述质疑不无道理，笔者试从三个方面论证经验法则这一作用存在的必要性以作回应：

第一，司法意义上的案件事实应当是一种"法律真实"，而非"客观真实"。客观真实指的是过去发生的案件事实的全貌，而法律真实指的是在司法活动中法官依据事实、证据等材料所重塑的案件事实。既然案件事实是过去发生的事实，从时间的单维性来看，它具有不可重复性，其全貌已经不可能为人所知。人类受限于认识能力的有限性，追求客观真实注定是无法实现的目标。此外，客观真实或者说案件事实的全貌即便在个案中能够被完全掌握，也需要被丢进法律的"熔炉"中进行重塑和锻造，因为司法活动或审判活动并不需要考虑案件事实的每个细节。换言之，案件事实需要经历法律规范的评价和剪裁，而失去了本真的客观性。[④]因此，尽管客观真实是人类追求的

---

① 杨宗辉：《刑事案件的事实推定：诱惑、困惑与解惑》，载《中国刑事法杂志》2019年第4期。
② 也存在例外，比如"无罪推定"并非基于"刑事案件中大多数犯罪嫌疑人都是无罪的"这一经验法则，而是基于价值考量。
③ 龙宗智：《推定的界限及适用》，载《法学研究》2008年第1期。
④ 朱政：《法律适用的理论重构与中国实践》，南京师范大学2014年博士学位论文，第32页。

理想，但法律真实才是司法意义上理性的追求。法律真实需要法官依据事实、证据等材料来进行重构，当这些材料不充分或者不足以重构事实时，法官便需要依据经验法则来进行事实推定，从而逐步构建一个相对完善的案件事实。

第二，自由心证主义为经验法则的适用提供了正当性。由于人类认识能力的有限，法律真实才是司法意义上理性的追求，即法官需要依据经验法则、逻辑规则，利用已有的事实和证据对案件事实进行"回溯"和重建，这一过程中法官对事实的认定或推定需要达到内心确信的程度。要做到这一点，必须允许法官自由地进行心证。自由心证主义，是指关于法院认定用于判决基础的事项，应遵从由组成法院的法官基于在审理中出现的一切资料和状况，自由形成的具体的确信的原则。① 法官依据自由心证主义所达到的内心确信程度只需要达到"通常人们在日常生活上不怀疑并且达到作为其行动基础的程度就行"。② 显然，法官自由地心证所达至的内心确信程度，需要依赖日常生活经验、常识、众所周知的事实等来实现，即有赖于经验法则的合理运用。然而，相较于运用经验法则的重要性和普遍性，司法实践中法官却鲜少使用经验法则进行事实推定。一方面，经验法则的适用规范尚不明晰，使得经验法则的适用存在客观困难；另一方面，法官不愿意公开地运用经验法则，似乎忌惮于经验法则的适用将损害司法判决的权威性和法律的确定性。与此同时，当面临事实认定困境时，法官倾向于利用证明责任来摆脱这一困境。所谓证明责任，是指当诉讼已经进行到终结而案件事实仍处于真伪不明状态时，主张该事实的当事人要为此承担不利的诉讼后果。③ 证明责任制度由法律所明确规定，法官在进行适用时不容易引起争议，似乎更利于维护判决的权威性和确定性，也使得法官免于可能招致的法律责任。然而，证明责任的适用前提是事实处于真伪不明的状态，即法官利用经验法则、逻辑推理并且结合现有的事实、证据等材料，仍旧无法重构出一个合理的"法律真实"或该真实状态没有达到自由心证所要求的内心确信程度。换言之，运用证明责任必须

---

① ［日］兼子一、竹下守夫：《民事诉讼法》，白绿铉译，法律出版社1995年版，第107页。

② 参见梁慧星主编：《自由心证与自由裁量》，中国法制出版社2000年版，第101页。

③ 毕玉谦：《证明责任与证明责任分配规则》，载《法律适用》2002年第2期。

以"自由心证"用尽为前提。① 证明责任制度是当法官穷尽自由心证，仍旧无法对案件事实作出真伪判定时方能适用的规范，目的在于提供兜底性的法律保障，而非免除法官进行事实认定的职责，否则这一制度便丧失了其原本意义。因此，自由心证主义是适用经验法则正当性的来源。与此同时，相应的质疑也由此产生：自由心证主义所要求的内心确信程度和刑事司法中要求的"排除合理怀疑"的证明标准并不吻合。"排除合理怀疑"的标准显然高于法官自由心证所达到的内心确信程度，经验法则的局限性在更高的证明标准下就凸显了出来。

第三，现行法律规范承认经验法则的作用。根据刑事诉讼法相关司法解释的规定，法律推定属于不需要证据证明的事实。② 法律推定又是由事实推定演变而成的，那么既然司法解释承认法律推定的作用，也就间接承认了事实推定的作用，承认了法律推定和事实推定的客观基础即经验法则的作用。另外，对该条款采取反对解释可知，既然存在根据法律规定的推定事实，就必然存在没有法律规定的推定事实 ③，即既然承认了法律推定，也就承认了事实推定。不仅是相关司法解释承认经验法则的作用，刑事司法实践也需要经验法则的参与。以刑事案件中的故意杀人罪为例，需要判定犯罪嫌疑人主观上是否故意，现已查明犯罪嫌疑人于案发当晚持刀前往被害人家中。那么依据这一事实，法官便可以凭借经验法则"某人深夜持刀前往被害人家，说明具有杀人的犯罪故意"，初步认定犯罪嫌疑人具有故意杀人的犯意，当然，最后的认定结果还需要综合其他事实和证据做出，但不可否认经验法则发挥着重要作用。因此，经验法则不仅为现行法律规范所承认，也是刑事司法活动中法官推定事实不可或缺的工具。

---

① 陈科：《经验与逻辑共存：事实认定困境中法官的裁判思维》，载《法律适用》2012年第2期。

② 根据《人民检察院刑事诉讼规则》第401条的规定，法律规定的推定事实，不必提出证据进行证明。

③ 杨宗辉：《刑事案件的事实推定：诱惑、困惑与解惑》，载《中国刑事法杂志》2019年第4期。

三、经验法则的局限性及其规制路径

（一）"内心确信"与"排除合理怀疑"的矛盾

自由心证主义为经验法则的应用提供了正当性，然而自由心证主义所要求的内心确信程度低于刑事司法中要求的"排除合理怀疑"的证明标准，经验法则似乎无法适用于刑事司法中。对于这种矛盾状况，需要从三个方面进行解释和规制。

首先，关于经验法则的分类。德国学者普维庭将经验法则分为四类：第一类，强制性的经验定理。这些定理符合人类的普遍认知，可以在数学上或逻辑上被证明，如"一个人不可能同时出现在两个地方"。第二类，经验原则。这些原则具有高度的可能性，可以表述为"如果……，那么在大多数情况下如此"。第三类，简单的经验法则，具有较低的盖然性或可能性，可以表述为"如果……，那么在有些情况下如此"。第四类，纯粹的偏见，不具有盖然性或可能性，仅仅基于个人的偏好或价值观。①普维庭教授依据经验法则的盖然性程度进行分类，与证据法上的"证明力"较为契合，因此学界普遍认可和采纳这一分类。其中纯粹的偏见由于不具有盖然性或可能性，并且容易导致经验法则的滥用，因此不被纳入司法意义上的经验法则的范畴。另外，第一类强制性的经验定理属于具有"必然性"的经验法则，仅适用于不可推翻的法律推定，而不适用于事实推定。本文主要探讨经验法则对于事实推定的作用，因此第一类经验法则不在讨论范围之列。那么此时，可以用于事实推定的经验法则便还剩下两类，即经验原则和简单的经验法则。

其中，经验原则相较于简单的经验法则而言盖然性程度更高或证明力程度更高，那么相应地也就应当产生不同的法律效果。此时"事实推定"在证据法层面似乎成了一个多余的称呼，因为它并不能显现适用不同的经验法则所产生的效果差异。为此，德国学者倾向于将事实推定分为两种模式：表见

① 参见［德］汉斯·普维庭:《现代证明责任论》，吴越译，法律出版社 2000 年版，第 155—162 页。

证明和间接证明。① 更有学者认为应当放弃事实推定这一容易产生混淆的概念，并以"表见证明"和"间接证明"取而代之。笔者以为，"事实推定"是学界和实务界长期以来使用的概念，要放弃这一概念并不现实。因此，法官在适用经验法则进行事实推定时，明确其含义指向即可，后文也仍将使用"事实推定"这一概念。

其次，明确了可以用于事实推定的经验法则的范围后，还应当将其置于刑事司法的领域下做进一步探讨。正如前文所述，"排除合理怀疑"的标准显然高于法官自由心证所达到的内心确信程度，无论是简单的经验法则还是具有高度盖然性的经验原则显然都无法达到"排除合理怀疑"的程度。德国的鲍姆盖特教授坦言，"事实推定"概念的合法性来自自由心证原则，并只可在此领域内使用此概念。② 根据这一观点，无论是依据简单的经验法则还是具有高度盖然性的经验原则，所作的推定仅能达到自由心证要求的"内心确信程度"，而无法达到"排除合理怀疑"的标准，因而在刑事司法中全无用武之地。要阐释这一问题，先得回答证明和推定的关系。有学者认为，推定实为司法证明的替代方法，属于司法证明的例外。③ 这种观点实际上将证明和推定对立起来，即刑事司法中如果无法进行证明，则需要通过推定来达成"法律真实"的重塑。这种观点的错误之处在于过高地估计了推定的功用，并且仍旧无法解决上述难题：推定的结论无法达至"排除合理怀疑"的证明标准是否便不能进行推定。另外有学者认为，推定和证明实为一种适用上的补充关系。④ 笔者赞同这一观点，无论是推定还是证明，本质上都是用以查清案件事实的手段，共同发挥着构建"法律真实"的作用，二者应当是相辅相成而非互相排斥的关系。承认推定在刑事司法中的作用，并不意味着推定需要单独地证成案件事实并达到"排除合理怀疑"的证明标准，而是与证明手段共同发挥作用以达到"排除合理怀疑"的证明标准。因此，事实推定作为推定

---

① 周翠：《从事实推定走向表见证明》，载《现代法学》2014 年第 6 期。
② 转引自周翠：《从事实推定走向表见证明》，载《现代法学》2014 年第 6 期。
③ 汪建成、何诗扬：《刑事推定若干基本理论之研讨》，载《法学》2008 年第 6 期。
④ 琚明亮：《刑事推定辨正：实体与程序向度下的关键词展开》，载《湖南社会科学》2020 年第 3 期。

的一种，应当承认其在刑事司法中发挥的辅助作用。

最后，承认了事实推定在刑事司法中的正当性以及可适用的两类经验法则后，还应当区分这两类经验法则适用的情形和法律效果。我国司法实践中法官运用经验法则的路径包含两种：其一，借助辅助事实进行间接证明。其二，借助盖然性较高的经验法则直接对要件事实进行推定。① 审视这两种运用路径可知，间接证明总是与简单的经验法则联系在一起，而盖然性较高的经验原则则与表见证明② 关系更为密切。这两种运用路径仅考察了民事司法领域，而刑事司法领域由于证明标准更高，因而与民事司法领域的运用路径应当有所区分。

简单的经验法则，由于其盖然性较低，在民事司法领域也仅能作为一种间接证明来使用。以"彭宇案"中的一审判决为例，法官运用了数个简单的经验法则对案件事实进行间接证明，其最终认定结果不仅当事人无法接受，社会公众同样无法信服。单独来看，法官所运用的经验法则尽管盖然性程度不高，但并非全无道理，但最终却导致了一个令人无法接受的结论，其原因笔者试简要分析如下：假设简单的经验法则的盖然性在 0.3 至 0.5 之间，现取其最高值 0.5，即具有 50% 的可能性——"如果……，那么情况会是如此"，但实际盖然性会因个案因果关系、法官的不合理偏见等因素受到减损。此时法官依据三个简单的经验法则进行间接证明，在没有其他因素的介入下，其认定结果的盖然性则是这三个法则盖然性的乘积，而三个法则的盖然性都小于 0.5，可想而知其认定结果的可接受性。事实上，人类无法对经验法则的盖然性进行准确赋值，此处仅作为一种论证方式予以分析，旨在强调运用简单的经验法则进行同一事实推定的局限所在。民事司法中简单的经验法则都只能作为间接证明的手段，那么刑事司法中通常情况下则不能适用这一类经验法则，除非出现特定情形如认定因果关系时。并且即便需要适用，也要严格限制这一类经验法则适用的数量。

紧接着需要讨论具有高度盖然性的经验原则的适用问题，由于高度盖然

---

① 周翠：《从事实推定走向表见证明》，载《现代法学》2014 年第 6 期。

② 所谓表见证明，其本质在于如果存在典型的事实经过，则当事人无须对事实的每处细节进行举证，可以进行直接的推定，其推定依据通常为盖然性较高的经验法则。

性和民事诉讼中的"优势证据"证明标准正好契合，因而可以借助这一类法则直接进行事实推定。① 而刑事诉讼的证明标准更高，因此相对应地刑事司法中具有高度盖然性的经验原则便降格为一种间接证明的手段。由于经验原则相较于简单的经验法则而言盖然性程度更高，因此其作为一种间接证明的手段较为适合，刑事诉讼法司法解释也承认了这一点。② 此外，不少学者提出了"经验法则类型化"的观点 ③，即对于某些经常适用的经验法则进行类型化，法官负有适用这些经验法则的义务。实际上，这种所谓"类型化"的实质是"事实推定"向"可推翻的法律推定"的一种转化。将刑事司法实践中经常适用的经验法则确定下来，这些法则对法官具有类似"实际上的法"的约束力，即是否适用这些法则并不属于法官自由心证的范畴。因而这是一种向"可推翻的法律推定"转化的努力，只不过这种努力采取了一种实证研究的进路。

明确了这种"类型化"的本质，便可以探究出第二种研究进路，即研究现行的法律推定。根据法律推定来描绘出相应的"事实特征"，如果某一具体案件中已查明的案件事实符合这一"事实特征"，那么便可以推定出相应结果。根据法律推定数量的多少，又可以进一步区分不同的"寻找事实特征"的方法。以毒品犯罪中有关"主观明知与否"的法律推定为例，相关法律文件中列举了十种应当知道的情形 ④。这十种情形既然构成法律推定中的"事实要件"，必然存在一定的典型性和相似性，寻找这十种情形共同具备的特征并加以描绘，也就找出了背后的"事实特征"。这一特征反映了十种情形的典型或共同特征，使得其在应用时无须拘泥于这十种情形，而拥有了更广泛的应用空间。当法律推定的"事实要件"较为缺乏或难以描绘其事实特征时，便

---

① 我国尚未引入表见证明制度，此处仍旧使用事实推定的说法。

② 根据最高人民法院《关于适用〈中华人民共和国刑事诉讼法〉的解释》第140条的规定，没有直接证据，但间接证据同时符合下列条件的，可以认定被告人有罪：（1）证据已经查证属实；（2）证据之间相互印证，不存在无法排除的矛盾和无法解释的疑问；（3）全案证据形成完整的证据链；（4）根据证据认定案件事实足以排除合理怀疑，结论具有唯一性；（5）运用证据进行的推理符合逻辑和经验。

③ 张卫平：《认识经验法则》，载《清华法学》2008年第6期；吴洪淇：《从经验到法则——经验在事实认定过程中的引入与规制》，载《证据科学》2011年第2期。

④ 参见"两高一部"《关于办理毒品犯罪案件适用法律若干问题的意见》和最高人民法院《全国部分法院审理毒品犯罪案件工作座谈会纪要》。

需要结合具体案件中已查明的事实，构造一个仅适用于个案的"事实特征"。已查明的事实需要和法律推定中的"事实要件"进行类比，区分出相同点和不同点，并比较相同点和不同点何者更为重要。比较出相同点后，还需要确定这些相同点组合起来能否构成该案的"事实特征"，"事实特征"与最终得出的推定结论是否具有关联。显而易见，无论是哪种寻找"事实特征"的方法，都是类比思维运用的产物，离不开法官的自由裁量和价值评价，也离不开法律解释、法律论证等技术的运用。无论是实证研究的进路，还是从现有的法律推定中总结和提炼，"经验法则"类型化的目的都在于使"事实推定"迈向"法律推定"。因此，当具有高度盖然性的经验原则被类型化时，其功能就不仅仅是一种间接证明，而更接近于一种法律推定。①

（二）经验法则适用规则的模糊性

刑事司法意义上经验法则的分类和作用已经得到了充分的阐释，还需要进一步阐释其适用前提，以提供明确的适用规则：

第一，经验法则中涉及的"基础事实"被确定为真或足以排除合理怀疑。无论经验法则在刑事司法中发挥怎样的作用，都需要首先依据现有的证据材料，查清基础事实，方能由该事实出发进行推定。由此可见，当法官进行推定时，并非免除了相关当事人的证明责任，相关当事人仍需要就基础事实进行证明。

第二，当事人可以提出反证。无论是间接证明还是"法律推定"，其结论都并非绝对为真。根据前文所述，在刑事司法的论辩场域下，经验法则具有非单调性，即允许新的事实和证据加入。根据波普尔的证伪理论，对经验法则所做推定不服的当事人可以提出反例以反驳该经验法则。其反驳的程度无须达到"排除合理怀疑"的程度，只需要达到动摇法官自由心证的程度即可。法官依据经验法则推定某一事实为真，当事人进行反驳无须证明该事实为"假"，只需要证明该事实"不一定为真"即可。此处还涉及适用经验法则

---

① 实际上更类似于表见证明，表见证明属于"事实推定"和"法律推定"之间的一种中间状态。只是我国尚未引入表见证明制度，遂此处如此表述。

进行推定对于证明责任的影响问题，对于受益一方当事人而言，虽然无须证明推定出来的事实，但仍需证明基础事实，故证明责任仅仅是减轻而非彻底免除。对于利益受损的另一方当事人而言，其需要承担本该由对方当事人承担的一部分证明责任，即证明推定事实"不一定为真"。需要强调的是，在此过程中仅仅发生了证明责任的变化和部分转移，但控辩双方的举证责任并没有发生变化。

第三，法官需要公开其适用经验法则的心证过程。司法实践中尤其是刑事司法领域，一方面，法官受限于"适用经验法则将有损判决的权威性"的错误思维，鲜少适用经验法则构建案件事实；另一方面，他们有时又不得不承认经验法则的作用，因此会不自觉地适用经验法则来打破事实认定的困境。两种互相矛盾的思想造成了一种经验法则的"适用困境"，即法官选择非公开地适用经验法则，这一适用通常是隐晦并且难以被发现的。这样的困境存在着显著的危害：法官有可能滥用经验法则，并且利益受损的一方当事人无法获得救济。为此，法官必须公开其心证过程。尽管法官是受过长年职业教育、具有较高素质的群体，但其判断往往也夹杂着一些非理性的因素，即并非法官所做的每个判断都是自觉且理性的。公开法官心证的过程，也便于法官审视自己的判断，从而起到自我监督的作用。此外，心证公开的内容还应当体现在裁判文书中，便于利益受损的一方当事人进行救济，也便于社会公众进行监督。

第四，利益受损的一方当事人享有救济的权利。利益受损的一方当事人对于经验法则的适用可以提出异议和救济。在大陆法系国家或地区，如日本、德国、韩国，对于违反经验法则的直接法律后果可以将其成为上告的理由。[①]我国刑事法律可以适当借鉴该制度，并将经验法则的适用作为二审和再审时应当审查的内容。

（三）经验法则的主体差异性和普遍性的矛盾

经验法则是人们在长期科学实践、社会生活的过程中经过归纳总结、抽

---

① 张卫平：《认识经验法则》，载《清华法学》2008 年第 6 期。

象提炼出来的普遍性认知，由于其超脱于个体经验，因而具有普遍性。然而，司法意义上的经验法则进行具体适用时却体现出一种主体差异性。法官作为经验法则的适用主体，其知识结构、学历背景、价值观乃至性格等因素的差异，都可能导致其适用的经验法则的差异。另外，经验法则的普遍性只是相对而言的，因为当某一专业领域发展得较为成熟且完善时，该领域内的经验法则便渐渐褪去了"普遍性"的外衣，成为该领域内的专门性知识。法官毕竟认识能力有限，难以熟知各个领域的经验法则，需要适用时也便存在困难。为解决上述矛盾，应当从两个方面进行考虑：第一，法官如何以一般人的视角适用经验法则。第二，法官如何适用专业领域内的经验法则。

第一个方面，法官应当尽可能地以一般人的视角来选择和适用经验法则。对此可以有三种解决路径：其一，法官应当恪守职业中立性，避免非理性因素的影响。法官在进行自由心证时应当以自我为听众进行自我说服，以便对所适用的经验法则的合理性进行回顾和慎思，确保该经验法则同样符合社会一般人的看法，而非一种偏见。其二，将经验法则"类型化"，无论是进行实证研究还是从现有的法律推定出发，都有利于限制法官的主观随意性。其三，合议庭意见统一决定制度。[1] 既然经验法则具有普遍性，则法官所适用的经验法则应当得到合议庭其他成员的一致认可。这种做法既可以弥补个人知识经验的局限性，也能够检验该经验法则是否确实具有普遍性，是否与一般人的意见相一致。

第二个方面，专业领域内的经验法则适用问题。有学者认为应当加强法官业务素质培养，提升法官在运用经验法则方面的素质。[2] 为此，法官需要广泛涉猎其他领域的专业知识，学习有关事实推定的实践课程。这一举措自然有合理之处，然而也加重了法官的负担。填鸭式的所谓"职业教育"无法构建一个严密、完整的知识体系，法官在面对专业领域内的经验法则时仍旧无法作出相对独立的判断，更遑论适用。此外，专业领域内的经验法则也逃不开"今天的真理也许明天就会变成谬误"的规律，法官需要对庞大的知识

---

① 陈科：《经验与逻辑共存：事实认定困境中法官的裁判思维》，载《法律适用》2012 年第 2 期。

② 曹鸿兰等：《违背经验法则之研究》，载民事诉讼法研究基金会编：《民事诉讼法之研讨（四）》，三民书局 1995 年版。

体系进行更新，这明显超出了其职责范围。笔者以为，对于专业领域内的经验法则适用问题，交由具有专门知识的人即可。可以组建专家陪审员人才库，各地法院可以根据案件涉及的专业领域从中遴选陪审员参与审判，以评估经验法则的适用是否合理。

经验法则的中国法表达

——常识、常理、常情在刑事司法中的运用

孙　越[*]

　　经验法则在诉讼中的作用与特定的诉讼制度环境有关，我国刑事诉讼的证明采纳的是自由心证的证据制度，自由心证要求法官基于自身的良心和经验，在事实和法律的前提下，对被告人的定罪和量刑作出符合内心确信的判断。[①]然而，何谓"经验"，如何运用"经验"，以及"经验"如何在推定案件事实、评价证据时发挥作用，并未在立法及司法中形成统一认识。而与"经验"最接近的法学术语是"经验法则"，针对该概念国内外已有充分研究。因此，笔者在认识经验法则的基础上，对经验法则的中国法表达——常识、常理、常情之内涵进行解读，并结合具体案例分析"三常"如何在主客观事实认定及定罪证据、量刑证据评价中发挥作用。

一、什么是经验法则

（一）经验法则的特征

　　经验法则是一个法学术语，在国外，尤其是大陆法系国家，经验法则是诉讼法和证据法中经常使用的概念。简要地讲，所谓经验法则，是指人们从生活经验中归纳获得的关于事物因果关系或属性状态的法则或知识。经验法则既

---

　　*　西南政法大学刑事诉讼法学专业硕士研究生。

　　①　参见张保生主编:《证据法学》，中国政法大学出版社 2009 年版，第 331 页。

包括从一般人日常生活所归纳的常识，也包括某些专门性的知识，如科学、技术、艺术、商贸等方面的知识等。①

所谓"法则"是指一种通过人们的经验归纳的规律或定理，表示某种或某类事物的运动规则。这些法则虽然是各个个体的经验所得，但又超越了个体经验，是由各个个体经验抽象的结果。因此，它是人们对事实状态的一种认识，而非事实本身，是归纳的结果。在运用经验法则时，人们更注重的是经验法则的规律性，即事物之间联系的盖然性程度，而不仅仅是人们对事物规律的认识。基于此，人们可以期待当一定条件得到满足时，某种结果会发生或不发生，在这个意义上，经验法则是推定或认识未知事物的前提。

（二）经验法则的分类

1. 以是否为一般人熟知为标准

从是否为普通人所熟知的角度来看，经验法则可以分为日常生活经验法则和专业领域内的经验法则。

日常生活经验法则内容丰富，且一般情形下是人们的普遍认识，所以对日常生活经验法则的运用不会引起人们的争议。当法官对事实认定中的推论根据与当事人的认知发生争议时，经验法则本身是否成立便会成为问题。这里似乎存在悖论，即经验法则既然是人们的普遍认识，那么无论是当事人，还是法官都应该接受和理解，发生争议便说明该经验法则不具有认识的普遍性，从而丧失存在的根据。但实际上，一方面，常识性经验法则的盖然性未达到必然性程度，运用该常识、常理进行推定获得的结论并不必然具有唯一性。另一方面，无论当事人还是法官都有自己的认识视角，个体所感觉的经验法则未必就是实际上为社会多数人所认可的对事物的归纳认识，因此对特定经验法则的认同存在一定的差异。②

在学术、艺术、技术、商业、工业、农业等专业领域中的经验法则只有具有相应专业知识的人才能知晓其存在，因此，经验法则作为一种普遍的认

---

① 参见［日］新堂幸司：《民事诉讼法》，林剑锋译，法律出版社 2008 年版，第 375 页。
② 张卫平：《认识经验法则》，载《清华法学》2008 年第 6 期。

识，其普遍性是相对而言的。从证明对象的角度看，当特定的经验法则系某个专业领域的知识时，该经验法则的存在与否也就成为证明对象，虽然经验法则并不是案件事实。法官有时会缺乏某专业领域的知识，此时只有鉴定才能确定该经验法的盖然性程度，不能直接由法官自由裁量。

2. 以盖然性程度为标准

就总体而言，经验法则必须具有高度盖然性，但由于经验法则涵盖的范围十分广泛，不同经验的取得及归纳的方法有所不同，因此不同法则的盖然性程度有所差异，有的盖然性程度更高，甚至可以达到必然性，而有的盖然性程度较低。因此，法官运用不同盖然性程度的经验法则认定事实的确定性和推定未知事物的推定力有所不同。

根据盖然性程度不同，德国法学家普维庭教授将经验法则分为如下四类：第一类，生活规律即自然、思维和检验法则。这些法则是在数学科学上被证明的，或者符合逻辑的，或者不可能有例外，如关于人的指纹唯一性、人不可能同时在两地等。第二类，原则性经验法则（经验法则基本原则）。这些原则虽然具有高度盖然性，但尚不能完全排除例外的情形。可以表述为"如果……则大多数是如此"。这些经验法则源于日常生活经验，没有通过科学数据的验证。如果一方当事人没有提出相反证据加以推翻时，法官可以据此形成全面的心证。第三类，简单的经验法则，这类经验法则的盖然性比较低，可以表述为"如果……则有时是如此"。虽然简单的经验法则的盖然性比较低，但对于事实认定并非完全没有意义，一个简单的经验法则可以与其他证明手段共同对事实认定或证明发生作用。第四类，纯粹的偏见，即完全不具备盖然性的个人见解和认识，这类认识在判决中没有意义。[①] 区分这几类经验法则的意义在于便于人们在诉讼中正确地把握不同经验法则在认定事实和证据方面的不同作用。笔者认为，对于普维庭教授区分的第四类经验法则，由于不具有盖然性，并不能纳入经验法则的范畴，属于法官或者控辩双方的个人对事实推定结论的错误认识，或是对常识常理的误解，不具有普适性。控

---

① 参见［德］汉斯·普维庭：《现代证明责任论》，吴越译，法律出版社 2000 年版，第 155—162 页。

辩双方运用这些个人经验得出的结论，或是法官依照个人偏见作出的判决，是不合理且不具备说服力的。

二、经验法则与常识、常理、常情

如上文所述，经验法则的本质是人们对事实状态的一种认识，而非事实本身，是归纳的结果。而我国刑事审判中时常被提及的"常理""日常生活经验""社会情理"本质上也是指被社会普通民众长期认同的，没有被证伪的基本经验、基本道理，以及为社会民众所共有的基本感情。[①]"普遍"即排除了个别或少数群众的看法；"长期"意味着稳定，说明不是一时的民意；"认同"有自愿之意，排斥被迫遵从；"没有被证伪"说明现在仍然作为行为准则或一般行为模式被遵从；"基本"说明是抽象概括的。由此可见，我国司法实践中提及的常识、常理、常情也是运用"从现象到本质"的归纳方法得出的对事实状态的一种具有高度盖然性的认识，它客观地存在于民众的头脑之中，并不主观。但由于常理常识常情现象的多样化，其概念的界定比较抽象，且对常理、常识、常情的解释容易被误读。

（一）中国化的经验法则——常识、常理、常情

经验法则的中国法表达则是常情、常识、常理在审判中的运用。"所谓常识，是一般人所拥有的知识，即普遍的社会生活知识；所谓常理，是一般人所明晓的事理，即普遍的社会生活道理；所谓常情，是一般人所怀有的情感，即普遍的社会生活感情。"[②]

笔者认为，广义的常识可以分为两种，如上文所述，经验法则的普遍性是相对而言的，据此常识之"常"也具有相对性，大致可以分为两类。一是得到科学数学验证不存在例外的常识，也可以称为自然法则或自然规律。这种规律一般为大众所熟识，例如太阳从东边升起、西边落下；人的指纹具有

[①] 参见刘晗悦：《论常识、常理、常情在刑法中的理解与运用》，载《法制与经济》2020年第1期。

[②] 马荣春：《刑事案件事实认定的常识、常理、常情化》，载《北方法学》2014年第2期。

唯一性；一个人不可能同时出现在两个不同的地方等。二是专门科学领域中的法则，不能为普通大众所认识，需要通过鉴定手段或由有专业知识的人辅助被认知。由于专业领域内常识的认知主体有限，其说服力小于自然法则或自然规律，即使具有较高的盖然性，也应当允许一方当事人提出相反的证据推翻。

常理大致可以分为两类。一是道德法则、商业交易习惯。这类主要是基于历史经验形成的，在某个领域为人们普遍遵守的行为习惯。这并非对某类事务的认识，而是长期以来不自觉形成的一种主流行为模式。但是这类常理容易受地域及个人习惯的影响，可以用相反的证据推翻。例如，大额交易一般不会适用现金、父母一般会爱护和照顾自己的小孩等，但是在特殊情况下，这些习俗可以被相反的证据推翻。二是日常生活经验法则。这是人们通过个人体验对日常生活中的某一事务或现象形成的一种普遍性认识，但这些认识都没有进过科学或逻辑的验证，盖然性较低。

"三常"中盖然性程度最低的是常情，常情虽然指一般人怀有的感情，但这种情感的建立受成长环境、个人经历、工作领域、经济条件等因素的影响较大，在生活上，不同人在面对同一件事时的情感可能完全不一样，例如面对正在发生的不法侵害，有的人会积极见义勇为，有的人则会冷眼旁观，有人则会逃之夭夭，在他们的认知中，这些反应都是人之常情。在处理案件时，对同一事实，不同诉讼主体或普通大众可能有不同甚至截然相反的认知，例如在处理天价葡萄案时，科研人员深知实验不易，实验成果在临近成功时被毁于一旦，被害单位因盗窃行为遭受了巨大的损失，其认为盗窃的农民工必须受到严惩才能防止类似事情再次发生；但是农民工及部分普通百姓认为，无论葡萄科研价值多大，对普通人来说就是一串葡萄，其不能因为偷吃的主观恶意而遭受如此严重的惩罚，否则违背人之常情。虽然不同主体长期以来形成的常情并没有对错之分，但确实会基于此作出不同的行为及评价。比照普维庭教授的分类法，常情属于简单的经验法则，在运用常情认证证据、推定未知事务时，需要借助其他证明手段和证据共同完成证明及认证，若法官仅凭个人的常情做出推断并以此形成判决，则是纯粹的偏见，不属于对经验法则的正确运用。

总而言之，我国司法实践中提及的常识常理常情是抽象概念经验法则的具象化，其本质依然是由已知到未知的具有盖然性的认识，因此，除了自然法则或自然规律的常识，在刑事诉讼中应当允许当事人针对通过常识、常理、常情进行事实推定所得出的结论提出相反的证据，或是提出相反的经验法则，如果相反的证明成立，则该事实推定不能成立。

（二）常识、常理、常情与自由心证原则

大陆法系明确规定证据判断的原则是自由心证，也即法官接纳证明的标准是对控辩双方的证明形成内心确信。运用常识、常理、常情推定事实、评价证据实质上是法官在进行自由心证。

首先，自由心证并不是随心所欲，经验法则对法官发挥着内在制约作用，这意味着法官对单个证据或一组证据直到全案证据的认知都应当是符合常识、常情、常理的。我国刑事诉讼法及相关司法解释规定了许多证据规则，如非法证据排除规则、意见证据规则、口供补强规则、最佳证据规则等，前两者是为保护被告人的权利、防止国家机关滥用权力而设，后两者主要是为了发现案件真实服务。这些证据规则约束的是证据能力或证明力大小，并未限制法官判断或综合评价证据体系的方法，无论是自由证明还是严格证明，法官判断证据能否作为定案根据、能否证成诉讼主张、直至最终作出判决都离不开自由心证，而检验这种心证是否正确合理的标准就是法官的判断和推论是否符合经验法则，即是否符合常识、常理、常情。

其次，"三常"在法官心证形成中的主要作用是对证据内容可信度的判断[1]，其中最能体现其作用的是判断言词证据的可信度，具体表现在两个方面：其一，通过对被告人、证人、被害人本身的考察加以判断，例如考察其供述或陈述的事实与自身的利害关系、主体的记忆能力、认识能力、判断能力等；其二，通过供述、陈述的内容加以判断，例如对同一问题的表达是否有矛盾，证人是否有知晓或描述很久以前发生事情之细节的可能性等。这两个方面的

---

① 参见［日］伊藤滋夫：《自由心证主义》，载《民事诉讼法争点》，有斐阁2004年版，第194页。

判断都离不开经验法则的运用。符合常识、常理、常情的供述、陈述才是可信的，才能作为定案根据使用。

最后，法官对证据、证明内心确性的形成或固定与证明标准有直接关系，而判断法官形成心证的程度是否已经达到了证明标准也离不开"三常"的运用。我国刑事诉讼的证明标准是"证据确实、充分"，即定罪量刑的事实均有证据证明；据以定罪的证据均经法定程序调查属实；综合全案证据，对所认定事实已排除合理怀疑。其中只有"证据均经法定程序查证属实"属较为客观的标准，而判断定罪量刑的事实是否都有充足的证据证明、所有的合理怀疑是否都可以排除，依据依然是经验法则。考虑到法律的事先性和稳定性，其不可能对所有案件中的具体事实都设立一个明确的证据标准，因此"证据确实、充分"是长期以来通过审判实践的积累形成的抽象化认识。法官对"个案心证程度已达到证据确实、充分"的论证应是符合常识、常理、常情的，如前文所述，经验法则就是具有高度盖然性的认识，在无法实现通过证明寻求绝对真实的情形下，只有凭借经验法则形成的心证才最接近案件的相对真实，进而作出相对公正的裁判。

（三）常识、常理、常情与罪刑法定原则

罪刑法定原则是刑法的基本原则，该原则的内在精神就是立法对司法的限制，防止立法和司法权的相互僭越。马克昌先生认为："所谓罪刑法定主义，是指什么行为是犯罪和对这种行为处以何种刑罚，必须预先由法律明文加以规定的原则。"[①] 现如今对罪刑法定原则的要求已经从形式层面发展到了实质层面，实质层面的罪刑法定要求刑法本身就应具有正当性。笔者认为，运用"三常"认定事实适用法律不仅不违背罪刑法定原则限制立法权、司法权滥用之意，反而有助于克服形式罪刑法定导致的僵化，实现保障人权的实质内核。

首先，法律的明确性与语言的开放性需要法官对法定之罪进行解释。为了尽量涵盖各种社会现象，法律用语虽然是明确的，但是其概括性极强，这

---

① 马克昌:《比较刑法原理——外国刑法学总论》，武汉大学出版社 2002 年版，第 55 页。

得益于语言的开放性。例如,《刑法》第 133 条之一规定,构成危险驾驶罪构成要件之一是"在道路上危险驾驶机动车",其中"道路"虽用语明确,但哪些路段或区域属于"道路"还需要解释;"驾驶"行为也有解释空间:重型货车离合器未松开,但发动机启动,司机酒后在驾驶位上睡着是否属于"驾驶机动车"?由此可见,对法律概念的解释是必不可少的。

其次,具体适用法律时,需要运用经验法则将三段论大前提即法律条文中的概念具体化,以便能够进行三段论判断。例如刑法上关于"故意""过失"等主观要件的抽象规定需要在个案中具体化,将抽象法律具体化的方法就是解释,而保证这些解释具有正当性的基础就正确运用经验法则,"三常"的运用是法律规定与具体案情对应的桥梁。例如,正当防卫中行为人的防卫行为是否过当的问题,防卫过当的法律概念是"超过必要限度造成重大损害",但在判断具体防卫行为是否超过了"必要限度",是否造成"重大损害"需要运用常识、常理、常情加以判断。

最后,运用"三常"解释法律应当遵从立法原意,不得成为通过类推解释扩大犯罪圈的路径。古典学派都是立法至上主义者,力图采用成文化的刑法典以限制法官的恣意,罪刑法定原则的形式侧面主要是以立法权限制司法权,而罪刑法定的实质侧面则是对立法权本身的限制。所谓运用"三常"解释法律规定,并不是以常识、常理、常情为借口将本不属于刑法打击的行为犯罪化,而在理解法律时就认为其是符合常识、常理、常情的,法官对于法律的理解不能违背民众的预测,这也契合了罪刑法定原则的实质侧面,即法律作为公众意志的体现,其实体内容本身就是正当的。

三、事实认定、证据评价的常识、常理、常情化

"常识、常理、常情"的核心内容是人民群众关于社会最基本价值的基本认识,是一个社会最基本的伦理要求,因此也应是现代法治最基本的价值基础和社会伦理基础。[①] 在法学上,与这些内容有密切联系的抽象概念是所谓

---

① 陈忠林:《常识、常理、常情:一种法治观与法学教育观》,载《太平洋学报》2007 年第 6 期。

"经验法则",对此,域外司法实践已经十分明确地将经验法则作为认定事实,进行推定的根据,确立了经验法则的法律意义。结合我国司法实践的经验,"三常"在刑事庭审事实认定、证据评价中也应发挥着十分重要的作用。首先,从普通民众角度来看,司法应"穷理以定赏罚,本情以正褒贬"。社会最基本价值的体现在常识、常理、常情,普通民众并不会去了解案件的证明过程以及诸如证明责任归谁等法律层面上的技术问题,而只关注案件的裁判结果是否"合理合情"。其次,从法官的角度来看,在具体案件事实面前,若只机械地适用法律,只求避免错案追究责任的风险,就会导致裁判结果违背常识、常理、常情。例如在许霆案中,法官完全按照"盗窃金融机构超过 10 万元的,判处无期徒刑以上刑罚"之规定作出无期徒刑的判决就引起了舆论的关注。再如,在天津大妈气枪案中,赵某以摆气球射击摊谋生多年,最终却被以非法持有枪支罪判处有期徒刑 3 年 6 个月,但气球射击摊本已被人们日常生活所接受。为了维护普通民众的法感情,在刑事司法适用中,必须在严格遵循"以事实为根据、以法律为准绳"这项司法基本原则的同时,将常识、常理、常情的概念加以贯彻落实。

(一)"三常"与事实认定

认定刑事案件事实是一项极其复杂的司法活动,德国梅茵兹大学曾对500 名刑事法官做过"何者让作判决更加困难"的调查,85% 的法官表示在于对事实的认定。法官对案件的裁判依赖对过去发生的事件的确证,只有案件事实确定无疑,法官才能作出公平公正的判决。然而,据以定案的案件事实总是充满着诸多的不确定性。法官在审理认定犯罪事实时,并不是全案事实都有直接证据予以证明,在运用间接证据定案或认定部分案件事实时,法官常常会在现有已证事实的基础之上,根据经验智慧来推定那些无法通过证据直接证实的事实是否存在。犯罪事实认定的常识、常情、常理化是刑事案件事实认定符合经验法则的直接体现,常识、常理、常情是从已知到未知的桥梁。

1.客观事实认定

除专业领域的经验法则外,常识、常理、常情既为一般人所认知,又为一般人的日常生活行为提供指引，因此在认定案件关键事实与重要情节中起着重要作用。例如，在一起故意杀人案中，年仅 3 个月的女婴从 11 楼坠落，案发时只有被害人和其父亲李某在家中，女婴坠落后周围民众报案，民警到女婴家中时其父在厨房做饭，并表示不知道女婴坠落的事实。

本案的关键事实在于女婴是如何从楼上坠落的。被告人李某辩称，其一直在厨房做饭，由于抽油烟机的噪声较大，其并不知晓女儿坠楼的情况。女儿母亲证言表明：其出门前女婴在有围栏的小床上睡觉，围栏高度 1 米。公安机关现场勘查发现，女婴所睡的床距跌落的窗户将近 2 米，且窗户前的飘窗高度约 1 米。技术人员在床上、地上、飘窗及窗户上未提取到女婴的掌纹及脚印；且整个屋内没有提取到可疑脚印。调取小区的监控录像发现在案发前没有陌生人进入案发楼栋，也没有李某的家人或朋友进入后离开，且李某家的大门没有被破坏的痕迹。控方认为，由于大门门锁没有破坏痕迹且屋内没有提取到可疑脚印，案发时理应只有女婴和父亲在屋内。而年仅 3 个月的婴儿并不具备自由移动的能力，更何况是从 1 米高的围栏中爬出，再爬上 1 米高的飘窗后坠落。女婴只可能是李某故意从 11 楼抛下的。根据李某第一次口供，李某的儿子身体一直不好，案发前李某曾找"高人"算命，"高人"说需把女儿处理掉儿子才能好起来。虽李某后翻供，但其找人算命及重男轻女的事实能得到其妻子证言的印证。

法院经审理认为：首先，3 个月的婴儿不具备爬出 1 米高的围栏后又爬行 2 米最后爬上 1 米高的飘窗坠落的行动能力属常识，辩方提出要对 3 个月婴儿的行动能力进行鉴定没有必要。其次，根据李某的供述，其一直在厨房做饭，意味着没有人对房间进行打扫，即使婴儿自行爬出后坠落，或有第三人进入过案发现场，也应留下掌纹、脚印等痕迹。最后，现场没有提取到可疑脚印，门锁也没有被破坏，且李某主张其没有给任何人开过门，根据常理在案发时间内只有女婴和李某在家中，不存在第三人。若李某依然主张其没有给任何人开过门，结合没有拥有大门钥匙的人进入楼栋内之事实，李某的杀人嫌疑不能被排除，其"不知道女坠落情况"的辩解不能成立。

检察院、法院在认定该案客观事实时，至少有三处运用常识、常理、常情进行了分析：一是父母不可能谋杀自己的小孩虽然是常情，但常情不具有绝对的盖然性，当有证据对此进行反驳时，该常情不成立。二是 3 个月婴儿不具有完全自由的行动能力属常识，不需要鉴定。三是在排除其他人进入案发现场的可能性后，根据常理即可得出只有李某和被害人在家里的结论。在一对一案件中，不是必须直接证明当时只有行为人和被害人两个人在场，因为在没有监控录像或第三人在场的情况下，只要被告人不承认，这种证明路径是行不通的。笔者认为，本案中现场提取痕迹的鉴定意见、监控录像所反应的情况均属间接证据，根据间接证据认定待证事实有一个特点，即要经历部分已知而部分未知到全部已知，这一过程需要通过经验法则进行推断。刑事诉讼法明确了间接证据定案规则，而运用多个间接证据形成证据锁链证成待证事实必然要以常识、常理、常情为中介。据此，常识、常理、常情对于客观事实的真实性判断能够发挥分析工具的作用，其原因在于，与犯罪有关的所有痕迹物质都是为有意识的行为所留下的，而行为人在行为时又被各类自然规律、日常经验、生活意识、行为习惯所支配，这些经验法则又具象化为民众所理解的常识、常理、常情，因此，"三常"就是解读这些间接证据的密钥。

2. 主观事实认定

当刑事个案行为人不承认其在行为时的某种主观认识活动时，法官常常是借助常识、常理、常情对刑事个案主观事实进行判断。例如，在一起危险驾驶案中，被告人刘某系重型货车司机，其在卸货后将汽车停在路边，因在驾驶位上睡着头部压到喇叭扰民，周围住户遂报警。交警到达现场后发现车辆未熄火且车门车窗紧闭，将刘某唤醒对其进行呼气式酒精测试结果为 169mg/100ml，后被带至医院提取血样，经检验，在送检的血液中检出乙醇成分，含量为 174mg/100ml，已达醉驾标准。交警调取附近的监控录像发现，刘某在附近的烧烤摊饮酒后回到驾驶位上，对车内进行搜查未发现酒瓶，排除二次饮酒之可能性。

本案的关键在于刘某是否有酒后驾驶的故意，辩方声称其饮酒后只是想上车休息，发动车辆只是打算打开空调，没有继续开车的故意。而控方认为：刘某长期以来以货运为业，通常来说卸货后都会将车辆停到固定的停车地点，而案发时，刘某车辆所停的路边既非停车位也非指定停车点，结合刘某在驾驶位上睡着且车辆亦未熄火的事实，可以认定刘某只是因饮酒过量后意外睡着，具有酒后再次驾驶货车到固定停车点的故意。

法院经审理认为：首先，刘某所驾驶的货车驾驶座后面有床位，若刘某饮酒后上车只是为了休息，且在短时间内不会再驾驶车辆，按照常识常情刘某会在床位上休息。其次，车辆所停的路边未设停车位，由此可以认定刘某并没有长时间将车辆停放在此处的打算，即使刘某准备在短暂休息后再将车驶到固定停车点，其酒精含量也不会降至80mg/100ml以下。最后，刘某被抓获时车辆处于启动状态，若其启动发动机是为了开空调，根据其长期驾驶的经验理应打开车窗，但当时车窗属于关闭状态，车内温度与室外没有明显区别，可以排除刘某启动车辆是为了打开空调之目的。因此，可以认定刘某具有酒后驾驶机动车之故意。

法院在认定被告人的主观状态时，至少有三处运用到常识、常理、常情进行分析：一是刘某不将车停在固定停车点而停在不允许停车的路边违背常情；二是刘某在驾驶位上而非床位上休息违背常理；三是刘某声称启动发动机是为了开空调但窗户关闭违背常识。由此可见，在行为人不承认或避重就轻而刑事案件主观事实需要予以推定的认定中，常识、常理、常情在其中发挥着区分被追诉人主观状态的重要工具作用。无论是日常生活行为还是犯罪行为，都是一种有意识的活动，这些活动都受常识、常理、常情的支配，而所谓的常识、常理、常情又是人们对这些思维行为规律的归纳总结。于是，在刑事司法中，法官若正确运用三常分析既成事实，就能反向探析行为人行为时的主观活动，判断是否有犯罪的故意，是故意还是过失等。

（二）"三常"与证据评价

1.定罪证据

《刑事诉讼法》第55条为定罪设的证明标准是"证据确实、充分"，而"证据确实、充分"应符合的条件之一是"综合全案证据，对所认定事实已排除合理怀疑"。该条件弥补了"证据确实、充分"可操作性不足之缺陷，为证据评价提供了一种多元的视角，在注意证据外部印证性的同时，也注意证据的"内省性",即审视证据或证据体系给判断者本人留下了何种印象。这里的"合理怀疑",是指一个正常的理性人凭借日常生活经验,对犯罪嫌疑人涉及的案件事实,抱有审慎而明智的怀疑态度。我国立法机关也进一步明确指出:"排除合理怀疑"是指"对于事实的认定,已没有符合常理的、有根据的怀疑。实际上达到确信的程度"①。也就是说,对定罪证据体系的"合理怀疑"是符合社会常识、常理、常情的怀疑,需要有一定证据材料的支撑,排除它们才能使全案证据达到"确实、充分"的程度。在实践中,提出"合理怀疑"是相对容易的,但要通过调查取证穷尽所有"合理怀疑"是相当不易的,司法实践总有主客观因素造成的局限性,它们会使证据收集带有这样那样的缺陷,许多司法结果都秉承了判罪认定的经验性逻辑,自觉不自觉地将常识、常理和常情注入其中,将价值判断渗入其里,从而让理性认识回归感性直觉,让感性直觉进入"深度学习"状态,形成内心确信。②

例如,在一起聚众斗殴案中,乙、丙是承包商甲的工人。乙、丙因丁、戊与甲抢工程双方发生械斗,事后四人被抓获,乙、丙供称二人受甲指使,是案发前甲通过电话联系纠集乙、丙与丁、戊发生械斗。然而,经调查取证,案发前两人的通话清单中没有甲打入的记录,而后两人辩解到不清楚甲具体用哪个号码与其联系。本案的争议焦点是,在案证据能否证实甲参与了聚众斗殴。

综合全案证据来看,证明甲有罪的证据有两种。一是同案犯乙、丙的供述,属言词证据;二是通话记录清单,属客观证据,而较客观的书证材料不支持主观性较强的口供,不能印证口供的真实性。且通话清单不同于通话录音,即使能证明其他陌生号码确实是甲打入的,也无法得知三人之间通话的具体内容,两证据之间的矛盾查无实据,一定程度形成了合理怀疑、无法查证属实局面,按照疑罪从无的观点,在合理怀疑无法证实的情况下应判甲无罪。然而本案起诉后,法院一审、二审支持了甲有罪的观点,以聚众斗殴罪

---

① 全国人大法制工作委员会刑法室:《关于修改中华人民共和国刑事诉讼法的决定:条文说明、立法理由及相关规定》,北京大学出版社 2012 年版,第 53 页。

② 陈闻高:《论排除合理怀疑的困境及其走向——现实判例的考量与实践》,载《山东警察学院学报》2019 年第 2 期。

判处其有期徒刑 3 年 8 个月。[①] 本案最终认定甲有罪的原因在于：首先，同案犯均称聚众斗殴是受甲指使，且供述稳定，虽与通话清单矛盾，但也无证据表明乙、丙之间有串供、诬陷的行为。其次，通话清单并没有实质否定乙、丙的供述，不能完全排除甲使用电话与乙、丙联系的事实，采信同案犯的供述也没有否定通话清单的真实性。最后，从动机上看，丁、戊抢甲的工程，利益受损的是甲，乙、丙与甲是雇佣关系，四人斗殴直接收益人是甲，从常识、常理、常情看甲应该是带头人。该判决也得到了老百姓的认可，若判甲无罪，社会工作可能就会产生"斗殴者有罪，指使者无罪"的看法。

由此可见，常识、常理、常情的经验在定罪程序中弥补了证据的缺失，填充了证据材料不足的逻辑位置。在因主客观原因无法穷尽所有合理怀疑的情况下，法官在分析合理怀疑能否排除时，运用了经验法则对证据的真实性以及各证据之间的关系进行了分析。尽管法官在判决书中使用的是"不排除""不能完全否定""综合"之类的说法，与完全依靠证据材料查明后排除合理怀疑相比，存在不够严谨的缺陷，但在实践中破除了寻找真相时难以抉择的困局，实现了法律的社会效果，彰显了社会正义的价值取向。

2. 量刑证据

量刑证据是指人民法院在定罪的基础上，依法决定对犯罪分子是否判处刑罚，判处何种刑罚、刑度或所判刑罚是否立即执行所依据的一切事实材料。[②] 因此，全面、客观了解被告人犯罪行为的社会危害性以及人身危险性乃量刑程序的第一要务。与审查定罪证据相似，在量刑程序中认证量刑证据也可以围绕合法性、关联性、客观性三个方面展开，而常识、常理、常情等经验法则在审查量刑证据三性时有更大的适用空间。

首先，从合法性上讲，刑事诉讼法规定的八种证据种类主要针对的是被告人是否构罪的定罪证据，而对量刑证据缺乏明确的规定，因此量刑证据的收集主体、程序、表现形式等都没有具体的要求。考虑到量刑程序的非正式

---

① 参见陈兵：《言词证据与客观书证相矛盾的采信问题——纪某某聚众斗殴案引发的思考》，载《预审探索》2018 年第 3 期。

② 高铭暄、马克昌：《刑法学》，高等教育出版社 2005 年版，第 267 页。

性、简易化特征，法官不必对量刑证据的来源、收集程序、表现形式提出过高的要求①，凭经验可以判断能否采纳。其次，从关联性上讲，就定罪证据而言，定案根据必须直接或间接对与有实质性争议的事项具有证明性，然而，除了与定罪相关联的犯罪手段、犯罪对象等证据外，很多量刑证据实质上与犯罪行为本身并没有太大的关联性，例如犯罪人的个人情况、前科劣迹、监管条件等。若将个人及社会因素全部纳入刑罚参考范围，各方在庭上提出量刑证据必然与准确决定被告人的刑罚有一定关联性，只不过这种关联性的范围十分广泛。因此，在确定酌定量刑情节是否值得被参考时，法官可以直接运用常识、常理、常情分析其关联程度，不需要设置严格的证明程序。最后，从客观性上讲，这是量刑证据的底线。与定罪证据相比，可以放松对量刑证据合法性、关联性的要求，但量刑证据必须是真实可靠的。无论是控方还是辩方，只要其提出的量刑证据不真实，例如编造的社会调查报告、对被告人人身危险性妄加揣测的言论等，这些材料应缺乏客观性而不得作为证据使用，在判断量刑证据真实性时法官应慎用经验法则，这对所运用的常识、常理、常情的盖然性提出了更高的要求。

在明确需要考虑的量刑情节后，还要在此基础上决定宣告刑，而量刑公正意味着宣告刑充分评价了被告人的社会危害性和人身危险性。一方面，由于社会情势复杂，立法者无法预见到每一种案件可能存在的情节，对于社会危害性的判断部分需要诉诸酌定量刑情节，因此很难说具体案件的社会危害性与法定量刑标准存在一一对应关系。另一方面，量刑要考虑到被告人的人身危险性和再犯可能性，在个案中需要在责任刑点之下考虑预防刑，而立法在设置法定性幅度时并未考虑这种因素，因此对于预防性的裁量也难以依赖明确的量刑标准。因此，量刑活动要实现对犯罪行为和犯罪人公正的判断，就要在价值层面上向民众所认同的道理靠拢，向民众所奉为行为规范的"三常"靠拢，向体现在"三常"中的民众的善恶观、是非观靠拢。②

在为社会危害性配置法定刑时，应当以客观实害为基础，基于社会核心

---

① 参见汪贻飞：《量刑程序研究》，北京大学出版社 2016 年版，第 139 页。
② 参见陈忠林：《刑法散得集 2》，重庆大学出版社 2012 年版，第 19 页。

价值观对行为负价值属性进行价值判断，法官应代表社会主文化群进行判断，否则其作出的判决可能走向人民的对立面。在为人身危险性配置法定刑时，司法实践多是以其反映出的量刑情节为依据的，这些情节的提取和适用，除遵守刑法的量刑制度外，还需借助常识、常理、常情进行审度，因为对于某一酌定情节而言，法官确定其能够反映人身危险性是基于法官所抱有的某一事实能反映出再犯可能性"程度大小"的社会基本常识，其作用力大小也需要法官根据其抱有的社会价值进行斟酌。可见，量刑公正并不事先存在"法定性标尺"，其只存在于社会共识的价值观念中，存在于体现社会大众的常识、常理、常情之中。因此，实现量刑公正只能是法官在准确查明量刑事实的基础上，遵从量刑的相关法律法规，运用其内心的常识、常理、常情对案件的社会危害性和人身危险性进行判断，最终作出判决。[①]

四、结语：常识、常理、常情运用的局限性

常识、常理、常情虽然在认定事实、评价证据中发挥着重要作用，但法官在现有证据和事实的基础之上，根据经验智慧所推定的案件事实具有可错性和可反驳性。如前文所述，根据普维庭教授的分类法，常理常识常情中除了自然法则表现为"如果……，总是如此"外，其他的包括专门科学领域中的法则、道德法则、商业交易习惯、日常生活经验法则、对一般人怀有的感情之推定等。经验法则根据盖然性程度不同表现为"如果……，则大多数情况下如此"，或者"如果……，则有时如此"，换句话说，这些经验存在"有的情况下不是如此"的可能性。当法官根据常识、常理、常情来认定案件事实时，如果将基础事实的成立视为推定事实的当然成立，那么错误认定事实及错误裁判的风险会增加。

为了减少这种错误性风险，法官必须在观念上认可所有推定均具有可反驳性，在运用经验法则时应牢记到常识、常理、常情不具有决定意义，其对证据的解读不一定牢靠，根据基础事实所得出的推定事实也不可避免地包含

---

① 参见冯骁聪：《量刑的生命在于经验》，西南政法大学 2017 年博士学位论文，第 94 页。

猜想与假设的成分，因此，在以"三常"为纽带作出判决前，要主动接受针对"三常"本身以及据此作的出结论的质疑、批判和反驳，尽可能地让各种质疑和反驳的意见、证据呈现，只有纽带本身以及推定事实和最终的认定均经受住了来自反对意见的批判后依然无法产生合理怀疑，法官才能认定该推论在当下是真实可信的。按照最高人民法院的规定，除了确定无疑的自然法则是具有最高决断力的始源性公理之外，剩下的一切经验法则均应经过缜密分析，符合逻辑，方可谨慎运用。① 此要求虽规定在民事法中，但刑事庭审的结果更与被告人的自由乃至生命息息相关，因此在认定犯罪事实时应格外谨慎，考虑推定的中介是否具有事物之间相互联系的高度盖然性，避免以个体认知替代大众认知进行推断，谨防主观臆断。

---

① 杨秋生：《当代中国法学学者清理法观的文化思考》，吉林大学 2018 年博士学位论文，第 34 页。

经验法则运用的实践考察

刑事审判中经验法则适用的实证研究

——以 204 份裁判文书为分析样本

朱海涛　朱谕韬[*]

一般而言，经验法则是指人类以经验归纳所获得有关事物因果关系或性质状态之法则或知识，其范围既包括属于日常生活上一般人之尝试，也包括属于科学、技术、艺术等专门学问方面之知识。[①] 经验法则是刑事诉讼领域极其重要的证明工具，基于证据进行的推理应当符合经验法则。法官司法裁判时，不管是在事实认定中，还是在引用法律、法规等法律适用中，都需要通过引用经验法则中的自然法则、定理、生活经验法则进行推认和说明，才能充分说明案件事实与法律适用的联系。[②] 当前学界对刑事领域经验法则的研究侧重于理论的剖析论证，而鲜见基于司法实践适用的研究。鉴于此，本文以将经验法则实际运用于审判活动的裁判文书为基础，对经验法则的适用问题进行剖析，发掘其中存在的问题，以促进刑事审判中经验法则的规范适用。

一、样本分析：适用经验法则的裁判文书情况

本文研究的样本数据来源于无讼案例网（所载案例全部来自"中国裁判

---

* 朱海涛，安徽朱兴旺律师事务所实习律师。朱谕韬，浙江省温州市鹿城区人民检察院试用期公务员。

① 参见陈荣宗、林庆苗：《民事诉讼法》，三民书局 1996 年版，第 487 页。

② 马贵翔、顾必琛：《经验法则的构成探析——以经验法则在事实认定中的适用为视角》，载《贵州民族大学学报（哲学社会科学版）》2019 年第 6 期。

文书网"），以"经验法则""案件类型：刑事"为关键词进行检索，共收集裁判文书 401 份。经筛选，实际适用经验法则进行裁判的案件裁判文书共 204 份，对于当前庞大的刑事案件总体数量来讲，司法实践中对经验法则的运用稍显薄弱。样本案件包括一审 157 件，二审 46 件，再审 1 件。按照经验法则在审判活动实际作用的方面，可划分为以下类型：

（一）运用经验法则认定客观事实

该类型又可划分为推定客观事实和形成合理怀疑两种情形。

表 1　运用经验法则认定客观事实案件数

审级	推定客观事实	形成合理怀疑
一审	60	4
二审	10	0
再审	1	0

1. 运用经验法则推定客观事实

运用经验法则，综合案件相关证据，推定待证客观事实，是经验法则在刑事审判中最为重要的作用。运用经验法则推定客观事实通常在两种情形下使用：一种是在没有其他法定证明方法建立客观证据与待证事实之间的联系时，审判人员主动适用，也就是说，经验法则作为填补的证明手段运用于事实证明；另一种是在辩方提出"合理怀疑"时，通过经验法则，排除该"合理怀疑"，使裁判者形成内心确信。这两种情形在司法实践中往往交织在一起运用，即运用经验法则推定出客观事实的同时能够排除合理怀疑。"排除合理怀疑"作为最高的证明标准，是对长期司法实践的经验总结，现阶段是人类认识能力在刑事诉讼中所能达到的最高状态。[①] 运用经验法则排除辩方提出的怀疑，实践中通常以同时具备以下两个条件为标准：一是辩方提出的怀疑没有相关证据材料予以证实；二是提出的怀疑违背常理。经验法则于此不仅是

---

① 杜邈：《"排除合理怀疑"标准的司法适用》，载《法律适用》2019 年第 7 期。

认定事实的方式，也是证明标准。从样本数据来看，运用经验法则推定客观事实的案件数量共有 71 件，占总案件数的 34.8%，其中又以一审运用为重，这充分说明经验法则在查明案件事实上发挥的重要作用。

2. 运用经验法则形成合理怀疑

运用于事实推定的经验法则并不必然使审判人员得出与公诉方一致的结论，经验法则也有可能引导审判人员对指控的事实产生疑问，即对案件形成合理怀疑。但从样本数据可见，审判人员运用经验法则对案件形成合理怀疑的情形较为少见，一方面表明公诉人在指控事实的把握上基本较为精准，另一方面也体现了刑事诉讼重证据、重调查研究的裁判原则在实践中的运用，如（2015）徐刑初字第 780 号刑事判决书中，审判人员从日常生活的经验法则角度分析，认为被害人的行为有悖常理，公诉机关的证据不足。总体而言，审判人员对依据经验法则推翻公诉方指控的做法目前持较为谨慎之态度。

（二）运用经验法则进行意思推定

表 2　运用经验法则意思推定案件数

审级	被告人意思推定		被害人意思推定
	有利推定	不利推定	
一审	2	41	1
二审	0	11	0
再审	0	0	0

意思推定是指根据某一情况存在，推定某人存在某种内心意愿。[①] 意思推定也即当事人的主观方面，运用经验法则进行意思推定通常是由于没有被告人的供述，需要从客观证据推定主观认知，通过经验法则来建立客观与主观之间的连接。经验法则在判断行为人的主观方面作用显著，尤其是在欠缺直接证据，需要综合间接证据进行实体事实推定的情况下。从样本数据来看，一审司法实践中绝大多数案例是对被告人进行意思推定，针对的主要是被告

---

① 陈光中主编：《证据法学》（第三版），法律出版社 2015 年版，第 451 页。

人拒不承认被指控的犯意。仅有两个案例对被告人进行有利的意思推定，在这两个特殊的案例中，审判人员最终也均作出了对被告人有利的裁判结果。而在二审当中，则仅有对被告人不利的意思推定。仅有一件对被害人的主观方面进行推定的案件①，审判人员根据一般生活法则，认定被害人对自己的损失情况具有认知能力，结合相关证据，从而认定被害人陈述的证明力。

（三）运用经验法则得出司法认知结论

司法认知仅在一审的刑事审判中有所适用，共 13 份裁判文书。司法认知在刑事证明体系中具有不证自明性，属于免证事实。从样本文书来看，司运用经验法则得出司法认知的结论处于较为混乱的状态，部分司法认知的事实认定并非基于经验法则，如样本中一起案件对血迹的认定②，审判人员阐述为"根据日常经验法则，如果倒地受伤出血，则地上的血迹应当是团状血迹，而不是点状滴落血迹"，血迹滴落的样态属于自然规律或定律，其并非基于日常生活经验产生认知的领域，而是客观观测结论，其客观存在性及真实性并不取决于主观认知，审判人员于此使用"根据经验法则"的表述显然欠妥。

（四）运用经验法则进行证据审查

表 3　运用经验法则审查证据案件数

审级	肯定证明力							否定证明力
	书证	被告人供述与辩解	被害人陈述	证人证言	鉴定意见	综合审查	辨认笔录	
一审	2	5	3	4	2	3	0	30
二审	0	1	0	0	0	7	2	13
再审	0	0	0	0	0	0	0	0

运用经验法则审查的证据类型涵盖言词证据和实物证据，从样本数据来

---

① 金某盗窃案，浙江省青田县人民法院（2019）浙 1121 刑初 277 号刑事判决书。
② 贺某故意伤害案，四川省资阳市雁江区人民法院（2017）川 2002 刑初 359 号刑事判决书。

看，更侧重于对前者的审查，并且经验法则主要用于证明力的判断，经审查，否定证据证明力的情形要远高于肯定证据证明力的情形。案例样本中在对被告人供述与辩解的审查中均兼备对被害人陈述的审查，因为对于证明对象一致而内容截然不同的言词证据，若采信了一方的说法，必然意味着否定另一方的真实性。最高人民法院《关于适用〈中华人民共和国刑事诉讼法〉的解释》明确对被告人的供述和辩解应审查是否符合案情和常理，有无矛盾。证据的审查分为两个方面：一是确认证据的证明力；二是否认证据的证明力。运用经验法则审查被告人的辩解与推定客观事实密切联系，审判人员在肯定或否定被告人辩解的同时，也会在此基础认可被告人的辩解所推翻或未推翻的事实。运用经验法则综合审查证据呈现出特殊的样态，在裁判文书中的表述一般为"证据之间相互吻合，符合经验法则，可以作为相关事实的依据"，这体现了对所举证据进行笼统的审查判断，更侧重于证明的整体逻辑，而不是对单个证据进行证明力的审查。

（五）运用经验法则推定责任划分

运用经验法则进行责任划分的情形较为特殊，已经超越了传统意义上经验法则用于事实认定、证据审查的范畴，在样本文书中也仅有一例〔（2014）西刑初字第 249 号判决书〕。一起交通肇事案中，审判人员运用经验法则推定了责任划分，即"根据本案事实与证据，依照相关法律的规定及经验法则，尹康的其他交通违法行为并不足以使其承担事故的主要责任"。该表述意味着在该种情形中，被运用的"经验法则"指的是审判人员自身的审判经验，但审判人员此处的说理并不充分，导致依据的经验法则似乎如海市蜃楼而难以被准确把握。"运用经验法则进行证据分析或事实分析，都是一种事实上的推定，而不是法律推定。是法官从前提事实出发，依据经验法则进行自由心证的结果。"[①] 运用经验法则进行责任划分需要明确对法律推定和事实推定的界定。

除以上运用经验法则的模式之外，还有一个案例值得关注，即 2016 年新

---

① 蔡艺生：《论经验法则在司法裁判中的运行》，载《政法学刊》2017 年第 3 期。

疆伊犁州奎屯市人民法院审理的一起过失致人死亡案中，在法院认为"本案被告人是否存在过失，应有专业领域或机构的专业资质人员出具意见，凭经验法则判断行为人存在或不存在过失，一次判定是否构成刑事犯罪追究其刑事责任，违反刑事证据证明规则"。① 这一裁判限定了经验法则的适用范围和方式，认为在法律认定涉及专业知识时，不能仅凭借经验法则作出判断，这也就意味着经验法则的来源不能包括超出一般人认知范畴。

二、问题总结：经验法则适用的困境

从样本裁判文书中可以看出，虽然经验法则在刑事审判中发挥着全方位的作用，但是经验法则的实践运用也伴随着诸多矛盾与问题。

（一）概念模糊导致经验法则的运用混乱

刑事法律规范中的明文规定体现了对"经验法则"的重视，如《人民检察院刑事诉讼规则》规定了不能确定犯罪嫌疑人构成犯罪和需要追究刑事责任的，属于证据不足，不符合起诉条件的五种情形，其中包括："根据证据认定案件事实不符合逻辑和经验法则，得出的结论明显不符合常理的。"《人民检察院公诉人出庭举证质证工作指引》第 3 条规定了公诉人出庭举证质证应当"注意运用逻辑法则和经验法则"。但遗憾的是，"经验法则"的内涵与具体如何运用并未在规范文件中阐明，致使"经验法则"处于有其名而无其实的尴尬地位，这也直接导致了司法实践中的适用混乱，主要包括以下两种情形：

一是经验法则的错误适用。如样本中有一份裁判文书，审判人员说理表述为"按照日常生活经验法则，一日的夜间实质是'从天黑到天亮的时间'"②。笔者认为，这属于典型的滥用经验法则概念。经验法则属于归纳推理的总结，而该案中认定何为夜间依据的并非推理的结论，而是大众的普遍认

---

① 程某过失致人死亡案，新疆维吾尔自治区奎屯市人民法院（2016）新 4003 刑初 99 号刑事判决书。

② 张某故意伤害案，浙江省绍兴县人民法院（2004）绍刑初字第 394 号刑事判决书。

知和社会共同观点，属于为一般人共同知晓的常识性事实，并不需要归纳推理的过程作为基础，经验法则的适用应当是建立在证据的基础之上。

二是经验法则表述上的混乱。裁判文书中对"经验法则"的表述往往带有一些前缀，如"日常经验法则""一般生活经验法则""作为具有完全行为能力的成年人的经验法则"等，这一方面提示了该经验法则的来源，即与群众日常社会生活密切关联，运用一般人的理性就能得出该经验总结结论，另一方面可用于区分经验法则与专业经验法则，专业经验法则需要专门知识方能形成，而刑事诉讼中的经验法则倾向于一目了然、不证自明。不过这种表述方式首先并非规范性文件中的严谨表述，其次并没有揭露所要运用的经验法则的内容，适用的可操作性欠缺，也存在将超出于经验法则范畴的内容作为裁判标准的风险。并且司法实践中也难以区分经验法则与相邻概念，如"常理""常情"等，这表明经验法则如何从"经验"走向"法则"，以及经验的"法则化"并没有在司法实践中展现。

（二）运用主体的差异与局限

当前，经验法则的运用仍主要依赖于裁判者的个人经验，受审判人员个人素质及案情的影响较重。对基于大数据分析、类案检索形成的经验总结不足，这意味着一方面经验法则往往是在其他证明方法不足以达到证明目的时，作为填补规则来运用，适用上存在较大的随意性，并且面临着有罪推定的危险；另一方面对于不同的裁判者来说，因为个体之间存在着理论水平、实践经历等种种差异，经验法则的形成来源也必然不会一致，也就意味着基于经验法则得出的结论并不一定具有普适性，也就会存在结论与一般理性相悖的情况，运用经验法则进行事实认定时，司法人员的主观臆断往往会影响对事实的正确判断。

审判人员是否具备相关的经验，能否正确、合理运用本专业以外的相关经验也至关重要。经验法则的形成基础有很多，不同案件类型裁判者所需要用到的经验法则也各不相同。有些以经验法则为论据的裁判说理，实为稍加装饰的自由专断，对依法裁判与司法公正的破坏甚为严重。[①] 在本专业领域内，审判人员运用法律适用经验作出认定通常具备相当的信服力。而在专业之外，就日常生活经验而言，受到个人阅历、生活经验等方方面面的影响较多，对于具备一定审判经验的裁判者来说，一般不会偏差太多，而对于专门知识的经验来说，审判人员可能并无相关知识储备，容易错误使用。

（三）欠缺经验法则运用的说理

司法裁判主要通过说理解决纠纷，因此司法裁判的规范化主要指法官的裁判说理活动应当规范化。[②] 审判人员的说理活动主要体现在裁判文书的写作中，而规范化的说理活动要求论据充分且可靠，即审判人员在释法说理时，需要达到法理与事实相融合，逻辑明确、条理清晰，让案外人在阅读过程中都能够直接感受到裁判的法律适用准确、事实认定正确，达到法律效果与社会效果相统一。最高人民法院《关于加强和规范裁判文书释法说理的指导意见》中明确表示，裁判文书的释法说理需要反映推理过程，法官可以运用经验法则论证裁判理由，以提高裁判结论的正当性和可接受性。因此，对适用经验法则的说理尤为重要，囫囵运用的方式不能达到说理透彻的目标。但从样本裁判文书来看，几乎不存在对运用经验法则的详细说理，对经验法则的运用极为机械，欠缺说理和论证的过程，在没有其他证明方式的情况下，经验法则似乎成为放任四海皆准的证明方式，以不言而喻的方式，直接作为推理的大前提，粗暴地形成对待证事实或证据的认定。"有些以经验法则为论据的裁判说理，实为稍加装饰的自由专断，对依法裁判与司法公正的破坏甚为严重。"[③]

三、规范路径：完善经验法则适用的建议

经验法则作为刑事证明中的重要方法与证明标准，在司法实践中有着广

---

① 何雪峰：《法官如何论证经验法则》，载《北方法学》2021 年第 1 期。
② 何雪峰：《法官如何论证经验法则》，载《北方法学》2021 年第 1 期。
③ 何雪峰：《法官如何论证经验法则》，载《北方法学》2021 年第 1 期。

泛而充分的运用，虽然在样本裁判文书中的直接体现较少，但经验法则是印证证明模式的重要内容。因此，完善经验法则的司法适用尤为重要，主要可从以下四个方面进行。

（一）严格把握经验法则的形成

经验法则的来源非常丰富、广泛，涉及社会经济生活方方面面的经验，但并非所有的经验最终都能够经过归纳推理形成经验法则，因此严格把握经验法则的形成，对司法实践形成明确的指引尤为重要。"法官是司法判断往往基于常识、基于直觉，基于他/她所在社区的标准，基于多年司法环境的熏陶。基于这些因素的混合——我们可以称之为司法素质；并且这种判断往往先于司法推理和法律适用。"[①] 司法实践中的经验法则一方面需要指向此前办理案件的经验总结、归纳，在此基础上形成对类型相近、案情相近的案件较为一致的裁判观点。当前所提倡的类案检索制度，便是从运用大数据的角度，对经验法则的运用进行完善。当然，运用人工智能大数据总结经验，经验法则的形成与运用必须建立在群策群力的基础上，才能防止合理经验被偏见所覆盖，防止出现同案不同判的情形。另一方面需要审判人员对日常生活经验有深刻的理解，"就司法人员个体而言，用以认定犯罪事实的经验只能基于既成社会经验的选择，不能个人创制"[②]。经验法则来源的广泛性要求审判人员具备丰富的社会知识、阅历，在了解社会常识、常理、常情的基础上，才能合理运用经验法则，形成有说服力的裁判。审判人员基于经验法则形成对事实、证据的内心确信，首先必须说服的是自身，因此审判人员自身的经验总结也尤为重要，这不仅需要在审判过程中加以积累，还需要以"从群众中来，到群众中去"的工作方法，切身感知社会变化，与时俱进地体察社会经验，甄别排除存在偏见的日常经验法则，从而为客观理性经验法则的提炼总结打好基础。

---

① 苏力：《送法下乡——中国基层司法制度研究》，北京大学出版社 2011 年版，第 201 页。
② 范思力：《犯罪事实认定中经验法则的理解与适用》，载《检察日报》2021 年 4 月 6 日第 3 版。

（二）经验法则的适用需要与逻辑法则紧密联系

美国实用主义法学倡导者霍布斯大法官曾经说：法律的生命不在于逻辑，而在于经验。这句话往往被误认为法律的运用仅需关注经验而无须注重逻辑，实际上，经验法则与逻辑法则密切联系，不可分割。"法官的事实认定过程，是综合运用了概念或定义、判断或推理、质证或证明等逻辑手段，将证据从证据事实推导为案件事实的过程，所以逻辑规则是法官在形成内心确信时必须遵守的规则。"[①] 经验之所以能够形成法则是建立在逻辑的基础之上，运用逻辑提炼、总结经验使之法则化，经验法则的运用也必须符合逻辑法则，不能脱离一般正常逻辑的理解范畴，遵循逻辑认知、推理规律。逻辑法则能够为经验法则提供认知保障，为经验法则的形成提供基础，对基于经验法则形成的判断进行审查，防止运用错误的经验及错误地运用经验。最高人民法院《关于适用〈中华人民共和国刑事诉讼法〉的解释》列举了运用间接证据认定被告人有罪的必备条件，其中包括"运用证据进行的推理符合逻辑和经验"。这表明，在事实证明过程中，逻辑和经验是相辅相成、缺一不可的。霍姆斯的论断中的"经验"，乃是现实生活中的"活水"，它要求法官根据社会生活的不断变化，在遵循先例的原则下，推陈出新，赋予先例以新的生命。

（三）经验法则需规范适用

1. 明确经验法则的适用条件

司法实践需要正视经验法则在刑事诉讼证明体系中的地位，促进经验法则的准确适用。经验法则作为证明方法和证明标准，并不必然适用于所有案件的证明环节。需要注意的是，经验法则的适用区别于基于法律本身进行的演绎推理，经验法则无论适用于事实认定还是证据审查，都必须建立在具备相应证据的基础之上，在不能直接得出结论时，审判人员凭借经验法则进行认定，形成高度盖然性的证明，适用经验法则得出的结论在有相反证据时即可被推翻。

---

① 魏蕾：《当代中国自由心证制度建构研究》，中南民族大学 2008 年博士学位论文，第 29 页。

2. 经验法则的适用需充分说理

法官在适用经验法则认定案件事实前应当公开经验法则的内容，并允许双方就经验法则的适用加以争辩，此乃心证公开的基本内容，也是经验法则的普遍性得以实现的条件。[①] 经验法则在裁判文书中的说理非常有必要，不仅能够避免证明依据模糊造成说服力欠缺，而且将经验法则公之于众更有利于对经验法则的检验。运用于裁判的经验法则需要进行以下的说理：与待证事实相关经验法则的内容、适用该经验法则的必要性与可靠性以及经验法则如何证明待证事实的证明过程。审判人员应在释法说理的过程中完成经验法则的适用。

（四）充分发挥专业人员、技术的作用

审判人员的认知范畴不可避免会有局限性，对于审判人员不了解的、专业化的知识，需要充分发挥专业人员和技术的作用，来协助审判人员了解相关的知识，从而充实经验法则的内容。审判人员对于超出自身经验的待证内容，不仅可以参考专业人员的相关论述，还应当主动咨询有关专家，征询意见。当然，任何知识领域都会存在各种争议。司法实践当中，审判人员需多方面考察各种观点的区分，尤其着重考察当前的主流观点。审判人员在裁判文书中采用观点也需要充分说理，阐明采用该观点的理由，必要时需对相反观点也应进行罗列、评价，防止裁判结果对相关案件的审理产生误导。最高人民法院《关于适用〈中华人民共和国刑事诉讼法〉的解释》规定，因无鉴定机构，或者根据法律、司法解释的规定，指派有专门知识的人就案件的专门性问题出具的报告，可以作为证据适用。这一规定不仅意味着经验法则来源得到充实，而且对于审判人员来说，也限制了其本身经验法则的滥用，将专业性的观点评价交给专业人士去做，这样更有助于科学、理性裁判。

---

① 纪格非：《经验法则适用之正当性研究》，载《证据科学》2012 年第 1 期。

故意伤害罪案件中经验法则的
适用现状、问题与对策

井淼淼[*]

一、研究意义与样本选择

（一）研究意义

笔者在中国裁判文书网上，限定"案件类型"为"民事案件"，文书类型为"判决书"，全文搜索"经验法则"，时间截至 2021 年 4 月，共得到 70741篇判决书。在上述其他条件不变，更改"民事案件"为"刑事案件"后，仅搜索到 348 篇判决书。刑事案件运用经验法则逊色于民事案件可见一斑。在我国，民事诉讼领域最早将"经验法则"一词引入法律文件，2001 年最高人民法院《关于民事诉讼证据的若干规定》（以下简称《民事证据规定》）第9 条规定："下列事实，当事人无需举证证明：……（三）根据法律规定或者已知事实和日常生活经验法则，能推定出的另一事实……前款（一）、（三）、（四）、（五）、（六）项，当事人有相反证据足以推翻的除外。"民事诉讼法领域对经验法则进行了充分、深入的挖掘，南京彭宇案后，更是引发了民事学界的研究热潮。[②] 反观刑事诉讼领域，对经验法则的研究起步较晚，一直处于不瘟不火的状态，尚未形成系统性的成果。

---

* 西南政法大学刑事诉讼法学专业硕士研究生。
② 曹志勋：《经验法则适用的两类模式——自对彭宇案判决说理的反思再出发》，载《法学家》2019 年第 5 期。

　　准确认定案件事实是正确适用法律、依法作出裁判的前提。随着国外及国内民事诉讼领域对经验法则的持续不断研究，刑事领域也开始关注经验法则，2012年《人民检察院刑事诉讼规则（试行）》强调了经验法则在人民检察院工作中的指导作用，第404条规定："具有下列情形之一，不能确定犯罪嫌疑人构成犯罪和需要追究刑事责任的，属于证据不足，不符合起诉条件……（五）根据证据认定案件事实不符合逻辑和经验法则，得出的结论明显不符合常理的。"经验法则是沟通证据与事实的桥梁，刑事领域也不例外，现有研究多数停留在理论层面对正当性、必要性的探究，缺乏实证性、对策性、建构性、完善性的讨论。虽然2020年，最高人民检察院在印发的第十七批指导性案例中，要求办案人员运用经验法则和逻辑规则，综合间接证据依法认定案件事实，但这只是经验法则实证发展的冰山一角，因此研究经验法则在刑事案件中的适用现状并提出对策建议便具有了现实意义。

（二）样本选择

　　如上所述，笔者在刑事判决书中检索关键词"经验法则"，共检索到348篇判决书，将348篇判决书以案由为分类标准进行整理发现，共涉及61个罪名，其中排名前15的罪名如下：

案由	份数
诈骗罪	51
故意伤害罪	36
盗窃罪	31
交通肇事罪	29
走私贩卖运输制造毒品罪	28
受贿罪	18
合同诈骗罪	11
掩饰隐瞒犯罪所得罪、犯罪所得收益罪	11
假冒注册商标罪	9

续表

案由	份数
贪污罪	9
抢劫罪	8
强奸罪	8
敲诈勒索罪	7
故意杀人罪	6
寻衅滋事罪	6

在 348 份判决书中，涉及故意伤害罪的共有 36 份，通过筛选与分析，其中具有研究价值的共计 24 篇[①]，笔者最终决定以故意伤害罪案件为研究样本，主要理由如下：

第一，研究样本在量上具有充足性。运用经验法则的判决书中涉及故意伤害罪的共有 36 份，在 61 个案由中，仅故意伤害罪一个案由就占了全部案例数的 10.34%，位居第二，所以以故意伤害罪为研究样本，在量上具有相对的充足性。

第二，研究样本在运用经验法则上具有丰富性。这也是本文以故意伤害罪为研究样本，而不以诈骗罪为研究样本的缘由所在。在诈骗罪的判决书中，法院大多运用经验法则判断诈骗罪被告人是否存在非法占有目的，而故意伤害罪案件中，法官在是否存在故意伤害行为、行为与结果是否具有因果关系、证据的证明能力和证明力判断上都运用了经验法则，所以故意伤害罪案件中的经验法则运用更具丰富性，具有研究价值。

第三，研究样本具有代表性。研究样本中华中地区的判决书共 2 份，华东地区的共 10 份，华北地区的判决书共 3 份，东北地区的判决书 2 份，西南地区的判决书 6 份，西北地区的判决书 1 份，在地域范围上基本涵盖全国各个地区，具有一定的代表性。此外，研究样本亦涵盖一审、二审审判程序，

[①] 在 36 份故意伤害罪案件中，笔者剔除掉运用经验法则认定附带民事诉讼赔偿数额、法官引用的法条中出现经验法则字眼等判决书，剩余具有研究价值的判决书 24 份。

其中一审判决书共 22 份，二审判决书 2 份，在审级上具有一定代表性。

二、故意伤害罪案件中经验法则的适用状况

（一）运用的主体

就适用主体来看，在研究样本中，经验法则由法官主动适用的有 15 份，辩护人主动适用的有 9 份，此外并无其他当事人适用。法官是经验法则适用的主要主体。

就刑事诉讼文书格式来看，主要分为首部、事实和证据、理由、判决结果、尾部。因法院在书写判决书时会把辩护人的意见在事实与证据部分罗列出来，所以辩护人适用经验法则的都出现在事实和证据部分。法院适用经验法则的，事实认定部分出现 10 次，本院认为部分出现 5 次。例如案例 1[①]中，法院将案件证据列明之后，根据案件的事实和证据，在综合评判中写道，多名证人之间的证言高度一致，不符合逻辑和经验法则；在案例 2[②]中，法院在"本院认为部分"写道：经查，被害人袁某的陈述和证人孔某的证言能够相互印证，证实被告人殴打过袁某，且根据日常经验法则和常情常理，绊倒同时造成左侧第 7、11 肋骨骨折，右侧第 6 肋骨骨折的概率较小，故对于其辩解，不予采信。

（二）论证的要素

一般认为，故意伤害罪是指故意非法损害他人身体健康的行为。要求本罪在主观上具有故意，客观上具有非法损害他人身体健康的行为，出现了危害后果，且行为与结果之间具有因果关系，案件的证据可以认定上述事实。在 24 份运用经验法则的判决书中，证明故意的有 2 份，证明行为的共有 4 份，证明结果的共有 4 份，证明因果关系的有 7 份，论证证据的有 5 份，论

[①] 详情见（2018）皖 03 刑终 213 号判决书。
[②] 详情见（2019）京 0111 刑初 1070 号判决书。

述破案经过的 1 份，证明被害人过错的 1 份，论述动机的 1 份①，体现出了论证要素的充分性、论证方法多样性、论证内容的深入性等特点。

1. 故意的论证

故意伤害罪的责任形式为故意，成立故意伤害罪要求行为人具有伤害的故意，即对伤害结果具有认识和希望或放任的态度，因此当辩护人对"故意"产生疑问时，便可通过运用经验法则论证故意不存在，以排除故意伤害罪的成立，法官也可以运用证据或经验法则证明存在故意以支持己方构成故意伤害罪的观点。本次研究样本中，用经验法则证明故意的判决书共 2 份。

文书编号	论证内容
（2015）屯刑初字第 00092 号	综合上述事实，根据一般生活经验法则及科学经验法则，被告人胡某甲作为一名具有完全民事行为能力的自然人，且有多年驾龄，结合其自身认识能力、控制能力、作为一名驾驶员的合理注意义务，同时考量一般人（合理的人）的认识能力、控制能力，依法推定其对程某某抓车行为主观明知。其在主观明知程某某抓车后仍加速行驶，放任被害人受伤后果的发生，符合本罪间接故意的认识因素及意志因素构成要件，主观上具有伤害程某某身体的间接故意
（2014）顺庆刑初字 259 号	按照唐某某自己的供述，在清收账款中要使用暴力，其邀约他人，也是为暴力收账做准备的，因此，被告人唐某某伙同他人在清收账款中使用暴力犯罪是有预谋的故意犯罪，而非偶犯，这个判断也符合经验法则

2. 行为存在与否

成立故意伤害罪必然要求实施了故意伤害行为，因此证据是否能证明被告人实施了故意伤害行为是法官判断罪与非罪、此罪与彼罪的关键。当被告人供述、证人证言之间对被告人是否实施了伤害行为存在不一致陈述时，法

---

① 其中，（2020）内 0402 刑初 341 号判决书、（2019）黑 0125 刑初 126 号判决书，因语义不清及法院在援引辩护人意见时有所省略，故根据判决书上的表述无法确定辩护人运用经验法则以证明何要素。而（2018）川 3433 刑初 115 号判决书、（2015）屯刑初字第 00092 号判决书、（2017）川 0184 刑初 244 号判决书分别运用经验法则论证了两种要素，所以最终的统计结果为 25 份。

官运用经验法则判断行为存在与否便至关重要。

案例3[①]中，被害人李某5从同村的章某6家喝酒回家后，回家途中经过被告人陈某某家门口时被陈某某家喂养的狗追咬，李某5遂持刀追赶。在陈某某家门口与陈某某发生打斗，陈某2听到打斗的声音赶到现场，陈某某持木棒、陈某2持烟杆打击李某5的腰背部、肩部等处。后因村干部、被害人家属均不管被害人伤情，被告人亦弃之不顾，次日凌晨，李某5被发现死于当晚倒睡的位置。经鉴定，李某5生前系因外力作用致血气胸死亡。

在被告人是否存在殴打被害人的行为、被告人是否是正当防卫等案件事实上，被告方和被害方及各方证人、律师各执一词，法院认为，经对被害人李某5的尸体进行检验时，发现其右头顶部近前发际处有边缘不齐的创口；左肩胛部、右肩胛部、左腰处、左上臂处、左肘部等多处淤血，且淤血均呈长条形。这些损伤不可能完全为摔倒所致，尤其条状损伤根据生活经验法则应当认定系棍棒类钝器打击形成，结合陈某1、李某7和陈某2的证言，被告人存在用木棒对被害人李某5进行打击的行为。综上，现有证据能综合认定被告人陈某某先对李某5进行殴打后，陈某2赶到现场又对李某5进行殴打，之后又不对被害人进行救治，导致被害人最终死亡，二被告人的行为均构成故意伤害罪，应承担相应的刑事责任。

3. 结果的辨明

在研究样本中，辩护律师多把伤害结果不符合日常生活经验法则作为一种辩护理由，例如在案例4、案例5中，辩护律师在发表辩护意见时，认为受害人伤情不符合经验法则，希望法庭根据日常经验法则判断伤情的形成，等等。另外，法院也会根据日常经验法则判断伤情的形成是否合理，如在案例2中，针对被害人伤情是否是绊倒所致，法院回应道，根据日常经验法则和常情常理，绊倒同时造成左侧第7、11肋骨骨折，右侧第6肋骨骨折的概率较小，因此认为绊倒导致的伤害结果不合理，殴打致伤更合理。[②]

---

① 详情见（2017）黔05刑初190号判决书。

② 详情见（2020）豫1324刑初148号、（2020）皖1024刑初13号、（2019）京0111刑初1070号判决书。

4. 因果关系的证明

关于刑法中的因果关系，我国的通说认为，指的是刑法中规定的客观上符合构成要件的危害行为和危害结果之间的因果关系。[1] 当危害行为中包含着产生危害结果的根据，并合乎规律地产生了危害结果时，危害行为与危害结果之间就具有必然的因果关系。刑法中的因果关系如何认定，是司法实践中的一大困难，但其又是极为重要的问题，危害行为和危害结果之间存在因果关系，是行为人在结果发生之后承担刑事责任的必要条件，因而也便出现了运用经验法则证明因果关系的论证方法。在 22 份判决书中，证明因果关系的就有 7 份，可见运用证据、结合经验法则判断因果关系存在与否是司法实践中的惯常做法。

例如，在张某某故意伤害案[2] 中，针对被害人受伤结果与被告人行为之间是否具有因果关系，法院认为，经司法鉴定，王某某遭受外力作用致两处以上不同眶壁骨折，颌骨骨折，构成轻伤。根据相关医学常识和经验法则，被害人王某某的右眼睑裂伤与右眼眶骨骨折是处于同一部位的内外伤，王某某在右眼睑裂伤缝合 7 针的情况下如再次受到外力作用导致同一部位发生骨折，则势必造成右眼睑缝合创的再次破裂，但王某某在五天后就诊时并未发现右眼睑裂伤缝合创出现破裂或扩大，因而可以排除王某某在案发后五天内二次外伤的可能性。被告人张某某击打被害人王某某头面部暴力程度明显，与王某某右眼眶壁骨折和颌骨骨折的伤情存在直接的因果关系。

5. 证据可采与否

在我国，证据必须具有证据能力和证明力才能被法院采信以认定案件事实。在证据的证明力问题上，我国具有独特的证明力规则。例如，为了解决被告人翻供问题，法律规定针对自相矛盾的被告人供述和辩解确立了采信规则；针对证人证言前后矛盾的问题，法律确立了证言印证规则……也即，当案件事实出现争议时，法院可以结合其他多种证据及经验法则，判断某一证据是否具有真实，可否采纳，应采纳何种证据。

---

[1] 张绍谦：《刑法因果关系研究》，中国检察出版社 1998 年版，第 131 页。

[2] 详情见（2016）沪 0104 刑初 1056 号判决书。

在本次研究样本中，既存在判断证人证言不可采的情况，也存在通过其他证据以反证被告人供述不可信的情况。例如，在案例1^①中，在证明张某某与贡某是否发生肢体冲突方面，证人程某5、程某6、程某7、程某8、魏某、杨某2、程某9等人作证，均称事发当天在楼上看见张某某与贡某没有打架，是贡某自己摔倒的，且该多名证人证言之间具有高度的一致性，因而法院认为，多名证人证言高度一致，不符合日常生活经验法则，结合现场勘验（证明从证人家中窗户向外望，无法看到案件发生地）等证据，法院认为程某5等证人关于事发当天在楼上看见张某某与贡某没有打架，是贡某自己摔倒的陈述虚假，对这些证人证言不予采信。再如，在案例6^②中，被告人胡某殴打其妻王某1，但被告人胡某却辩解王某1是因车祸受伤，而非被其殴打受伤，法院认为被告人供述未对车祸的时间、现场地点、报警情况、涉案车辆及所有人均未提供可查证的线索，而在城市近郊发生翻车的交通事故却未留下任何蛛丝马迹，完全不符合处理正常交通事故的经验法则，从而反证了被告人供述的虚假性质，因此认定被告人胡某存在殴打行为。

6. 破案经过、被害人过错、被告人动机的论证

除上述被证明的要素之外，有三份判决书，法官运用经验法则分别对破案经过、被害人过错、被告人动机进行了充分的论证。

郎某故意伤害罪案中，法院结合现场勘验笔录、通话记录、监控录像等证据认为，本案案发系群众电话报案，案发后嫌疑人逃离现场，公安机关通过走访调查、查询情报系统，锁定被告人后将其挡获的过程，符合逻辑推理和经验法则，体现出客观、自然的特点，从而论证了诉讼程序的正当性和无瑕疵性。^③

在唐某某故意伤害罪案中，法院认为被害人贺某某酒后亦未理性、妥善处理被告人唐某某提出的加班费问题，反而与之争执，综合全案证据及本案案发原因等基本事实，以一般社会人的见解及经验，认为被害人存有过错，

---

① 详情见（2018）皖03刑终213号判决书。
② 详情见（2017）川0184刑初244号判决书。
③ 详情见（2017）川3327刑初13号判决书。

应当承担一定的责任。[①]

在案例6中,法院对作案动机做如下分析:被告人胡某关于案发前半月曾殴打王某1的陈述与王某1的证言以及王某1被殴打的照片相互印证,证实了被告人胡某因怀疑王某1而心存报复,从而不顾夫妻感情,再次殴打王某1致重伤,完全符合逻辑和经验的推理。[②]

(三)适用的层面

从事发实践来看,刑事案件的发生后,案件事实即具有不可复原性,只能依靠证据还原事实,在进行案件化处理时不可能将所有片段及细节截取为证据,有些细节和片段在随时空消逝后也无法还原,再加上侦查能力和侦查技术的局限性,这就要求司法人员在认定犯罪事实时还要依靠逻辑和经验法则对证据反映的残缺事实进行适度补充。[③]经验法则是认定案件事实的工具,而非可有可无的词句,但笔者在分析判决书中发现,很少有辩护人对经验法则如何认定案件事实进行详细和充实的阐述,在辩护意见中,经验法则多是在修辞意义上予以使用。

反而观之,法官在运用经验法则时更为规范。其一,法官会结合其他证据,辅之经验法则综合认定案件事实;其二,法官会在形成内心判断的基础上,结合经验法则加强内心确信。

三、故意伤害罪案件中经验法则适用的问题展现

(一)"经验法则"的适用率严重偏低

根据统计明显可以发现,作为法律意义上的"经验法则",在裁判文书中的适用率严重偏低。首先,整体来看,以"刑事案由","判决书"为检索条件,上网的共有7070551份判决书,但只有348篇判决书中含有"经验法

---

① 详情见(2015)易刑初字第46号判决书。
② 详情见(2017)川0184刑初244号判决书。
③ 范思力:《犯罪事实认定中经验法则的理解与适用》,载《检察日报》2021年4月6日第3版。

则"，占 0.0049%，意味着接近 100000 个刑事判决书中只有 5 个适用抑或提及了"经验法则"，刑事案件中经验法则的适用率严重偏低。

其次，局部来看，故意伤害罪案件中经验法则的适用率畸低。以"刑事案由""判决书""故意伤害罪"为检索条件，共检索到 659534 份判决书，其中包含经验法则的判决书仅有 36 份，占比为 0.0054%，而有效使用了经验法则的更是只有 30 份（包含附带民事诉讼数额的认定），占比为 0.0045%，由此可见，故意伤害罪案件中，经验法则的运用率亦严重偏低。

（二）对经验法则引而不论

辩护人引用经验法则判决书共 9 份，几乎没有对经验法则的论述，认为经验法则具有不证自明的效果。辩护人多使用否定句式，例如在案例 4 中，辩护人认为"受害人伤情不符合经验法则"，但并未提出不符合什么经验法则；在案例 7 中，辩护人认为办案机关存在多处违法情形，未全面、客观审核证据材料，逻辑推理错误，违背日常生活经验法则，但却并未说明办案机关的哪些做法违背日常生活经验法则；在案例 8 中，辩护人更是提出"鉴定意见不符合逻辑和经验法则"，作为非专业人士，对专业的鉴定文书提出异议，认为不符合经验法则，但未说明原因，无法充分表达辩护意见，辩护人存在滥用"经验法则"之嫌。

法官运用经验法则的共 15 份，其中多采用"根据/结合经验法则"等句式一笔带过，也未对经验法则进行充实论述。但是与辩护人适用经验法则不同，有些判决书法官虽然只是写了一句"根据/结合经验法则"，但是结合上下文，可以推断出经验法则的具体内容，也即在论述上法官比辩护人更到位，辩护人使用经验法则多是空洞化的使用。笔者认为，法官的无效使用份数为 3 份，有效使用份数为 12 份。辩护人的有效使用份数仅为 3 份，无使用份数为 6 份。

（三）部分法官将经验法则作为裁判理由

从法律规范层面来看，经验法则是事实认定理由，而非裁判理由。[①]2019《民事证据规定》第10条、最高人民法院《关于适用〈中华人民共和国民事诉讼法〉的解释》第93条均规定"根据已知的事实和日常生活经验法则推定出的另一事实，当事人无需举证证明"。《人民检察院刑事诉讼规则》提及"根据证据认定案件事实不符合逻辑和经验法则……"《最高人民法院印发〈关于加强和规范裁判文书释法说理的指导意见〉的通知》要求法官运用逻辑推理和经验法则对证据进行认定。从文义解释角度理解，众多法律条文的立法意旨旨在让经验法则充分服务于事实认定和证据认定，其功能并非作为裁判理由。但是通过上文分析可知，法院适用经验法则的，事实认定部分出现10次，本院认为部分出现5次。即部分法官错将经验法则作为裁判理由写入"本院认为"部分，此举是对法律的误读、误解，应当予以纠正。

四、经验法则在刑事案件中适用的对策建议

（一）培养法官适用经验法则的意识

毋庸置疑，经验法则若想在刑事领域得到长足发展，除去法学界的努力之外，亦需要司法实务界法官的配合。法官是依法行使国家审判权，进行事实认定的专业人员，在刑事案件办理中起着举足轻重的作用。刑事案件中，经验法则之所以出现适用率严重偏低的现象，与法官的无意识使用息息相关。任何一个法官，多少都会在处理刑事案件过程中运用经验法则形成、补强内心确信，但是却极少有法官会使用经验法则论证内心确信的形成过程，这也就要求，应当加强培养法官适用经验法则的意识。

但是之所以能运用经验法则认定案件事实，在于人们对经验法则推理过程的可接受性和高度认同性，但这并不意味着任何案件事实运用经验法则

---

① 王庆廷：《"经验"何以成为"法则"——对经验法则适用困境的考察、追问及求解》，载《东方法学》2016年第6期。

得出的结论都是正确的，这也就要求法官运用经验法则需要具备一定的条件：第一，法官不可创制经验法则。我国法律、司法解释、其他规范性文件中有规定经验法则的，法官可以直接援用；规范层面没有规定的，法官可以说明适用的经验法则内容。但是无论如何，用以认定犯罪事实的经验只能基于既成社会经验的选择，不能由法官个人创制。如若将部分地区的经验法则当作全国范围内的经验法则运用，或选取暂无定论的经验法则予以使用，结论必将是一击即破，没有说服力的。第二，经验法则的适用必须基于现有证据。在证据反映出不同案件事实，事实处于不明状态时，法官可以运用经验法则和证据规则判断何种事实为真、何种事实为假，不可在无任何证据的情况下，单纯依靠经验法则妄加揣测事实。第三，在证据基础上进行经验法则推论时，应先确定证据的证明能力和证明力问题。证据是法官进行运用经验的基础，基础不牢，地动山摇，若证据在取证环节存在瑕疵没有补正，或为非法证据，那么基于该证据的经验推论便成为无基之楼，随时具有瓦解的可能。

（二）法官运用经验法则的模式构建

1. 启动方式的两重性

法官适用经验法则，既可以主动适用，也可以是对诉讼参与人的被动回应。经验法则是指一种通过人们的经验归纳的规律或定理，表示某种或某类事物的运动规则。即当一定条件得到满足时，人们可以期待发生或不发生某种结果的规律。也正是因为经验法则的这种规律性，使得经验法则能够作为认定事实的前提。[①] 而法官作为认定事实认定的主体，自然而然可以成为主动适用经验法则的适格主体，在研究样本中，就存在法官主动适用经验法则认定案件事实的案例。此外，依据法律谚语"兼听则明、偏听则暗"，在案件事实认定过程中，被告人、律师等也发挥着不可替代的作用，其有权对事实提出疑问，因而也可以提出办案机关在事实认定方面的合理性与不合理性，针对这些意见，法官必须作出回应，在作出回应时，倘若质疑人运用了经验法

---

① 张卫平：《认识经验法则》，载《清华法学》2008 年第 6 期。

则，法官可以通过揭示经验法则的非普遍性、经验推论过程的瑕疵等方法，以回应质疑。倘若质疑人没有运用经验法则，那么法官也可以运用经验法则阐释自己的判断理由。

2. 论证方式的双向性

（1）顺向推导

顺向推导是指运用已有经验法则确定未定事实，从而完成对犯罪的认定。顺向推导是经验法则最常使用的方法，例如根据经验法则，丈夫怀疑妻子与他人有染，且存在长期殴打妻子的行为时，那么再次故意殴打妻子的可能性极高。在案例 6 中，被告人因怀疑妻子王某 1 和孟某有不正当男女关系，在家中持一根钢管对王某 1 进行殴打，造成王某 1 重伤二级的结果。该事实有被害人陈述、证人证言、聊天记录等证据予以证实。但被告人辩解，被害人受伤是车祸所致，为此法院在证据印证的前提下，运用经验法则补强被告人具有伤害动机，在案证据证实，被告人胡某案发前半月曾殴打过王某 1，在怀疑王某 1 出轨，并心存报复的情况下，不顾夫妻感情再次殴打王某 1 致重伤，完全符合逻辑和经验的推理。

在进行顺向推导时，第一步，需要将经验法则作为大前提——经验法则：若存在 A 情形，则一般会有 B 事实。第二步，将案件事实作为小前提——案件事实：存在 A 情形。第三步，继而得出结论——结论：符合逻辑经验法则，存在 B 事实。在此过程中，尤其是第二步对案件事实的判断中，应当尽可能结合现有证据，事实的认定应当有证据的支撑。第二步向第三步运用过程中，应当形成内心确信，排除合理怀疑，使得结论具有唯一性。

（2）逆向证伪

逆向证伪是指，运用经验法则发现案件事实认定的矛盾，从而排除合理怀疑，防止冤假错案的形成。相比于顺向推导，逆向证伪更为便利，因为顺向推导过程需要穷尽各种可能。例如你要证明葡萄都是甜的，就需要尝遍所有的葡萄，但是逆向证伪只需要找出一两个不甜的葡萄即可完整证明过程。[①]逆向证伪的过程，第一步，确定现有事实；第二步，找出反常点；第三步，

---

① 郭夏菁：《论刑事诉讼语境下的经验法则》，载《犯罪研究》2017 年第 2 期。

运用经验法则排除合理怀疑，作出正确的事实认定。例如在案例3中，依据被告人辩解，其并未殴打被害人，但反常点在于，被害人尸体检查报告显示，身上具有多处条状伤痕，其他证人证言也证实被告人存在持棒行为，因此应当排除被告人辩解的效力，进而认定被告人存在殴打被害人的行为。

经验法则在辩护中的运用研究

宋立翔*

经验法则是人们在长期生产、生活以及科学研发过程中通过对客观外界各种现象的观察、识别和认知，而在观念上形成的一种理性认识。[①] 首先，经验法则实质上是人们对客观世界的认识，无法脱离于人的主观意识而存在。其次，经验法则不同于法律规范，经验法则虽被称为"法则"，但是并未被明文规定。最后，经验法则是在人们长期的工作生活中潜移默化形成的，换言之，每一条经验法则为人们所认同均需要一定的过程。

一、经验法则特点之启示

按学界总结，经验法则的特点较多且大同小异，均指出经验法则具有盖然性、抽象性、客观多样性、具体性、规则性。但是，经验法则诸多特点中对辩护具有指导意义的主要是盖然性、抽象性以及具体性。实践中经常出现辩护律师将个人的经验作为经验法则使用、将个人偏见认定为经验法则、不分案件具体情况适用经验法则等乱象。从一定程度上而言，辩护律师在司法实践中不会运用经验法则或者滥用经验法则的症结首先在于对经验法则概念本身缺乏了解。经验法则的特点是依据经验法则的概念所引申的，故可透过经验法则的特点掌握其概念。进一步而言，我们可通过经验法则的特点把握在辩护工作中的要领，从而指导辩护工作。

---

* 北京市尚权律师事务所律师。

① 毕玉谦：《论经验法则在司法上的功能与应用》，载《证据科学》2011 年第 2 期。

（一）盖然性

经验法则本质上是人们对客观世界的认识，而人的认识本身不可避免地会存在偏差，故经验法则并非在任何情况下均可适用。按照德国学者普维庭的区分，经验规则根据其盖然性程度分为四种情况：（1）生活规律；（2）经验基本原则；（3）简单的经验规则；（4）纯粹的偏见。[①] 经验法则是依据归纳法而获取的，经过人们长期的工作生活总结提炼而来，而归纳法本身就具有不完全性，不可能将工作生活中的所有情况均囊括其中。由此可知，经验法则必然存在无法适用的情况，只是概率大小不同。所以，期望经验法则能够适用于任何情况是不可能的。

经验法则本身无法独立适用，必须结合能够间接证实待证事实的证据从而推出待证事实。如果经验法则的盖然性大，则对用于间接证实待证事实的证据的确实、充分程度的要求会有所降低。例如，若干名被告人称被害人仅被一人殴打，而被害人称自己的伤系多名被告人造成的，依据经验法则，多人同时殴打被害人一处部位的情况通常不会发生。此时，人身检查笔录显示被害人身上仅有一处伤，该证据仅是用以证实被害人仅被一人殴打的间接证据，但是前述的经验法则具有较高的盖然性，故人身检查笔录结合经验法则即可推出被害人仅被一人殴打的结论。再举一反例，被告人与被害人因琐事产生过节，后被害人遭受伤害，依据经验法则，与被害人有过节的人有可能会对被害人实施不法侵害。但是，该经验法则的盖然性显然较低，故仅有被害人被伤害的证据结合此种经验法则并不足以推出不法侵害系被告人所为的事实，还需有其他证据加以佐证。可见，经验法则的盖然性与间接证据的确实、充分程度基本成反比关系。我们应当依据经验法则的盖然性大小结合现有证据情况判断待证事实可能性的高低，引导质证以及确立收集证据的方向。

（二）抽象性

正如前文所述，经验法则是根据人们长时间工作生活总结提炼而来，故经验法则并不是某一个体的经验，而是大众一般性、普遍性的认识。换言之，

---

① 转引自李江梅：《经验法则及其诉讼功能》，载《证据科学》2008 年第 4 期。

我们所适用的经验法则是被社会公众普遍认可的。经验法则的抽象性表明，经验能否上升为法则取决于公众的认可程度，经验在没有被公众普遍认可之前，尚不足以被称为经验法则，在诉讼中无法得以应用。但是，司法实践中，常有人以个人的认识作为经验法则加以应用。

基于经验法则的抽象性，我们在诉讼过程中应当审视所适用的经验法则究竟是不是自己的个人经验，这要求对所适用的经验法则本身进行内部证成。实际上，评价经验法则的论证目标是否完成无非是追问"法官主张某经验法则具有规律性，公众能否接受"，或者"法官主张某经验法则具有规范性，公众能否接受"。因此，不妨以"可接受性"作为经验法则的论证目标完成度的评价标准。[①] 我们依据经验法则发表辩护意见时，不仅应当论证依据的是何种经验法则，还应当论证适用的经验法则本身能否为社会公众所接受，该经验法则为何能得以适用。

（三）具体性

经验法则是客观上存在的不成文法则，是离开具体事实而存在的知识，但经验法则的适用是具体的、有条件的。[②] 简而言之，经验法则并非在任何时间、任何地点均可适用。具体到办理刑事案件中，经验法则必然是在个案中发挥作用，故能否适用经验法则推出待证事实不仅取决于经验法则本身的盖然性，还取决于案件发生时的具体情况，例如被告人、被害人的个人情况、案件发生的时间、地点等要素。例如，办理诈骗罪中，被害人所证称的交易方式明显与通常的交易方式不符，依据经验法则可以认定被害人的陈述不具有真实性，但是，应当注意被害人之前有无参与过同类交易，即被害人是否具有该种交易的经验。如果被害人在本案中是第一次交易，则无法依据经验法则认定被害人的陈述有假。正是因为经验法则具有具体性，现行法律所规定的推定情形均允许辩方提供相反的证据予以反驳，例如《全国部分法院审理毒品犯罪案件工作座谈会纪要》（以下简称《大连会议纪要》）中规定九种

[①] 何雪锋：《法官如何论证经验法则》，载《北方法学》2021年第1期。
[②] 刘春梅：《浅论经验法则在事实认定中的作用及局限之克服》，载《现代法学》2003年第3期。

能推定被告人主观明知的情形的同时，也规定有证据证明确属被蒙骗的除外。而且，辩方提出的反驳也需要结合案件的具体情况，而非单纯提出反驳意见。

鉴于经验法则具有具体性，一方面，我们依据经验法则推出有利于被告人的事实时，应当注意所适用的经验法则能否在本案中适用，若发现本案有特殊之处，应当及时调整诉讼策略。另一方面，控方依据经验法则推出不利于被告人的事实，我们应当结合在案证据分析本案是否存在例外情况，如果例外情况确有可能存在，应尽可能寻找证据加以印证。

二、经验法则在司法论证中的作用

通过阐述经验法则的特点总结出在办案过程中运用经验法则的总体要求，只能从宏观的角度指导辩护工作，并不足以帮助我们在具体案件中应用经验法则。欲掌握经验法则在具体办案过程中的应用方式，需要把握经验法则、推定以及司法三段论三者之间的关系，通过分析三者的关系探知经验法则在刑事诉讼过程中的运作机理，在了解经验法则运作机理的基础上，总结出辩护要点。

（一）经验法则、推定、司法三段论的关系

推定是指从 A 事实（前提事实）推认 B 事实（推定事实）。推定分为事实上的推定和法律上的推定。前者是根据经验法则从前提事实合理地推认推定事实；后者分为允许反证的推定和不允许反证的推定。不允许反证的推定是拟定的推定，实质上是实体法要件的变更。[①] 由于推定被分为事实上的推定与法律上的推定，故应分情况讨论。

1. 事实推定与经验法则、司法三段论

透过事实推定的概念可知，前提事实需要借助经验法则才能推导出推定事实，故经验法则是基础事实与推定事实之间的桥梁。换言之，经验法则是

---

① ［日］田口守一：《刑事诉讼法》（第七版），张凌、于秀峰译，法律出版社 2019 年版，第451 页。

事实推定成立的必要条件，没有经验法则的支持，事实推定不可能成立。例如，有证人称自己距离案发地点有 200 米远，此为基础事实，证人不可能听得清被害人与被告人在案发地点的谈话内容，此为推定事实。基础事实推导出推定事实的依据在于正常人不可能听得到 200 米外的说话声，此为经验法则。如果没有这个经验法则，不可能仅依据证人距离案发地点远而得出证人听不见案发现场的讲话声这一结论。经验法则的缺失会导致基础事实与推定事实无法建立联系。

虽说经验法则是事实推定成立的必要条件，但仅凭经验法则本身并无法从前提事实推导出推定事实，这一推导过程必须借助论证方式或论证工具。经验法则与前提事实只是得出推定事实所需要的论据，推定事实作为结论不可能由论据直接得出。论据与结论需要推理关系将二者联系起来。将论据与结论联系起来的论证方式正是司法三段论，经验法则是大前提，基础事实是小前提，而推定事实则为结论。试举一例，根据经验法则，如果行为人知道自己携带的是违禁品，遇到检查时必然会丢弃，而现有证据证实的事实（基础事实）为行为人在被检查时丢弃了物品，后在行为人丢弃的物品中查获毒品，由此得出结论（推定事实）——行为人知道自己携带的是毒品。因此，事实推定与经验法则、司法三段论之间的关系是，经验法则是事实推定成立所需的论据，司法三段论是事实推定成立所需要的论证方式。

2. 法律推定与经验法则、司法三段论

法律推定虽由法律直接进行规定，但仍然借助经验法则。一言以蔽之，经验法则是法律规定推定的依据。无论是允许反证的推定抑或不允许反证的推定，立法者在立法过程中均以经验法则作为推定的根据。《大连会议纪要》规定了若干种推定被告人对毒品主观明知的情形，实质上就是将社会生活中盖然性较高的经验法则以司法解释的形式固定化，同时规定可以反证，此为允许反证的法律推定。因此，允许反证的推定既存在于立法过程中，也存在于事实认定的过程中。在事实认定中，允许反证的推定对经验法则的适用基本与事实推定无异，经验法则均充当推定成立的论据角色。

然而，由于不允许反证的推定实质上变更了实体法要件，从刑法条文上难以看出该种推定确系以经验法则为根据。例如,《刑法》第292条第2款规定,聚众斗殴,致人重伤、死亡的,依照本法第234条、第232条的规定定罪处罚。从该规定的表述,无法看出作为前提事实的聚众斗殴致人重伤或死亡行为与作为推定事实的故意伤害行为或故意杀人行为之间存在何种经验法则。其实,经验法则在不允许反证的推定中的适用并不存在于事实认定过程中,而仅存在于立法者的立法过程中。换言之,立法者在立法时已对经验法则进行适用,认定推定事实的时候只要求前提事实成立,无须考虑经验法则能否在个案中适用。

允许反证的推定在立法以及个案裁判中均会适用司法三段论,故三者的关系与前文相同,不再赘述。但不允许反证的推定仅在立法中适用司法三段论。以聚众斗殴罪为例。根据罪责自负原则,在聚众斗殴过程中应将打伤或打死被害人的行为人以故意伤害罪或故意杀人罪定罪处罚,而首要分子与积极参加者主观上仅有危害公共秩序的故意,不应让首要分子、积极参加者承担故意伤害或故意杀人的罪责。但是,立法者以前提事实与经验法则为论据,借助司法三段论,推导出首要分子与积极参加者具备杀伤的故意。大前提是组织聚众斗殴的人会预见到造成他人重伤或死亡的结果,小前提是聚众斗殴导致被害人重伤或死亡,从而推导出聚众斗殴致人死伤的结果是组织者可以预见的。即便最终无法查明具体是谁实施了杀伤行为,首要分子与积极参加者均需对被害人的死伤负责。由此可知,司法三段论在法律拟制中仍是必备的论证方式。

综上,推定、经验法则、司法三段论三者的关系可总结为,经验法则是推定成立的必备要素,司法三段论是推定成立的必备论证方式,经验法则是司法三段论中的大前提。在事实推定与允许反证的法律推定中,经验法则与司法三段论均适用于个案裁判中,而在不允许反证的法律推定中,经验法则与司法三段论仅存于立法过程中。

（二）在司法三段论框架下运用经验法则的辩护要点

通过前述内容可知,经验法则作为推定的根据,在司法三段论的框架下方可发挥作用。刑事诉讼过程中,控方依据经验法则构建指控事实、审判者依据经验法则认定事实，均系根据司法三段论的逻辑形成。可见，辩方需围绕司法三段论这一框架开展。辩方可以从三个方面对控方的指控进行驳斥，即作为论据的大前提、小前提以及论证方式。

1. 质疑大前提——经验法则

前文已阐明经验法则具有盖然性、抽象性，而实践中，控方有时所依据的经验法则盖然性较低甚至只是纯粹的偏见，有时所谓的"经验法则"只是控方自己的个人经验，并未上升为法则。辩方需质疑控方所依据的经验法则，经验法则如果不成立，则控方的指控事实自然无法成立。其实，经验法则是否成立也需要论证，只不过论证经验法则的方式是归纳推理。由于多数情况下只能进行不完全归纳推理，故相比于演绎推理，归纳推理的可靠性明显较低。若控方所依据的经验法则盖然性较低，我们可以指出控方所依据的经验法则在本案中得以适用的可能性低，无法推出不利于被告人的事实。

针对控方运用错误的经验法则，辩方可从正反两方面质疑。从正面看，辩方可以使用归谬法，借助控方依据的经验法则得出荒谬的结论，从而间接指出控方所依据的经验法则并不可靠。从反面看，辩方可以借助控方依据的经验法则得出与控方相反的结论。以此方式驳斥控方依据的经验法则，需要辩方进行类案检索，找出基础事实相似，而裁判事实与本案中控方所构建的事实大相径庭的案例。如果控方所依据的经验法则盖然性高，辩护的着重点应在基础事实。

需注意，尽管法律拟制的规则是依据经验法则，但是辩方不能通过质疑经验法则进行辩护。法律拟制已经将犯罪构成要件进行了调整，辩方不可能质疑经验法则从而修改犯罪构成要件。因此，控方依据法律拟制规定构建指控事实的情况下，辩方只能着眼于瓦解基础事实。

2. 否定小前提——基础事实

经验法则的具体性决定了经验法则的适用必然要借助明确的基础事实，否则二者之间无法建立涵射关系。换言之，基础事实清楚是经验法则适用的前提。在控方所适用的经验法则盖然性高甚至为相关司法解释所认同的情况下，辩方可以着眼于否定控方依据的小前提。否定控方小前提有两种路径。

一为重构基础事实，依据现有证据对指控事实进行修改或补充，从而使得控方依据的经验法则在本案中无法适用。有时哪怕仅有一处细节被修改，都会导致经验法则无法与基础事实形成涵射关系。二为瓦解基础事实，辩方通过质证，拆解指控事实所依据的证据体系，从而动摇基础事实。在基础事实不清的情况下，控方的指控事实将成为无本之木。

3.驳斥论证方式

经验法则与基础事实作为司法三段论的论据，均系辩方驳斥的对象。其实，论证方式亦可予以驳斥。论证方式是论据与结论之间的推理关系，司法三段论属于演绎论证。控方适用司法三段论构建指控事实固然正确，但有时控方在此基础上还运用类比论证推出对被告人不利的事实。例如，控方依据某煤炭企业有办理扩储手续需要这一事实，推出该企业老板有伪造国家机关公文的动机，进而推出其主观上存在伪造的故意。依据煤炭企业有办理扩储手续需要，结合经验法则，至多只能推出企业老板具有作案动机。若以此推出其有主观故意，则存在逻辑上的跳跃，属于以部分事实推出全部事实。因此，在诉讼过程中，辩方对控方依据的论证方式需予以关注。

三、经验法则在各罪辩护中的适用

将经验法则适用于各罪辩护中，无论是驳斥指控事实抑或构建有利于辩方的事实，均需遵循司法三段论的逻辑结构，将经验法则作为大前提、基础事实作为小前提，依据演绎论证得出结论。换言之，利用经验法则在任何类型案件中开展辩护均需借助司法三段论。但是，鉴于各类案件特点不尽相同，针对不同类型案件，辩护过程中应有所侧重。

（一）在具体案件辩护中适用经验法则的基本要点

分析经验法则能否适用于具体案件，一方面，需考虑所适用的经验法则的盖然性、抽象性；另一方面，需考虑该经验法则的具体性。前者属于作为大前提的经验法则适用问题，后者属于作为小前提的基础事实认定问题。

在办理具体案件的过程中，相比于分析经验法则能否适用，对基础事实的认定显得更为重要。经验法则能否得以适用，控辩双方在诉讼过程中均不易判断，裁判者亦较难把握，毕竟经验法则不同于法律规范，经验法则并非具体的规则。但是，用以证明基础事实的证据是现实存在的，故在实际办案中，辩方的重心应多倾向于对案件的证据分析，主要包括三方面要点。

首先，在适用经验法则时应注意寻找证据。任何类型的犯罪，对经验法则的适用都是在证据能够证实基础事实的前提下开展的。例如，在毒品犯罪中，被告人称自己只是帮助他人带东西，不知道所带的物品中含有毒品，自己属于被蒙骗的。诚然，依据经验法则，他人所委托携带的物品，一般人都不会打开仔细查看。但是，仅有经验法则并不足够，还应当寻找能够佐证被告人这一辩解的相关证据，比如与被告人同行的人员证言，被告人到机场、码头、车站的监控视频，交付物品的人是否真实存在，被告人与交付物品的人的关系等。虽说不要求我们应将被告人的辩解证明到证据确实、充分的程度，但是，至少应证明到足以动摇法官的心证的程度。

其次，适用经验法则应当结合案发时的具体情况。例如案件的环境，涉案人物的身份以及人物之间的关系。例如，在胡某某运输毒品案中，能够证实的是胡某某是一名农村客运司机，那么作为一名司机在服务过程中走哪条路的选择权在乘客，司机只需要执行即可，由此认定胡某某主观上并非为了绕开检查而选择绕远路，从而认定其并没有运输毒品的主观故意。[1] 再例如，杨某某运输毒品案中，杨某某与另一被告人系父子关系，杨某某的一系列行为如果只在父子关系下进行判断都是符合常理的。[2]

最后，辩护人在利用经验法则否定控方所构建事实的同时，还应结合经验法则主动构建有利于被告人的事实，这样法院才能有根据地"存疑有利于被告人"。例如，霍某职务侵占案中，被告人一方主张处分投资款系经刘某甲授权，结合霍某在处分投资款时，刘某甲长时间不闻不问的事实，根据公司股东对他人擅自处分投资款必然会过问之常理，法院认定不排除刘某甲授权

---

[1] 云南省高级人民法院（2016）云刑终 127 号刑事判决书。

[2] 云南省怒江傈僳族自治州中级人民法院（2019）云 33 刑初 2 号刑事判决书。

霍某处分投资款的可能。① 因此，在辩护过程中，辩护人应结合经验法则做到有破必有立。

（二）各罪辩护中经验法则的适用重点

不同罪名由于犯罪客体、犯罪客观方面、犯罪通常发生的场景等方面存在差异，辩护人所适用经验法则的侧重方面必然有所不同。笔者通过案例检索，总结出毒品类、暴力类、诈骗类案件中经验法则的适用重点。由于暴力类案件是人与人之间的肢体冲突，故办理暴力类案件需要我们了解生活常识、心理常识、医学常识、人们之间的交往习惯等社会经验。诈骗类案件多发于经济往来中，因而需要对社会中通行的交易习惯、交易方式有所掌握。毒品类案件则要求我们首先对《大连会议纪要》中关于主观明知推定方面的规定了然于胸，其次通过研读多份案例对毒品交易习惯有所了解。

掌握不同类型案件所涉及的经验法则固然重要，但是正如前文所言，经验法则能否适用、如何适用更多需要借助于重构或拆解基础事实。因此，适用经验法则对暴力类、诈骗类、毒品类案件进行辩护，需要结合基础事实，在经验法则与基础事实之间来回穿梭，最终形成有利于被告人的推定事实。

1. 暴力类犯罪

暴力类犯罪从案发起因、经过、结果均存在需借助经验法则进行辩护的要点，故被告人与被害人的关系、被害人的伤情、案发时的环境、案发后的被害人报警、就医情况等均系关注对象。

在案件起因上，应审查控方指控的被告人的动机是什么。一般而言，控方都会以被告人、被害人双方曾有过节为依据指控被告人存在施暴的动机。辩方可指出控方所依据的经验法则盖然性低，双方存在过节并不必然导致被告人存在犯罪动机。如果控方未能指出被告人存在任何动机，而诉称被告人无故攻击被害人，则明显与经验法则不符，能以此佐证被告人主观上不存在犯罪故意。

针对案件发生经过，应从三方面考量。首先，注意指控事实中被告人有

---

① 辽宁省盘锦市中级人民法院（2019）辽 11 刑初 14 号刑事判决书。

无反常行为。例如，在白某某故意杀人案中，指控事实中认定白某某穿着带被害人血迹的裤子逃离现场直至侦查机关提取检验，在此期间白某某一直随身携带，这明显不符合经验法则。[①]在聂树斌案中，原审判决认定聂树斌穿女性的花衬衫同样违背常理。如果发现指控事实中被告人的行为有违经验法则，则有可能该行为并非被告人所实施。其次，涉案人数较多时，如果被告人否认自己参与打斗，辩护人需注意查看被害人、被告人的人身检查笔录，一方面看被害人身上的伤痕有几处、是何种类型伤痕，另一方面看从被告人身上能否提取到被害人的血迹、皮肤组织等与被害人相关的痕迹。之后，依据经验法则判断被告人有无参与。如果被害人身上仅一处伤痕并且从被告人身上未提取到任何与被害人存在关联的物证，依据经验法则，被告人与被害人并不存在肢体接触。最后，即便被害人的伤确系被告人导致，经验法则可以辅助辩护人考察被告人是否具有防卫、拉架等情形。例如，李某故意伤害案中，法院认定被告人行为目的系"夺回汽车钥匙"，所采取"拨开胳膊、按压头部、追赶扑拽"等行为，符合人情常理，亦属正常手段。[②]

最后，通过经验法则审查被害人的事后行为亦可佐证被害人的伤是否系被告人造成。例如，曹某某故意伤害案[③]中，法院认定，发生肢体冲突受伤后，并未造成严重损伤的情况下，及时报警或就医应属常态。自诉人既不积极报警又不及时就医，而是积极向单位请假，客观上拖延处理事件，实不符合常理。法院最终认定，被害人的伤并非被告人造成。

2. 诈骗类犯罪

诈骗类犯罪通常基于经济纠纷而引发。首先应当搞清楚双方具体存在何种经济纠纷。随后，从涉案书证、交易对价、交付行为、被告人拒不履行义务原因四个方面结合经验法则寻找辩护要点。

诈骗类案件中的经验法则主要指的是社会中通常的交易习惯，故前述四个方面均需结合交易习惯判断。（1）涉案书证。例如，在李某诈骗案中，被

---

① 云南省普洱市中级人民法院（2014）普中刑初字第 49 号刑事判决书。
② 山西省高平市人民法院（2020）晋 0581 刑初 120 号刑事判决书。
③ 上海市闵行区人民法院（2017）沪 0112 刑初 304 号刑事附带民事判决书。

害人主张李某答应帮被害人儿子找工作才收了钱，但在案证据显示，李某将农民工保证金结算凭证交给被害人作抵押。被害人有求于被告人，被告人向被害人提供抵押物，与经验法则不符，最终法院未认定被害人主张的事实。[①]（2）交易对价。市场交易习惯通常遵循等价有偿原则，如果被害人证称其交付的对价明显高于标的物本身的价值，则依据常理，被害人的陈述可能虚假。（3）交付行为。根据常理，大额现金交易，双方通常会对钞票进行清点并验钞；贵重物品的交付，双方会对该物进行验货。若被害人证称将大额现金交付被告人，但被告人未点款、验款，甚至未出示任何收据，被害人的陈述可能虚假。（4）被告人拒不履行义务原因。被害人有时会以被告人不履行义务为由控诉被告人诈骗，但被告人不履行义务并非等于其主观上对被害人交付的财物具备非法占有的目的。如果案发当时双方的交易出现某种问题，根据经验法则，自然难以继续履行。例如，马某某诈骗案中，法院认定，马某某辩称为王某办事花费了 10 多万元，王某突然提出不办了，就此事双方一直没有协商，因此没有及时将 30 万元返还，亦符合常理。[②]

3. 毒品类犯罪

运用经验法则在毒品类案件辩护中最大特点是，如果法院要认定被告人无罪，需控方与审判方各自利用经验法则进行推定。例如，李某、王某某运输毒品案[③]。控方所适用的经验法则是"行为人通常知道自己的车上有什么物品"，而基于被告人称自己不知情并且提供了相应的线索，法院依据"受雇于他人开车的情况下难以知悉雇主携带何物"这一经验法则否定了控方的认定。在此过程中，控审两方各自依据经验法则适用了司法三段论。因此，毒品案件辩护中，辩方应主动适用经验法则，推出对被告人有利的事实，而非只是否定控方所适用的经验法则。毒品案件对辩方所适用的经验法则以及构建的基础事实提出了更高的要求。

毒品类案件欲利用经验法则辩护，所依据的经验法则盖然性的要求更高。

---

① 辽宁省葫芦岛市中级人民法院（2015）葫刑终字第 31 号刑事判决书。
② 兴城市人民法院（2018）辽 1481 刑初字第 31 号刑事判决书。
③ 云南省昭通市中级人民法院（2017）云 06 刑初 9 号刑事判决书。

反观诈骗类犯罪，由于多数是基于一定的经济纠纷而引发，案件发生的原因具有多种可能性，法官有时并不会拒绝适用盖然性较低的经验法则。

笔者在前文中曾阐述经验法则的适用必然要借助基础事实，二者形成涵射关系方可得出推定事实。相比于暴力类案件以及诈骗类案件，毒品案件特别强调基础事实需要有证据加以印证。例如，在骆某某运输毒品案中，有大量的证据能够佐证骆某某的辩解是有根据的，骆某某辩称毒品是与其同行的人放置的。[①] 第一，毒品的包装上确无骆某某的指纹；第二，确有照片显示，骆某某的车上当时有四个人。此时，控方适用推定所依据的基础事实已发生改变，辩方所构建的基础事实对法官的心证已产生撼动，故法官认定控方的推定事实不成立。可见，辩方欲重构基础事实，阅卷时应重点关注被告人的个人情况，比如年龄、职业、过往经历等，以及案发过程中被告人的通信情况、行走路线，构建出有利于被告人的基础事实，方可适用不同于控方的经验法则，推定事实。

---

① 骆小林运输毒品案，参见最高人民法院刑事审判第一、二、三、四、五庭主编：《刑事审判参考》,（总第99集），法律出版社2015年版，第98—102页。

经验法则在刑事质证及辩护中的运用

杨　岚[*]

一、经验法则的概念、特征与地位

尽管法律层面或学术层面对如何界定经验法则尚无定论，但就其内涵而言，正如"经验法则"四字一般，既可以单纯作出以"法则性的经验"般直观、概括性理解，也需要再进一步探究适用"经验法则"中"经验"的内涵与外延为何，"法则"属性又对"经验"是否界定及作出何种限定。

（一）概念

追根溯源，经验源于生活，是人们对生活中客观事物形成的内心认识（比如说"火是烫手的"）或对事物之间关联程度的认识（比如说"如果某地下雪了，那么某地大概率是冬天"）。但与此同时，经验亦区别于认识，认识可以基于"一事一认识"而形成，而无论该事件的发生可能性、发生频率大小，是人们内心对外界事物及其联系形成的"实时性结论"，但经验法则意味着该认识应当具有一定可能性和一定频率，是人们经过一段时间通过观察所得的对同类事物或同类事物之间联系的剥离出具有极其差异化的个例特征，进而具有一般概括性、总结性的结论。

对于"法则"一词，一般作"规律"等类似于"具有普遍性、共识性的结论"理解，但置于经验法则语境而言，鉴于经验已经是经过提炼的概括性结论，经验与法则二者在本质上都是一种或然性结论，故探究法则的规则意

---

*　北京尚权律师事务所实习律师。

味在此是否存在起到进一步限定结论或然性的作用，实为咬文嚼字，没有必要。因此，在此基础上理解经验法则中"法则"，应当视为对适用经验时的场合性、情境性描述。比如，人们在日常生活中会使用"根据我的经验来看，火会烫手"等类似句式，而不是"根据我的经验法则来看，火会烫手"这样的句式。而相较于日常生活场合，在法律上，经验法则显然更多出现于适用法律、裁判说理的语境之下。

综上，如一定要对前述理解作以规范性陈述，本文认为，经验法则系人们从生活经验中归纳获得的关于事物属性状态或因果关系的具有普遍性、共识性、或然性的认识。

（二）本质特征

1.经验法则是人们的一种认识，而非被认识对象本身

如前例所述，如人们只是单纯地就某一事物识别为"火"，这仅仅是使得该事物区别于其他事物的概念，并非经验。但如果人们提出"火是烫手的"，则意味着是人们对火这一事物的属性认识，并非指代火本身。

2.同时具有规律性与可反驳性

这种认识是基于归纳的结果。一方面，经验法则在很大程度上基本反映了事物的性质和状态，是事物或事物间联系的常态化表现，因而具有一定规律性和规则性；另一方面，归纳法本身的不完全性使得经验法则并不一定全都真实或完全、充分反映事物的性质或事物存在的客观规律，这就产生经验法则的可推倒性和可反驳性。例如，如果甲不慎跌入水中，而站在一旁的乙却站在岸边不动，则应当认定甲存在"见死不救"的故意。这一推定虽然具有成立的极大可能性，但亦不能排除乙是盲人的特殊个例。

3.经验法则的形成整体上受制于判断主体的社会阅历、教育背景、从业经历、道德素质，也取决于包括但不限于经济发展、市场供求关系、风俗习惯等特定社会背景

比如说，同样对于"甲看见老人跌倒后，扶起送至医院后并支付医药

费"这一行为，一部分人可能基于"只有做贼心虚的人才会'无缘无故'替陌生人支付医药费"的经验，得出"甲就是撞到老人的人"这一结论，但也有一部分人会认为"看到老人跌倒并送至医院，甚至垫付医药费，是一个善良的人下意识而顺理成章的行为"，进而得出"甲只是一个路过的好人"这一结论。

4. 鉴于人们获得经验的方法和途径不同，不同经验法则之间具有盖然性上的差异

按照德国学者汉斯·普维庭对经验法则分类视角来看，大致可以划分为以下四个类型：（1）对于生活规律类经验，即"如果在地球上，太阳总是东升西落"类关联，其盖然性基本等同于数学上可以证明的必然性；（2）对于经验基本原则，即"如果是沙漠，则大多数情况下不会有水源"类关联，其盖然性较高，但不排除微弱程度的例外性；（3）对于简单的经验规则，即"如果是苹果，则可能是红色的"类关联，其盖然性一般，需结合其他特征如该苹果的产地，以进一步确认该苹果是红色的，而排除绿色的可能性；（4）经验中亦存在纯粹的偏见，即"男人总是比女人优秀"类关联，而完全没有作为判断依据的可能性。

5. 根据概率理论，经验法则推定事实存在的概率是基础事实发生概率与经验法则概率的乘积

前述关系用公式表示即"基础事实概率 × 经验法则概率 = 推定事实概率"。其中，尽管法律并非数学实验，即便立足于某一个案进行透彻分析，无论是基础事实概率，还是经验法则概率，都确实无法量化出精确数字，这也就使得这一公式在实践中并无实际运用意义。但应予肯定的是，这一公式表明了适用经验法则所产生的不确定性程度：不仅仅要考虑该经验法则本身的盖然性，还需要考虑基础事实并非对客观事实的完全还原，基础事实亦存在一定盖然性，这就使得二者推论最终的盖然性出现"80% × 80%=64%"的状态，以警示适用者使用经验法则将可能产生的极大偏差。

（三）地位

1. 三段论逻辑分析中的大前提

既然经验法则为司法裁判语境所使用，而司法裁判过程即为对事实进行法律评价的过程，故探究经验法则地位问题时应明确经验法则在法律适用中的地位。法律适用过程是"逻辑三段论的演绎推理方式"在司法过程中的一种应用①，而经验法则作为一种主观认识与判断，其不是被认识对象本身，故绝非三段论中的小前提，换言之，经验法则因其性质使然，天然具有三段论中大前提地位。这一点在2010年《关于办理死刑案件审查判断证据若干问题的规定》第5条、第33条和最高人民法院《关于适用〈中华人民共和国刑事诉讼法〉的解释》第75条、第105条中有所体现。

但需要明确的是，大前提地位并不意味着经验法则具有与法律规范同等的法律适用效果，在此需要区分司法三段论与作为一般逻辑分析方法的三段论演绎推理。司法三段论的大前提是法律规则，属于具有普适性的规范性陈述②，其适用结果是将产生确定性的法律结论。尽管经验法则中部分已经立法化，但该部分已经立法化的经验法则亦因上升至法律层面而获得了法律意义上的确定性，进而不再具有适用经验法则的或然性特征。

2. 自由心证的内在结构与内在制约

自由心证是指法律对证据的证明力不作预先规定，裁判者基于经验法则和伦理法则，对经合法调查的证据进行合理判断，以形成确信，从而认定案件事实。③区别于"神示证据制度""法定证据制度"，"自由心证证据制度"的最大特点即在于"以释放法官主观能动性为基础，法官自由判断证据是否具有证明力及其大小"。④

基于此，恰恰可以看出经验法则与自由心证的关系：一方面，自由心证的内在结构对应着"经验法则"中的"经验"属性。在"神示证据制度"中，

---

① 卢佩：《"法律适用"之逻辑结构分析》，载《当代法学》2017年第2期。
② 韩登池：《司法三段论——形式理性与价值理性的统一》，载《法学评论》2010年第3期。
③ 秦宗文：《自由心证研究：以刑事诉讼为中心》，法律出版社2007年版，第28页。
④ 汪海燕：《印证：经验法则、证据规则与证明模式》，载《当代法学》2018年第4期。

对证据进行审查判决的权威依据是"神的启示",换言之,裁判者以"被神所告知的规则"为判断标准;在"法定证据制度"中,这一权威依据则是"法律的预先规定",即裁判者以"被社会共同体所确认的、以该共同体强制力为依托的规则"为判断标准;而在"自由心证证据制度"中,这一权威依据则转变成"经裁判者个人合理判断所形成的内心确认",即"伴有个人经验与逻辑推理而形成的、为个人所认识和适用的规则"。自由心证确保了司法裁判不再受制于外界的绝对性强制干预,使得证据审查判断成为一种内心活动过程,而这种内心活动的完成显然无法与裁判者在长期生活与工作中形成的经验完全相脱离,因而"经验"也就成为裁判者自由心证过程中虽或多或少,但必不可少的烙印之一。

另一方面,自由心证应受到的内在制约对应着"经验法则"中的"法则"属性。鉴于每一司法裁判的合理预期应当是能够在最大程度上实现定分止争,因而也就要求摆脱了"神的启示""社会共同体确认的预先规则",而仅基于裁判者个人的自由心证所得出的结论依然具有较高的说服力和可信力。这就意味着,裁判者所依托的规则应当能够为当事人所认识,进而在最大程度上认同并信服。此时,裁判者的个人经验显然就不能"堂而皇之地混迹"于其中,而该经验应当具有一定的规律性和盖然性,否则,自由裁判将演变成为随意裁判,裁判结果亦会产生司法不公。

3. 司法裁判说理中的隐形存在

正如上文所论证的,在证据碎片黏合成完整事实,进而再进行法律评价的诉讼活动之中,证据与事实、事实与法律之间始终存在或大或小的主观判断空间,这为法官心证提供必然性,而在此过程中,经验法则与逻辑分析成为尽量确保法官心证兼顾实质与形式的有效工具。然而,作为法律适用中不可或缺的一环,经验法则在裁判说理中却并无相应地位。从本文于2021年2月8日分别以"经验法则""经验法则/常理/常情/生活经验"为关键词,限定刑事案由进行的案例检索结果来看,前者检索结果为521件,后者检索结果为49983件,后者出现的频率远远大于前者,约近96倍。显然,对于法官而言,经验法则是一把双刃剑,带来内心确信的同时,也迫于其盖然性而尽量避免使其完全公开与透明，以防止有损司法权威性。

二、三则案例：经验法则的典型适用情形

（一）评价证据：A 等五人故意杀人案[①]

【案例1】经一、二审法院认定，A、A1 等五人有以下犯罪事实：2003 年 4 月 6 日中午，A 约杨某辉晚上在其家中见面。当晚 10 时许，杨某辉至 A 家中与 A 坐在床上边看电视边聊天，因 A 不满杨某辉介绍女孩子外出打工的生意没有让其参与，两人发生争执，A 即用右手掐住杨某辉的脖子，将杨某辉顶在床头墙壁五六分钟，致杨某辉机械性窒息死亡。后 A1 等其他人在隔壁房间听到响声到 A 房间查看，见被害人杨某辉倒在地上，A 等三人商定分尸抛尸，并共同将被害人抬至一楼浴室。后 A 等三人在浴室地板上，使用从厨房取来的菜刀作为工具进行分尸，而后，驾驶农用拖拉机将尸块运至柘荣县城郊乡福基岗村石楼坪山上一废弃的旧房子内予以抛弃。

然而，上述认定事实除缺乏客观性证据证实，如杀人现场未提取到被害人相关物证或生物痕迹、抛尸现场未检见被告人生物痕迹等，以及 A 等五人有罪供述的真实性存疑情形外，该案证据的证明力亦存在明显不足之处，尤为体现在分尸地点、分尸工具的有违常理之处。

原判认定的分尸地点是浴室地板。据现场勘验笔录记载：浴室地板南北向约 158 厘米，东西向约 74 厘米，靠北的墙边有 40×50 厘米的洗脸台。尸体勘验笔录显示，被害人身高推断为 155—160 厘米。而事实上，按照各原审被告人供述，被害人头朝里，脚朝外平放，浴室刚好容纳被害人尸体，且头部需置于洗脸台下，在如此狭窄空间多人实施分尸，且未提取到任何与被害人相关联的生物痕迹，不符合常理。原判认定的分尸工具菜刀和砧板，系侦查机关 2003 年 4 月 24 日从 A 家厨房提取，距案发时间 2003 年 4 月 6 日已有 18 天，而 A 家属仍将菜刀和砧板置于厨房使用，与日常生活忌俗相悖。

---

① 福建省高级人民法院（2017）闽刑再 4 号判决书。

（二）认定事实：B 等人利用未公开信息交易案 [①]

【案例 2】本案涉及在 B 等人拒不供述其犯罪事实的情形下，如何认定 B 等人存在利用获取未公开信息的职务便利条件从事相关证券交易行为的事实：一方面，自 2008 年 7 月 7 日起，某基金公司为交易管理部债券交易员 B 个人账号开通股票交易指令查询权限，借此，B 有权查询证券买卖方向、投资类别、证券代码、交易价格、成交金额、下达人等股票交易相关未公开信息，直至 2011 年 8 月 9 日权限关闭。另一方面，2009 年 3 月 2 日至 2011 年 8 月 8 日期间，牛某、宋某祥、宋某珍（均系王某父亲 B1 及王某母亲 B2 亲友）的证券账户，在同期或稍晚于 B 所在基金公司时段操作进行证券交易，交易金额共计 8.78 亿余元，获利共计 1773 万余元。

就前述基础信息，简化来看包括两方面内容：一是 B 的权限范围，二是 B 的远亲属的账户交易情况。上升至法律评价层面，前者可以认定 B 存在获取未公开信息的可能性和条件，完成"利用信息"这一行为的可能性论证；但后者能否作为认定 B、B1、B2 利用未公开信息进行交易的定案事实，由于获取信息主体与操作账户主体不同，"利用信息进而交易"这一结论中的因果关系尚需要证据予以证实。然而，B、B1、B2 对此均未承认，均辩称"证据不能证实 B 向 B1 传递了未公开信息及 B1 利用了 B 传递的未公开信息进行证券交易"。

从一般经验和事物规律出发，在不存在直接证据的情况下，如何认定 B "获取未公开信息"与 B 亲属"进行交易"两个行为之间存在关联性，或可从以下角度考量：第一，两个行为在时间上是否相近；第二，两个行为是否指向相同或相近内容；第三，两个行为是否存在异常；第四，获取信息主体是否存在向操作账户主体传递信息的可能性；第五，操作账户主体是否存在获取信息的其他渠道或对操作行为具有其他合理解释。

如对前述问题的回答是"时间相近、内容相同、存在异常、具备传递信息可能性、不存在获取信息的其他渠道且不能解释其操作理由"，而不是"时间错开、内容不同、没有异常、不具备传递可能性、存在获取信息的其他渠

[①] 重庆市第一中级人民法院（2015）渝一中法刑初字第 00162 号判决书。

道或能够解释其操作理由"，那么就内心将形成的基本判断来看，前者似乎已经基本证实"利用信息进而交易"这一行为系极大概率事件，相应地，"获取信息"与"进行交易"不存在关联的主张则难以证成。

而事实上，综合案例2的证据，确实呈现出了前一答案。且对这一初步判断而言，辩护人亦未提出任何有力反证：从B1和B2的年龄、从业经历、交易习惯来看，二人不具备专业股票投资人的背景和经验，并始终无法对交易异常行为作出合理解释。除此之外，本案另存在"B在证监会到基金公司对其调查时畏罪出逃，且离开后再没有回到某基金公司工作，亦未办理请假或离职手续"这一情节，B逃跑行为及理由明显不符合常理，无不再次印证了法官内心对B等人"利用未公开信息进行交易"的内心确信。

（三）主观推定：C故意杀人案①

【案例3】C与杨某到酒吧找杨某女友喝酒。凌晨4时许，杨某与同酒桌喝酒的罗某新发生争吵，罗某新先用酒瓶掷中杨某致其流血，C则起身质问罗某新，罗某新又持玻璃酒瓶砸击C头部致其流血，C遂用拳脚还击罗某新，两人发生对打。罗某新因打不过C转身逃往珠江边，C紧追几米后将罗某新打倒在地并骑在罗某新身上继续殴打，罗某新挣扎起身，随后落入珠江并在水面上浮游。

罗某新同伴闻讯先后赶到岸边并试图通过伸出手脚让罗某新攀拉、指引罗某新游往附近可上岸的石梯等方法救助罗某新上岸，C则在岸上朝河里的罗某新叫喊威吓并采取脚踢、言语恐吓等方法阻止罗某新同伴救助罗某新。后罗某新的尸体在附近水面被发现。经鉴定，罗某新系因溺水死亡。

就前述C涉案行为（C殴打罗某新至珠江边，罗某新落入珠江，以下简称行为事实一；C阻止罗某新自救上岸并阻止他人救助罗某新上岸，以下简称行为事实二）所反映的主观内容，控辩双方及一二审法院均持有不同态度：

---

① 广东省广州市中级人民法院（2018）粤01刑初260号判决书、广东省高级人民法院（2020）粤刑终168号判决书。

序号	主体	结论	论证
1	公诉人	伤害故意	被告人 C 为此追打被害人罗某新，并将被害人罗某新打倒在地。后被害人罗某新从地上爬起并退至江边，已无还手之力，被告人 C 继续殴打被害人罗某新，致被害人罗某新跌落珠江里；随后，被告人 C 又以语言恐吓被害人罗某新朋友，阻止施救行为，从而导致被害人罗某新溺水死亡
2	辩护人	过于自信的过失	罗某新系自己掉落水中，证人指证 C 用膝头将罗某新顶入珠江的证言是孤证，C 没有将罗某新推打入水，没有在罗某新落水后阻止他人施救，对罗某新的溺水死亡没有故意而只有过失责任
3	一审法院	伤害故意	罗某新被 C 追打至江边，已经没有还手之力，C 仍继续殴打罗某新，存在故意伤害他人身体健康的主观故意；在罗某新跌入珠江后，C 还向河水中的罗某新叫嚷继续打架，其故意伤害行为具有连续性，故本案认定 C 的行为构成故意伤害罪
4	二审法院	杀人故意	罗某新落水时正值深秋凌晨时分，气温水温较低，落水处江宽水深、水情不明且附近缺乏救助设备或设施，罗某新落水前已长时间大量酗酒且历经斗殴追逐而体力不足、判断力下降，自救能力严重削弱，落水后如果没能及时获救，必然会在短时间内溺水死亡，而 C 作为一名智识正常的成年人，应当明知罗某新落水后面临死亡的紧迫危险而非健康受损的危险，然而不仅不积极施救以消除该危险，反而伙同他人采取阻吓罗某新自救和他人施救的行为加剧以至于促使实现了该危险，根据社会经验法则，应当认定 C 主观上具有明知自己的阻吓行为会导致发生罗某新死亡的结果并且希望该结果发生的直接故意，而最终罗某新也溺水死亡，因而应当认定 C 的涉案行为构成故意杀人罪而非原判认定的故意伤害罪

　　没有异议的是，C 在行为事实一中始终持有伤害故意，且行为事实一与行为事实二之间存在行为上的连续性，即具有刑法上的因果关系。但不同的是，公诉人及一审法院均未另行考察伴随事实二中客观条件变化，C 的主观心态是否发生变化，因此，鉴于罗某新死亡结果而将 C 的行为评价为故意伤害（致人死亡）。

　　二审法院则在如何认定 C 的主观心态上有所分歧：第一，正值深秋凌晨，天气严寒而水温较低，可见度低，客观环境使得罗某新自救较难；第二，罗某新是因喝酒后与人殴打而落入江中，体力已经耗尽，其自身自救能力也已经被严重削弱；第三，C 对于罗某新所面临的现实迫切危险，不仅不施加援手，反而"伙同他人采取阻吓罗某新自救和他人施救的行为加剧以至促使实现了该危险"。综上，根据社会经验法则，C 系明知罗某新死亡结果并希望该结果发生的直接故意。

　　显然，主观心态存在于行为人的内心之中，诉讼中各主体只能通过证据碎片拼凑"重现"案件事实，对行为人的主观心态进行推定。二审法院考虑当时的特定时空条件，尤其"切身描述"了罗某新落入江中所面临的死亡现实危险，进而就 C 的不作为行为作出"故意杀人"而非"故意伤害"的定论，无疑是将心证中的经验法则适用过程予以公开，值得肯定，且其论述亦符合社会大众的一般经验，不无道理。

三、经验法则在刑事质证与辩护中的运用

　　经验法则的证据评价、事实认定、主观推定功能是其在诉讼活动中的客观作用，而不论使用主体。如对法官而言，经验法则是形成其内心确信过程中或多或少而必然存在的一部分，那么对辩护人而言，就有必要质疑这一适用是否合理。下文试结合案例 3 对经验法则适用过程予以说明。

（一）基本方法

1.识别可适用的经验法则，并提出初步假设

　　根据相关证据，确认案件基本事实，初步判断本案中可能会适用的经验法则，并基于该经验法则的适用结果，挑选出对个案定罪量刑可能产生影响的经验法则。以案例 3 认定 C "阻止罗某新自救且阻拦他人救助"这一行为的主观心态为例，基本事实（以法院认定为准，本文省略此过程）及相应经验判断大致列举如下：

序号	基本事实	经验法则	判断
1	C与罗某新系因当晚喝酒相识	第一次见面的陌生人之间一般不存在蓄意伤害或杀害的故意	C在与罗某新发生打斗前，没有伤害或杀害罗某新的故意
2	10月23日凌晨4时许，因猜枚喝酒，罗某新与同桌喝酒的杨某（C朋友）发生争执，罗某新突然持玻璃酒瓶（或杯）砸（或掷）击杨某头部致其流血。C见状质问罗某新，罗某新又持玻璃酒瓶砸击C头部致流血，C遂还击罗某新，两人发生对打	人被打了之后第一反应大多是同样再"打回去"	C产生伤害罗某新的故意
3	罗某新不敌C，转逃至珠江边，罗某新挣扎起身，随后落入珠江并在水面上浮游；罗某新朋友闻讯先后赶到岸边并试图通过伸出手脚让罗某新攀拉、指引罗某新游往附近可上岸的石梯等方法救助罗某新上岸；C及杨某在岸上朝河里的罗某新叫喊威吓并采取脚踢、言语恐吓等方法阻止罗某新朋友等人救助罗某新	（1）互殴过程中，占据优势地位一方大多会顺势将弱势一方置于更不利的境地，以防反击，但止于此为限；（2）互殴过程中，双方对彼此的恶意一般均会不断上升，激烈情形下可能达到"置之于死地"的程度	（1）C阻止罗某新自救并阻止他人救助，仍系伤害行为的概括故意；（2）C阻止罗某新自救并阻止他人救助，系出于杀人故意

2. 收集个案信息，验证初步假设的真伪

就经验法则适用存在分歧之处，一方面，将该特定经验法则结构化，拆解该经验法则中的核心要点，根据抽象性核心要点收集、组织个案当中对应证据及相关证据；另一方面，考虑本案是否存在其他有所影响的客观因素。就上文案例3所示，认定C系杀人故意或伤害故意的核心即在于对事实3中C行为的主观判断，一般而言，可能存在两种经验法则。因此，有必要围绕这两种经验法则，收集证据及其他客观因素，以判断何者盖然性更高。

序号	经验认识	证据及可能有所影响的其他客观因素
1	互殴过程中，占据优势地位一方大多会顺势将弱势一方置于更不利的境地，以防反击，但止于此为限	（1）证人证言； （2）C供述与辩解； （3）罗某新会一点游泳，但不是很精通（证人罗某联的证言及辨认笔录）； （4）珠江白鹅潭水面于10月22日至23日不同时间点的最高水位、最低水位及涨水、退水的具体涨幅（广东省水文总站广州分站出具的白鹅潭水面水位情况）； （5）罗某新全身未检见明显外伤，系因溺水致死（广州市公安局出具的刑事科学技术法医学鉴定书）
2	互殴过程中，双方对彼此的恶意一般均会不断上升，激烈情形下可能达到"置之于死地"的恶意程度	

案例3中，二审法院最终结合季节、水温、罗某新经喝酒打斗等系列行为后的自救可能性而认定"C作为一名智识正常的成年人，应当明知罗某新落水后面临死亡的紧迫危险而非健康受损的危险""C主观上具有明知自己的阻吓行为会导致发生罗某新死亡的结果并且希望该结果发生的直接故意"，这一结论显然系法院认为本案证据及其他客观因素使得经验认识2盖然性更高的体现。

但与此同时，本文认为案三亦存在另一可能：首先，C本身亦为醉酒状态，且行为系凌晨时发生，其认知水平及判断能力均会有所影响；其次，C受到罗某新玻璃酒瓶砸击头部以至流血在先，从常情出发，对罗某新落入水中应更倾向于"幸灾乐祸"而不是施以援手；最后，罗某新落入江中后并非完全无力挣扎，也并未喊过救命（本案中证人证言均未提及），反而尚有能力在水中浮游，且罗某新同伴亦未告知C罗某新不会游泳，综上，对于虽站在岸边但与罗某新处于"敌对"状态，且醉酒至凌晨的C而言，其还能否符合二审判决所述"智识正常的成年人"标准对罗某新所处状态有所认识？而如果C不具备相关认识，对其主观心态亦不应认定为杀人故意。

（二）基本原则：普遍的可接受性与个案的可反驳性

对于辩护人而言，无论是对控方以"适用经验法则认定定罪量刑事实"

提出疑问，还是运用经验法则提出"综合全案证据，存在合理怀疑"的证成，均应以"普遍的可接受性与个案的可反驳性"作为运用经验法则的基本原则。

基于经验法则本质系主观认知的性质，判断个案中有关经验法则的主张能否被采纳、排除或适用，主要是基于经验法则在个案中的"普遍可接受性"，既包括适用前提的客观性和普遍性，也包括适用结果能够符合、至少不有悖于当事人及社会公众的心理预期。这就使得刑事质证与辩护中，无论是提出经验法则以证成，还是质疑经验法则以证伪，均应当在考虑个案经验法则是否具有"经验""法则""与个案相匹配"的基础要素的同时，结合特定时空条件下的心理、社会、价值观等因素，综合判断并提出意见。

（三）最终目标：增强或削弱裁判者的内心确认

落实到个案之中，如何从质证与辩护角度识别或质疑经验法则，则应当以是否能"增强或削弱裁判者的内心确认"为最终目标导向。无论对裁判过程施加何种公正性保障措施，也无论该措施事关程序还是实体，如审判独立、回避制度、以审判为中心、裁判说理、无罪推定等，最终都是为了裁判者的结论更具有唯一性，以实质解决矛盾。显然，在这一诉讼结构中，拥有终局性解决问题并判定各方责任的权力主体即个案中的法官（或合议庭）。

鉴于此，尽管经验法则应当具有普遍性，但是对该普遍性在个案适用中的盖然性大小认定，属于法官（或合议庭）的裁量空间。刑事诉讼中，辩护人服务于犯罪嫌疑人或被告人的利益，应当在法律框架之中，在严守"有所不为"界限的同时，以增强或削弱裁判者的内心确认为目标，毫不动摇地"有所为"。

经验法则在刑事司法中的定性、定量运用

吴国章*

引言

所谓经验法则，是指"人类在长期生产和生活中形成的、以经验归纳和逻辑抽象后所获得的关于事物属性以及事物之间常态联系的一般性知识，这些知识属于常识性的、具有内在约束力的不成文规则"。[1] 在不同的证据理法论中，经验法则也被称为归纳概括[2]、概括[3]、知识概括[4]、经验命题等[5]。经验法则被设想为一切知识和推理的基础[6]，也是我们获取新知识的纽带。司法实务中，"事实认定的本质，是事实认定者运用证据进行经验推论"[7]，再现、重现或者重建过去事实的认识过程。"基于经验的概括是司法事实认定的动力。如

---

* 福建壶兰律师事务所律师。

[1] 张亚东：《经验法则——自由心证的尺度》，北京大学出版社 2012 年版，第 12 页。

[2] 参见［美］罗纳德·J. 艾伦：《证据法：文本、问题和案例》（第三版），张保生、王进喜译，高等教育出版社 2006 年版，第 152 页。

[3] 参见［美］亚历克斯·斯坦：《证据法的根基》，樊传明、郑飞译，中国人民大学出版社 2018 年版，第 78 页。下文为叙述方便，有时候将"经验法则"与"概括"交叉使用。

[4] 参见［美］戴尔·A. 南希：《裁判认识论中的真相、正当理由和知识》，阳平、张硕译，载张志铭主编：《师大法学》（2017 年第 2 辑），法律出版社 2018 年版，第 173 页。

[5] ［美］迈克文·艾隆·艾森伯格：《普通法的本质》，张曙光等译，法律出版社 2004 年版，第 45 页。

[6] 参见［英］约翰·洛克：《论人类的认识》（下册），胡景钊译，上海人民出版社 2017 年版，第 514 页。

[7] 张保生主编：《证据法学》（第二版），中国政法大学出版社 2014 年版，第 40 页。

果没有这些概括（经验法则），司法事实认定将完全不可能。"①因此，可以确定地说，经验法则是检验、确认案件命题事实的牵引器。

司法证明是一种逻辑思维过程。作为一门形式科学，逻辑确实可以保证理性思维和正确推理。但形式逻辑无关思维内容、时间与空间，无法用于检验大前提的概率性或确定性，也无法用于验证案件事实。正如学者所言，"逻辑只构成了法律思维之正确性的必要但不充分条件，它无意、也无力取代法学领域的实质价值判断和经验性证据"。②正如此，美国大法官霍姆斯说，"法律的生命不在于逻辑，而是经验"。③甚至有学者认为，对抗制模式和非对抗制模式发现真相都是通过观察和经验得到的。④所以，逻辑和经验是理性思维的两个维度，缺一不可。

但经验法则在司法证明中到底如何起到以及起到哪些作用，却为理论界所忽视，因此沦为"模糊"论证的一种说辞，甚至成为思维"黑箱"论的一种理由。强调司法证明的经验性，并以此强化对经验法则定性及定量适用的研究，有助于拨开经验法则的模糊外衣，有助于裁判思维的去"黑箱"化，实现裁判的透明度和权威性、正当性。同时，经验法则是一个宽泛性的概念，在刑事司法的适用中存在泛化现象⑤，需要进行有效规制。

经验法则在司法证明中的作用，涉及两个理论问题：一是本体论问题，即经验法则以什么性质的规范实体在司法证明中发挥作用。关于本体论的问题，笔者称之为经验法则的定性运用。二是方法论问题，即经验法则是如何以及在多大程度上对证据推理、司法证明发挥作用的。关于方法论的问题，笔者称之为经验法则的定量运用。

---

① ［美］亚历克斯·斯坦：《证据法的根基》，樊传明、郑飞译，中国人民大学出版社2018年版，第111页。

② 雷磊：《法律逻辑研究什么》，载《清华法学》2017年第11卷第4期。

③ ［美］霍姆斯：《普通法》，冉昊、姚中秋译，中国政法大学出版社2006年版，第1页。

④ ［英］J.D.杰克逊：《刑事诉讼程序中的两种证明方法》，李明译，载张志铭主编：《师大法学》（2017年第2辑），法律出版社2018年版，第195页。

⑤ 参见吴洪淇：《从经验到法则：经验在事实认定过程中的引入与规制》，载《证据科学》2011年第2期。

一、经验法则的定性运用

在刑事司法中，经验法则的定性运用主要体现为四个方面：一是指引性规则，二是法律推定，三是演绎推理中的大前提，四是二阶证据。

（一）指引性规则 [①]

经验法则作为指引性规则是指其在司法证明中起到思维牵引器的作用，会自觉地引导推论者就案件事实向有意义的思维方向推进。经验法则之所以能够发挥指引作用，是因为各种经验类型在我们大脑中形成"经验库"，当我们就刑事案件面临数个竞争性的命题事实而需要作出抉择时，"经验库"中与案件事实最为契合的经验类型就会自动弹出并对案件事实进行比对、检验，引导我们捕捉案件侦破线索、锁定犯罪嫌疑人、确定取证方向、判断证据关联性和证明力等。在实务中，最为常见且经常见诸报端的是警察根据经验法则告破一些疑难复杂的刑事案件。比如在一起硫酸毁容致死命案中，凶手行凶后将门反锁潜逃，一度断了侦破线索。警方经细致勘查现场后，根据经验初步判断死者情妇有重大作案嫌疑，但却无处查找。之后，警方根据"女人犯罪后都会投靠其较亲近的人"这一经验法则，最终在其亲戚家将凶手擒获归案。[②] 在我国的相关刑事规范中，立法者也将经验法则作为一种审查、评价证据或检验案件结论唯一性的依据，经验法则获得了规范地位与价值。比如，最高人民法院在《关于适用〈中华人民共和国刑事诉讼法〉的解释》（下表中简称司法解释）和《关于办理死刑案件审查判断证据若干问题的规定》（下表中简称规定，下文简称《死刑案件证据规定》）中就对经验法则的指引性作用作了规定，见表1所示。

[①]　吴洪淇教授将经验法则的指引性作用称为柔性法律规定。参见吴洪淇：《从经验法则：经验在事实认定过程中的引入和规制》，载《证据科学》2011年第2期。

[②]　徐金波、秦千桥：《武汉警方借鉴李昌钰经验侦破12起砖头杀人案》，载 https://news.sina.com.cn/c/l/2007-02-01/215612203732.shtml，2021年4月25日访问。

表 1　经验法则在规范中的分布情况

规范名称	所在条款	内容
司法解释	第 88 条第 2 款	证人的猜测性、评论性、推断性的证言，不得作为证据使用，但根据一般生活经验判断符合事实的除外
司法解释	第 140 条第 5 项	运用证据进行的推理符合逻辑和经验
规定	第 5 条第 5 项	根据证据认定案件事实的过程符合逻辑和经验法则，由证据得出的结论为唯一结论
规定	第 33 条第 5 项	运用间接证据进行的推理符合逻辑和经验法则

（二）法律推定

"法律推定实际上是对具有高度盖然性的经验性推论的法律确认，它是以立法的形式将这些经验性推论固化下来。"[1] 在刑事法律推定中，最为突出的是刑事实体法（特别是最高人民法院的相关司法解释）上对被告人主观具有"明知"的推定。这些推定都是对具有普遍性经验法则进行概括和提炼，而后通过演绎性推理具体化为法律推定的条款，免除了举证方的举证责任。比如，最高人民法院在《关于审理洗钱等刑事案件具体应用法律若干问题的解释》第 1 条就规定了推定"明知"的一些情形，见表 2 所示。在表 2 所示的前三种情形中，属于违背正常交易习惯的"异常交易"，而正常交易习惯被概括成一种经验法则，"异常交易"是对经验法则的违抗，所以该司法解释反向利用经验法则而形成法律推定。

表 2　经验法则作为法律推定基础的部分规定

所在条款	内容
第 2 项	没有正当理由，通过非法途径协助转换或转移财物的
第 3 项	没有正当理由，以明显低于市场的价格收购财物的

---

[1]　吴洪淇：《从经验法法则：经验在事实认定过程中的引入和规制》，载《证据科学》2011 年第 2 期。

续表

所在条款	内容
第4项	没有正当理由，协助转换或转移财物，收取明显高于市场的"手续费"的
第5项	协助近亲属或者其他关系密切的人转换或转移与其职业或财产状况明显不符的财物的

（三）演绎推理的大前提

威格摩尔认为，从一个证据性事实到一个待证事实的推论类型就是归纳推理，演绎推理仅占据有限且次级的地位。[1] 但实际上，演绎推理在司法证明中是无处不在的，甚至演绎推理所起作用是"潜意识的"，往往"隐藏在证据推理环节的背后，并不显露出来"[2]，以至于忽略了演绎推理在司法证明中的重要作用。只要细心考察每一个推理过程或对每一份证据关联性、证明力的判断过程，会发现这些思维过程都离不开演绎推理的"自觉"运用。司法证明中的演绎推理是以经验法则作为大前提的，在演绎推理语境下，经验法则往往被称为"概括"。所谓概括，也即一个命题或陈述，用以证明证据与假设之间联系的正当性。概括通常是"如果……那么"的陈述，其本质是归纳性的。[3] 以经验法则为基础的概括，"确实发挥了三段论推理的大前提作用"[4]，因为"事实认定者将概括与单个事件联系起来的方式是演绎性的"，"他们通过把未展现出任何特殊个性的单个事件纳入这些常规（概括）之下，从而将概

---

① 参见［英］威廉·特文宁：《证据理论：边沁与威格摩尔》，吴洪淇、杜国栋译，中国人民大学出版社2015年版，第189页。

② ［美］罗纳德·J.艾伦：《证据法：文本、问题和案例》，张保生等译，高等教育出版社2006年版，第152页。

③ 参见［美］特伦斯·安德森、戴维·舒姆、［英］威廉·特文宁：《证据分析》，张保生等译，中国人民大学出版社2012年版，第81页。

④ ［美］罗纳德·J.艾伦：《证据法：文本、问题和案例》，张保生等译，高等教育出版社2006年版，第152页。

括变为'涵盖的一致性'"。① 概括作为大前提并转换为一个三段论推理的模式是:②

在 X 的所有情况下,都有一个 Y 为 0.7 的概率(70% 的似然度)

这是 X 的一种情况

所以,Y 有 0.7 的可能性

在实务中,经常以概括作为大前提进行演绎性推理。比如,判断一份证人证言是否可靠时,往往需要援引这么一个概括:"没有利害关系的证人的证言是可靠的。"然后将该概括与该证人进行比对,检验该证人与案件是否存在利害关系。如果不存在利害关系,则认为该证言可靠,反之则不可靠。在对某一实物证据的关联性进行判断时,会援引相应的经验法则进行推理:与现场有关的实物材料都有可能是案件的实物证据。基于这样的经验指引,就会尽可能地收集与现场有关的实物证据。法庭要求出示书证的原件而不是复印件时,是法官潜意识中的"原件证明力大于复印件"的经验法则起到了思维引擎作用。在前述所援引经验法则的推理中,推论者以经验法则的普遍性概括为大前提,并以此作为推理起点向案件事实靠近,将证据性事实假设为被经验法则(大前提)涵盖的"小前提"进行论证。如果作为大前提的经验法则能够涵盖作为小前提的证据性事实,则可以得出与经验法则所抽象的内容相一致的推论——完成演绎推理。

即使在一些归纳形式推理中,往往也需要以演绎推理作为前提或辅助手段。诚如学者所言,"从特定证据到特定结论——从证据性事实到待证事实——的每一推论步骤都需要通过参照至少一个背景概括来获得证成"③;"大概所有或绝大多数从特殊到特殊的推论,都建立在一个未阐明的概括之上。通常,当一个隐蔽的概括被明确时,所提出的推论依据的归纳推理,就转换

---

① [美]亚历克斯·斯坦:《证据法的根基》,樊传明、郑飞译,中国人民大学出版社 2018 年版,第 79—80 页。

② 参见[美]特伦斯·安德森、戴维·舒姆、[英]威廉·特文宁:《证据分析》,张保生等译,中国人民大学出版社 2012 年版,第 348 页。

③ [英]威廉·特文宁:《反思证据——开拓性论著》(第二版),吴洪淇等译,中国人民大学出版社 2015 年版,第 339 页。

为一种准演绎形式，并迫使概括凸显出来而被假定为大前提"①。最为明显的是在间接证据的归纳推理中，因为首先需要对间接证据的关联性进行证明，就必须引入一个概括来证明证据的相关性——此时概括在证据种类上被称为"间接相关证据"。②比如在美国马萨诸塞州的萨科、万泽蒂持枪抢劫杀人案件③中，控方所出示的证据是由逮捕萨科的警官康诺利提供的证言。他作证说在逮捕萨科时，萨科在警察多次告诫下，仍几次试图将他的手藏在他所穿的大衣下面。后证明萨科的大衣下面藏有一把左轮手枪。在论证该项证据的关联性时，舒姆认为这项推理需要八个步骤，每一步骤都使用了一个基于经验法则的概括，见表3所示。尽管这是一个"臭名昭著的有失公平"的案件，舒姆对每一个步骤推理的分析也未必周全或具有普遍性，但其展示的概括在归纳推理中所起到的演绎性作用，却是非常典型的。

表 3　概括在归纳推理中的演绎性作用

推理步骤	证据或理由	概括（经验法则）
1	警官康诺利出庭作证	经过宣誓作证的警察报告的事件通常会发生
2	萨科确实曾几次试图把手放在大衣下面，警官警告不要这样做	携带有隐藏的武器的被逮捕者通常会试图掌控这些武器
3	萨科打算把左轮手枪藏在他的腰带下	试图隐藏武器的被逮捕者通常会打算用这些武器威胁警察
4	萨科打算威胁说他会对执行逮捕的警员使用左轮手枪	打算对执行逮捕的警员使用武器的人通常很有可能这么做，因为他们想逃离羁押
5	萨科试图从逮捕他的警察手中逃走	试图从执行逮捕的警员手里逃走的人通常意识到自己实施了犯罪行为

----

① 参见［美］特伦斯·安德森、戴维·舒姆、［英］威廉·特文宁：《证据分析》，张保生等译，中国人民大学出版社 2012 年版，第 347 页。

② 参见［美］特伦斯·安德森、戴维·舒姆、［英］威廉·特文宁：《证据分析》，张保生等译，中国人民大学出版社 2012 年版，第 82 页。

③ 参见［澳］安德鲁·帕尔玛：《证明：如何进行庭前证据分析》，林诗蕴等译，中国检察出版社 2015 年版，第 113—116 页。

推理步骤	证据或理由	概括（经验法则）
6	萨科意识到自己实施了犯罪行为	意识到实施了犯罪行为的人很可能意识到自己实施了性质严重的犯罪行为，如抢劫和枪击
7	萨科意识到自己涉及一起抢劫和枪击事件	如果一个人在过去的一个或多个场合实施了严重犯罪行为，则这个人通常清楚地知道实施了这犯罪行为的特有情况
8	萨科清楚记得抢劫和枪击发生在 1920 年 4 月 15 日的南布伦特里	一个意识到实施了特定犯罪行为的人很可能实施了该行为
9	萨科的确承认 1920 年 4 月 15 日在南布伦特里的抢劫和枪击事件	

（四）二阶证据

英美法系的证据法学者将证据分为基础性证据和推论性证据。[①]其中，基础性证据是指具体案件中所能实际收集到的实在证据，也称"一阶证据"，我国刑事诉讼法中所规定的八大类型的证据即属于此类证据。基础性证据所承载的是关于单个事件的信息，而不是关于事件之常规过程中的信息，其确定了当前案件的具体特征，具有个案化性质。推论性证据是指那些在证据推理中发挥大前提作用或中介作用的经验法则（概括），也称"二阶证据"，在性质上总是一般化的，不能揭示与任何单个案件之特征相关的东西，指出了反复出现的规律性。基础性证据只有与二阶证据相结合，并通过二阶证据将基础性信息转换为证据来推动推论过程向前发展，从而推论出待证事实。基础性证据犹如证据事实的碎片，而二阶证据犹如黏合剂，如果没有二阶证据的黏合剂作用，则碎片的证据性事实是无法拼凑成完整的案件事实。因为基础

---

① ［美］亚历克斯·斯坦：《证据法的根基》，樊传明、郑飞译，中国人民大学出版社 2018 年版，第 111 页。

性证据只能证明其自身的存在，它不能仅凭自身证明其他任何事实。基础性证据不具有自动延伸性，无法自动溢出自身信息而产生额外信息。一项信息要成为证据，必须有某些法则引导事实认定者从证据信息中发现某些新的信息，而这个法则便是概括——二阶证据。

将经验法则作为二阶证据，是相对于基础性的一阶证据而言的。这种作用与其作为演绎推理中的大前提是不一样的。首先，经验法则在作为大前提定性适用时，是在演绎推理的逻辑语境中，而作为二阶证据定性适用时，是在如何拓展证据性事实的语境下进行。其次，经验法则在演绎推理中起到大前提的涵盖作用，而在二阶证据语境下，起到补强或拓展证据性事实的作用。比如在缪某某案[①]中，被害人尸体检验报告载明了"尸块断端未见骨折、砍痕及明显切割痕，创缘整齐"的证据信息，该信息本身无法表达尸块是被何种作案工具所致，但通过"锐器可致创缘整齐"的经验法则的补充与指引，我们可以作出被害人尸块乃锋利刀具所致而排除钝器所致的推论。可见，概括作为二阶证据使用时，其是依附于一阶证据而发生补强或中介作用，所以也被称为附属证据，[②]其推论模式如下，完全不同于演绎推理模式：

尸块创缘整齐（一阶证据） → 锐器所致 → 排除钝器所致

↑

锐器可致创缘整齐（二阶证据）

二、经验法则的定量运用

如前所述，经验法则在证据推理中起到了举足轻重的作用，但我们却很难表达其是如何起到推论作用的，更不用说去刻画其在证据推理中的量度。正如艾伦教授所言："对于大多数证据而言，这些数据（概率阈值）根本无法

[①] 参见福建省高级人民法院（2017）闽刑再字第 4 号刑事附带民事判决书。

[②] 参见［美］特伦斯·安德森、戴维·舒姆、［英］威廉·特文宁：《证据分析》，张保生等译，中国人民大学出版社 2012 年版，第 83 页。

获得。"① 威格摩尔也认为，以经验法则对证据证明力的判断，"基本不存在确定的评估标准"。② 确实，我们对经验法则盖然性的评估方法都是一些粗略的猜测体系，"还没有出现这样一种演算，能够作为用数字表示具有这些因素的推理的最好方法"③。但在证据推理中确实对经验法则进行定量适用，比如在贝叶斯定律中，对先验概率进行赋值，在刑事证明标准中，对证明标准高度盖然性（0.95—1）进行评估，都是经验法则定量适用的鲜明例子。其实，在刑事司法中的广泛领域都定量地运用了经验法则。对经验法的定量运用的研究有助于提高经验法则适用的可靠性，助推裁判者发现真相和实现司法公正。

（一）法律推定中的定量运用

在法律推定中，经验法则的定量适用有两种情形最为明显：一是将经验法则推定为 100% 确定性的定量适用；二是对经验法则的盖然性划定界限，以该界限作为判断法律推定是否成立的标准。关于第一种情形，比如最高人民法院在《关于审理洗钱等刑事案件具体应用法律若干问题的解释》第 1 条中对"明知"的四种推定，是基于"没有正当理由""明显不符"的经验法则的概括及反向利用，本来这些经验法则可能仅是高度盖然性的，但不排除存在例外的可能性，所以在法律不作推定规定的情况下，其概率阈值在 0.9—1 之间。但通过法律推定的强制赋值，这些经验法则的概率阈值是确定的，即达到 1 的标准。关于第二种情形，最高人民法院在合同法的司法解释中规定，转让价格不到交易时交易地的指导价或者市场交易价 70% 的，一般可以视为明显不合理的低价；对转让价格高于当地指导价或者市场交易价 30% 的，一般可以视为明显不合理高价。该规定将不符合经验法则的异常交易通过刻画一定量度进行量化，实现经验法则定量适用的精准化，约束法官的自由裁量，

---

① ［美］罗纳德·J.艾伦、迈克尔·S.帕尔多：《相对似真性及其批评》，熊晓彪、郑凯心译，载《证据科学》2020 年第 4 期。

② ［英］威廉·特文宁：《证据理论：边沁与威格摩尔》，吴洪淇、杜国栋译，中国人民大学出版社 2015 年版，第 234 页。

③ 参见［美］道格拉斯·沃尔顿：《法律论证与证据》，梁庆寅、熊明辉译，中国政法大学出版社 2010 年版，第 153 页。

避免"同案不同判"的司法不公现象。

（二）证明力评价中的定量运用

1.定量运用的一般规则

证明力是指"这样一种支持或否定的强度，主要以'经验'为基础"[①]。证据证明力的大小，"在于证据性事实和最终推论之间联系的强度，而不是得到最终结论所必需采取的步骤的多少。这主要是蕴含于每一步骤中的归纳概括之强度的作用"[②]。证据证明力的强度"取决于蕴含于那些推论中的归纳概括的粗略概率"[③]。所谓的"粗略概率"，是指在判断某一证据证明力时，一般会根据经验法则赋予该证据一定概率阈值的证明力，比如在 0.5—0.6 之间，正如对抛掷一枚硬币后关于正反面概率的判断一样。然后根据该证据所具有增加概率或减少概率的各种特殊情形进行相应的概率增减，最后计算并确定该证据的证明力。举例而言，在对某一证人证言的证明力进行判断时，首先赋予该证言 0.5 的可信度，而后根据可以给证言可信度增值的因素逐项进行增值，或根据可以给该证言可信度降值的因素进行降值，比如该证人与案件双方当事人无利害关系则增值 0.2、证人为人诚信则增值 0.15、受教育程度高可增值 0.10 等，经过逐项增值后，确定该证言的证明力为 0.95。

美国学者特伦斯·安德森等人也认为，应当综合那些在推理链条中起增强或削弱的作用的附属证据来判断证据的证明力。为了全面审查评价证人证言的证明力，安德森还列举可能影响证言证明力的因素清单[④]，如表 4 所示。推论者可以根据清单中的对应项目来增减证言的证明力。

---

① ［英］威廉·特文宁：《证据理论：边沁与威格摩尔》，吴洪淇、杜国栋译，中国人民大学出版社 2015 年版，第 234 页。
② ［美］罗纳德·J.艾伦、理查德·B.库恩斯：《证据法：文本、问题和案例》，张保生、王进喜等译，高等教育出版社 2006 年版，第 169 页。
③ ［美］罗纳德·J.艾伦、理查德·B.库恩斯：《证据法：文本、问题和案例》，张保生、王进喜等译，高等教育出版社 2006 年版，第 167 页。
④ 参见［美］特伦斯·安德森、戴维·舒姆、［英］威廉·特文宁：《证据分析》，张保生等译，中国人民大学出版社 2012 年版，第 89 页。

表 4　关于证言可信性的附属证据

项目	观察灵敏度	客观	诚实
具体的附属证据内容	感官缺陷 一般身体条件 观察条件 观察质量、持续时间 专业知识 注意力分配 感官成见	预期 与记忆有关的因素 客观成见	与不诚实有关的犯罪 与不诚实有关的其他不当行为 关于诚实的品性证据 证人之间的影响/传讹 行为举止 测谎仪、心理测试 证言成见

2. 证明函数的定量运用

以经验法则判断证据的证明力，可以通过"证明函数"进行计算。"证明函数"是指通过经验法则的运用，前提以及推论本身的结构具有增加或减少结论证明力的数值。[①] 假设 y 为结论，x 为证据性事实，f 为经验法则，则"证明函数"公式为：$y=f(x)$。当经验法则 f 为正向增值时，$f=1+n$（n 为 f 的增值概率，且 $0 < n < 1$），比如当 x 概率为 0.6 时，f 的增值概率 n 为 0.3，则证明函数 f 为 1.3（1+0.3），结论 y 的概率 $=1.3 \times 0.6=0.78$；当经验法则 f 为负向增值时，$f=1-n$（$0 < n < 1$），比如当 x 概率为 0.6 时，f 的减值概率 n 为 0.3，则证明函数 f 为 0.7（1-0.3），结论 y 的概率 $=0.7 \times 0.6=0.42$。其实威格摩尔的图表法就是"证明函数"的可视化描述。

（三）法定证据主义中的定量适用

所谓法定证据主义是指每一种证据的证明价值都是由法律明文规定，法官没有评判的自由，也不能根据内心确信和良知作出认定。[②] 陈瑞华教授认为，"无论是对于单个证据证明力的限制，还是对案件事实证明标准所确立的法律

---

① 参见［美］道格拉斯·沃尔顿：《法律论证与证据》，梁庆寅、熊明辉译，中国政法大学出版社 2010 年版，第 118 页。

② 参见［法］贝尔纳·布洛克：《法国刑事诉讼法》，罗结珍译，中国政法大学出版社 2008 年版，第 79 页。

规则，中国证据法都从两个角度体现了法定证据主义的理念"，"新法定证据主义理念的本质，在于将一些本来适用于个案的经验法则，上升为证据法律规范，使之具有普遍的法律效力"。[①] 所以，法定证据主义也是经验法则的规范化，其中关于对证据证明力大小的规制，则是经验法则定量适用的规范体现。民事证据以最高人民法院于 2001 年颁布的《关于民事诉讼证据的若干规定》（以下简称《民事证据规定》）为标志，刑事证据以 2010 年"两高三部"联合发布的《死刑案件证据规定》为标志，分别进入新法定证据主义时代。

《民事证据规定》第 70 条直接明确规定了各种证据证明力的大小：（1）国家机关、社会团体依职权制作的公文书证的证明力一般大于其他书证；（2）物证、档案、鉴定意见、勘验笔录或者经过公证、登记的书证，其证明力一般大于其他书证、视听资料和证人证言；（3）原始证据的证明力一般大于传来证据；（4）直接证据的证明力一般大于间接证据；（5）证人提供的对与其有亲属或者其他密切关系的当事人有利的证言，其证明力一般小于其他证人证言。《死刑案件证据规定》及最高人民法院刑事诉讼法的司法解释虽然没有以比较的方式明确规定各种证据证明力的大小，但其对各种证据证明力优先顺序的规定，也是经验法则定量适用的体现。比如《死刑案件证据规定》和最高人民法院刑事诉讼法司法解释都对原始证据与传来证据、直接证据和间接证据的证明力问题，建立了一般性的采信规则，"这显示出，在对单个证据的证明力大小强弱做出评价的问题上"[②]，我国法律规范设定了明确的限制性规则。在实践中，多数地方的高级法院也通过制定地方性刑事证据规则来规范各种证据证明力的大小强弱。[③] 比如四川省高级法院、检察院和公安厅联合发布的《关于规范刑事证据工作的若干意见（试行）》第 33 条就规定了，"数个证据对同一事实的证明力"，一般应遵循的各种证据证明力大小的规则进行认定，并规定了各种证据证明力大小的八种情形。

---

① 陈瑞华：《以限制证据证明力为核心的新法定证据主义》，载《法学研究》2012 年第 6 期。
② 陈瑞华：《以限制证据证明力为核心的新法定证据主义》，载《法学研究》2012 年第 6 期。
③ 参见房保国：《现实已发生——论我国地方性刑事证据规则》，载《政法论坛》2007 年第 3 期。

（四）DS 证据理论中的定量适用

DS（Dempslter-Shafer）证据理论是由 Dempslter 于 1967 年首先提出，之后由他的学生 Shafer 进行完善而推广的一种不确定性推理计算方法。随着信息多元化的发展，DS 证据理论关于多源信息融合技术在目标识别、状况评估、故障诊断等领域的应用需求愈加强烈。[①] 随之，DS 证据理论被引入刑事证据领域，"以灰色相似关联度作为证据的联系来度量证据源中各个证据之间的相似性程度，用证据的可信度作为权重，对参与融合的证据的基本概率分配函数进行加权平均，再利用 DS 证据理论组合规则对这些平均后的证据进行融合"[②]，以提高证据组合的可靠性和合理性。其中，对参与融合的证据的概率分配，就是通过经验法则的定量适用对证据证明力大小作出评估。DS 证据理论更多地被适用于类似刑事犯罪案件的串并案处理。比如，2014 年 12 月至 2015 年 12 月间，某市某区发生多起入室盗窃案件，被盗的财物基本都是现金、电脑、手机、烟酒和首饰等易于携带物品，损失价值达到 50 余万元。此系列案件犯罪分子在作案时间、作案手段、侵害物品以及在现场遗留痕迹物证上具有一定程度的相似性。警方经过走访调查，锁定了犯罪嫌疑人 A、B、C3 人。在对证据综合考虑基础上，对 A、B、C3 人分别指证，得到 5 个侦查证据结果 M1、M2、M3、M4、M5，其中 M1 为证人证言，M2 为被害人陈述，M3 为鉴定意见，M4 为犯罪嫌疑人供述，M5 为案发当时周边的电子视频监控数据。侦查人员根据经验法则的定量适用，分别就各种证据对不同犯罪嫌疑人的指证概率进行赋值，见表 5 所示。之后，侦查人员通过各种技术演算，得出了具有最大可能性是犯罪嫌疑人 A 的推论。

---

① 参见张欢、陆见光等：《面向冲突证据的改进 DS 证据理论算法》，载《北京航空航天大学学报》2020 年第 3 期。

② 参见徐祖润、刘思峰等：《基于信息融合的罪案关联证据推理模型》，载《控制与决策》2020 年第 1 期。

表5 证据对嫌疑人的概率指证结果 [①]

嫌疑人	M1	M2	M3	M4	M5
A	0.5	0	0.55	0.55	0.55
B	0.2	0.9	0.1	0.1	0.1
C	0.3	0.1	0.35	0.35	0.35

三、经验法则的规制

虽然经验法则在刑事司法中的运用是普遍的，但经验法则存在被误用、滥用的情形，导致以经验法则为基础的推论有"不可低估的风险"。[②] 因为，"为了接受基于该推论的结论，他们倾向于提供无效的、不合理的或错误的理由"[③]。经验法则在实践中的误用、滥用主要有两种情形：[④] 一是经验法则的泛化，二是法律推定不具备高度盖然性的经验基础。为了有效运用经验法则，笔者建议从以下三方面进行规制。

（一）类型化规制路径

"经验法则的类型化是指导经验法则恰当运用的一个重要前提，没有经验法则的类型化，事实认定者在运用经验法则时可能会迷失方向"[⑤]，甚至将个人生活体验充当经验法则而滥用。对经验法则类型化处理越是精细，越能有效控制经验法则的有效运作。理论界对经验法则的类型化研究，有"二分法""三分法""四分法""五分法"等多种主张。洛永家教授主张，"经验法则是由日常的经验归纳而来的关于事物间的因果关系或性质状态的知识或者

---

① 参见徐祖润、刘思峰等：《基于信息融合的罪案关联证据推理模型》，载《控制与决策》2020年第1期。

② 参见陈瑞华：《以限制证据证明力为核心的新法定证据主义》，载《法学研究》2012年第6期。

③ 参见［美］特伦斯·安德森、戴维·舒姆、［英］威廉·特文宁：《证据分析》，张保生等译，中国人民大学出版社2012年版，第364页。

④ 参见吴洪淇：《从经验到法则：经验在事实认定过程中的引入与规制》，载《证据科学》2011年第2期。

⑤ 吴洪淇：《从经验到法则：经验在事实认定过程中的引入与规制》，载《证据科学》2011年第2期。

法则，包含常识以及专门科学上的法则"。^①该观点将经验法则作"二分法"的解释，即经验法则包括常识性和专业性规则。德国法学家普维庭教授按照盖然性程度的高低将经验法则作"四分法"解释，即经验法则包括：（1）生活规律即自然、思维和检验法则；（2）原则性经验法则，其逻辑形式表达为"如果……则大多数是如此"；（3）简单的经验法则，其逻辑形式表达为"如果……则有时是如此"；（4）纯粹的偏见，完全不具备盖然性的个人见解和认识。^②在我国大陆地区，对经验法则最常见的分类法也是"二分法"，即将经验法则分为一般经验法则和特殊经验法则。^③当然，还有"三分法""四分法"甚至"五分法"的其他学说。例如，《民事证据规定》第9条的规定就将经验法则作"四分法"界定，即经验法则包括自然规律、定理、逻辑推理和日常生活经验规则。"三分法"的学说认为经验法则是以常识、常理和常情为基础进行归纳形成的。^④"五分法"的学说认为，经验法则包括自然法则和自然规律、逻辑法则、道德法则和商业交易习惯、日常生活经验和专门科学领域的法则。^⑤

笔者认为，如果从更微观、更有序角度考察，应当适用"六分法"对经验法则进行类型化处理，即经验法则包括科学知识、专业经验、日常生活经验、商业交易习惯、道德法则和直觉等六个类型。从盖然性的角度看，这六个类型的盖然性是逐渐弱化的，科学知识的盖然性最高，而直觉的盖然性最低。如果某个推理运用的经验法则属于科学知识，则其推论结果具有最强的可靠性，比如科学证据中的论证说明；而如果某个推理运用的经验法则实际是个人的生活体现或直觉，则其推论结果的可靠性极低，需要反复检验论证。

---

① 张荣宗、林庆苗：《民事诉讼法》，三民书局1996年版，第87页。

② 参见［德］普维庭：《现代证明责任问题》，吴越译，法律出版社2006年版，第155—162页。

③ 参见张亚东：《经验法则——自由自由心证的尺度》，北京大学出版社2012年版，第169页。

④ 张中：《实践证据法——法官运用证据经验法则实证研究》，中国政法大学出版社2015年版，第290页。

⑤ 张卫平：《认识经验法则》，载《清华法学》2008年第6期。

（二）"四轴"检验的规制路径

高度盖然性的经验法则必须具有普遍轴、可靠轴、来源轴[①]和共性轴[②]（以下简称"四轴"）。其中，普遍轴指的是经验法则的概括与相契合的案件事实之间具有最大的公约数，经验法则能够有效涵摄案件事实，其终点可以用最抽象形式的概括来标记，而在具体案件中可以应用的当下语境中的概括来标记。比如在"滕兴善故意杀人"案[③]中，警方锁定屠夫滕兴善为犯罪嫌疑人所依据的经验法则是：只有医生或屠夫对尸体肢解才会比较专业。显然这一概括并不具有普遍性，因为肢解尸体的形状只与作案工具及犯罪嫌疑人的心理状态有关，跟职业并无必然关联。可靠轴是指经验法则本身的可信度，比如自然规律、科学定理具有最强的可靠性，而个人生活经验或直觉的可靠性则最弱。在陈某某投毒案[④]中，有罪判决以陈某某与邻居毛某某因为马驹踩了胡麻苗而发生争执为由，认定陈某某有投毒杀人动机，其适用的经验法则是：有纠纷前因，必导致投毒杀人。然而，普通的邻里纠纷与恶劣的投毒杀人之间根本没有任何联系，该概括显然是不可靠的。来源轴指的是该经验法则来自公众的普遍认可还是个人的生活体验。来源轴要求经验法则的提供者说明该经验法则的来源，以供对方或裁判者判断该经验法则的可靠性。如果推论者无法说明其援引的经验法则的来源或无法得到其他人的共鸣，则该来源不明，据此所行推论不可靠。共性轴指的是该经验法则在争端问题被解决的特定共同体中被接受或分享的广泛程度，而不是一方主张该经验法则，另一方却不认可该经验法则。比如在田某忠故意伤害案[⑤]中，检控方指控田某忠因为与妻子发生矛盾，殴打妻子致其左侧第7、11肋骨骨折，右侧第6肋骨骨折，构成轻伤二级，应当追究故意伤害刑事责任。而被告人田某忠辩解其妻子肋

---

① 参见［美］特伦斯·安德森、戴维·舒姆、［英］威廉·特文宁：《证据分析》，张保生等译，中国人民大学出版社2012年版，第131—132页。

② 参见［美］特伦斯·安德森、戴维·舒姆、［英］威廉·特文宁：《证据分析》，张保生等译，中国人民大学出版社2012年版，第350页。

③ 参见江国华主编：《错案追踪2006—2007》，中国政法大学出版社2016年版，第54页。

④ 参见江国华主编：《错案追踪2006—2007》，中国政法大学出版社2016年版，第79页。

⑤ 参见北京市房山区人民法院（2019）京0111刑初1070号刑事附带民事判决书。

骨骨折系自己被绊倒所致，该辩解适用了一个"经验法则"：绊倒可致肋骨骨折。但该经验法则在本案中显然不具有共性，不为其他论者所接受。因为人在被绊倒时，首先会受到四肢的支撑保护，其次被绊倒也不至于同时导致左右侧肋骨骨折。

"四轴"的注释与经验法则的类型化处理有异曲同工之妙。一般而言，科学知识、日常生活经验、商业交易习惯的经验法则都具有"四轴"，具有较强的可靠性，而道德法则次之，直觉则往往缺失其中某个或多个"轴性"，以至于可靠性最弱。

（三）最大个别化原则检验的规制路径

任何从经验而来的概括都是赤裸裸的统计性的。如果不考虑证据性事实本身，则具体的证据性事实完全有可能被经验法则所吞噬，导致证据性事实等同于经验法则。所以，在运用经验法则进行定性定量推理时，必须彰显证据性事实或案件事实的个别化、特殊性，方能保证推理结果在当前案件的事实框架内，避免推理结论的方向性错误。为此，证据法学者提出了最大个别化原则（the principle of maximal individualization，简称为 PMI）。[①] 该原则是检验经验法则可靠性的一种科学方法，包括两个具体要求：第一，事实认定者必须接受和考量所有与本案有关联的具体个案证据。第二，除非生成事实认定的论证，以及该论证所依赖的证据，经受了且通过了最大个别化的检验，否则事实认定者不能作出任何不利于诉讼一方的事实认定。[②] 假设 PMI 检验值为 T，经验法则为 F，案件个别化元素集为 X，则 T 可以比例公式表示，即 T=F/X。当 X 的个别化元素越多，且当 X > F，则案件个别化越大（当然按照 PMI 观点应尽可能达到最大），PMI 检验值 T 越小，即 T < 1，说明通过检验的程度越高，推理结论越可靠。反之，如果则 X ≤ F，则检验值 T ≥ 1，经验法则完全覆盖并吞噬了证据性事实或案件事实，个案事实被经验法则模糊

---

① 参见［美］亚历克斯·斯坦:《证据法的根基》，樊传明、郑飞译，中国人民大学出版社 2018 年版，第 86—126 页。

② 参见［美］亚历克斯·斯坦:《证据法的根基》，樊传明、郑飞译，中国人民大学出版社 2018 年版，第 119 页。

化，案件事实无个别化可言。

具体而言，在运用经验法则对证人证言的可靠性进行评估时，不但需要评估影响证人证言可靠性的常规因素，比如与案件有无利害关系、是否诚信、受教育程度、社会阅历、专业水平和能力等，同时要考虑常规因素以外的其他个别化因素，比如当事人的特殊情况、案件的背景知识等。例如，在一起强奸案[①]中，被害人是被告人的女儿，17岁的女儿在反抗过程中，曾拿起放在床头的酒瓶，准备砸向被告人。当时被告人说："你敢砸我？试试看！"于是被害人就放下酒瓶并顺从。从被告人语言威胁以及被害人之后的顺从行为看，是否足以判断被告人构成强奸？如果不考虑案件的个别化因素，确实难以作此推论。而案件的背景是，被告人平时常常打骂被害人，并曾经打断了女孩的门牙。通过该个别化因素的检验，从现有证据就足以推论强奸事实。

在运用概括对犯罪动机进行演绎推理时，需要对其进行最大个别化检验。例如在念斌投毒案中，原审判决认为念斌看到顾客被被害人招揽过去而怀恨在心，故有投毒杀人动机。[②]在作这一演绎推理时，如果进行最大个别化原则检验，则需要考虑众多的案件背景：（1）在顾客被招揽后两家关系如何，因为关系恶化直至投毒杀人是一个渐进的过程，如果没有这样的恶化过程则不足以催生杀人动机；（2）念斌平时为人如何，是否有暴力倾向，念斌是否有足够的犯罪心理支撑其实施投毒杀人；（3）念斌家境如何，家庭是否和睦，生活是否正常，念斌有没有必要因为一件小事而冒着家庭分崩离析、自己被判处死刑的风险，等等。显然原审判断认定的杀人动机无法通过这些最大个别化原则检验，其运用概括对犯罪动机的演绎推理是错误的，至少是危险的。

---

① 参见向燕：《论司法证明中的最佳解释推理》，载《法制与社会发展（双月刊）》2019年第5期。

② 参见江国华主编：《错案追踪2014—2015》，中国政法大学出版社2016年版，第91页。

论正当防卫司法认定中经验法则的作用机制

揭 萍 余 怡*

一、讨论的缘起

"正当防卫"是刑法总论体系中一个法学家与人民群众可以毫无隔阂地进行探讨和交流的概念，也是近年来最能牵动舆论神经的关键词之一。典型的涉正当防卫案件一经报道出来就会引起民众的普遍关注，人们通常会对防卫者抱有感同身受的同情，各种评论纷至沓来，司法并不能因为民众朴素的法感情是"非理性"的就拒绝其参与，加之媒体舆论的充分渲染，推动着社会场域的力量渗透至司法场域。在很多案件中，司法机关认为其基于证据事实与逻辑自洽得出了相对周延的判断，民众往往情绪化地认为司法权忽视了基本的人情秩序，双方在认识层面龃龉不断，不免导致司法既判力的质疑，亦动摇了社会期望的稳定。面对民众对于公正价值观的需求，我国最高人民法院指出"司法审判不能违背人之常情"[①]。在涉正当防卫案件中，"人之常情"的作用尤为凸显，正当防卫的五个构成要件中，除了防卫行为必须针对不法侵害人的对象要件相对明晰之外，不法侵害是否实际发生、不法侵害是否正在发生、防卫人的防卫意图、防卫的必要限度等四个方面因素的判断均离不开常识、常理、常情[②]。

---

* 揭萍，浙江理工大学教授，浙江省丽水市人民检察院副检察长（挂职），法学博士。余怡，浙江理工大学研究生。

① 李奋飞：《论司法决策的社会期望模式——以"于欢案"为实证切入点》，载《法学》2019年第8期。

② 王钢：《正当防卫的正当性依据及其限度》，载《中外法学》2018年第6期。

经验法则是基于常识、常理、常情之上的认识方法。根据日常生活经验抽象归纳而来的经验法则因符合普罗大众的认知标准而被公众所普遍认同，因而具有常识性、常理性、常情性。对于经验法则的定义，民事诉讼学界存在分歧，民事司法实践也会产生争议。鉴于刑事案件所涉事物相对狭窄，本文采用如下定义：经验法则是人类以高度盖然性的日常生活经验归纳抽象后所形成的关于事物属性以及事物之间常态联系的一般性知识或者法则[①]。经验法则的内容辐射到生活的方方面面，其数量上具有无限性，所以无法对经验法则的外延作出明确的界定，但是如果将经验法则用常识、常理、常情归纳就不失其合理性[②]。经验法则在民事诉讼领域的适用极为普遍，也有深入的理论研究，但是刑事领域却只有零星讨论。相对于民事诉讼，刑事证明的标准更高，从逻辑上说，民事裁判中对于证据审查与判断的基本要求也适用于刑事裁判。2019 年最高人民法院《关于民事诉讼证据的若干规定》第 85 条明确，审判人员应当依照法定程序，全面、客观地审核证据，依据法律的规定，遵循法官职业道德，运用逻辑推理和日常生活经验，对证据有无证明力和证明力大小独立进行判断，并公开判断的理由和结果。很显然，民事诉讼中关于经验法则的规定也是刑事法官判断证据有无证明力及证明力大小，进而作出裁判应当遵循的。

2020 年"两高一部"印发《关于依法适用正当防卫制度的指导意见》总体要求的第 2 条提出，要立足防卫人防卫时的具体情境，综合考虑案件发生的整体经过，结合一般人在类似情境下的可能反应，依法准确把握防卫的时间、限度等条件，其中渗透着"常识、常理、常情"的基本法理与经验法则的司法认定方法。而"两高一部"、最高人民检察院先后发布的正当防卫指导性案例与典型案例中也多处运用了经验法则进行说理。在诸多涉正当防卫案件的证明中，经验法则是不可或缺的，本文拟从此类案件切入，讨论经验法则在刑事司法证明中的作用机制。

---

① 刘春梅：《浅论经验法则在事实认定中的作用及局限性之克服》，载《现代法学》2003 年第 3 期。

② 张卫平：《认识经验法则》，载《清华法学》2008 年第 6 期。

二、准确查明证据：经验法则适用的逻辑起点

刑事诉讼关涉公民的基本权利，是国家司法的最后一道防线，因此，与民事诉讼相比，刑事诉讼领域中经验法则的运用更为严苛，体现在对单个证据的取舍与全案证据体系的构建上。民事诉讼法采取高度盖然性而非确定性的证明标准，只要存在的可能性高于不存在的可能性，法官便可根据经验法则作出抽象裁判。在我国，刑事案件的证明标准是"证据确实、充分"，单个证据查证属实，具有合法性、客观性与关联性；证据之间相互印证、不存在矛盾，排除其他合理怀疑，证据链完整闭合。证据是存于事实与法官内心之间，将二者联系起来的重要纽带，主张事实存在的一方向法官举证，使得法官心中映射出案件事实存在的影像，而另一方则不断提出相反的证据，试图使法官内心形成的影像逐渐弱化并消除[①]。在证据媒介的作用下，反映在法官内心的关于案件事实的影像将在清晰和模糊之间不断发生变化，法官关于主张事实存在与否的心证处于摇摆不定之中，由此可见，法官无时无刻不在依据个人经验对证据进行衡量和取舍。

证据的收集、审查、判断与运用是案件事实认定的核心与基础，经验法则运用的前提在于准确查明证据。只有当在案证据的数量和质量都达到一定标准、证据之间的印证不存在矛盾且已经形成相对完整的证据闭环时，经验法则的运用才有意义。相反，如果证明案件事实的证据不足，或者根本不存在证明案件事实的证据时，则不得贸然适用经验法则，否则有可能出现对案件事实的片面认定，造成对案件事实的错认，进而影响裁判的实体真实。有的涉正当防卫案件发生在相对封闭的场所，缺乏客观证据或证人证言，对案件事实的查明极大程度上依赖于当事人的供述，则不能滥用经验法则进行推定。

运用直接证据是证明主要事实最有效也是最合乎目的刑事证明方法，在案件事实清楚且证据确实、充分的情况下，经验法则并没有适用的余地，滥用反而会导致裁判的错误。但刑事案件的突发性、复杂性很多时候不可能在

---

① 常怡:《比较民事诉讼法》，中国政法大学出版社 2002 年版，第 443 页。

如此完美的假设下实现事实认定，很多涉正当防卫案件，行为事实诸多情节缺乏直接证据，经验法则与推定证明才有必要的作用空间。将经验法则作为大前提，间接事实为小前提，对间接证据进行推定尤为重要。事实推定是法官结合现有证据，运用逻辑规则或者经验法则对事实的真伪作出的判断，是对未知事实的一种证明手段[①]。合理推断未知事实的前提必须是有一定的经验法则存在，经验法则是由已知事实推导至未知事实的中介或者桥梁[②]。具体而言，在案件事实推理过程中，裁判者必须首先完成对在案证据的整合，消弭证据适用上的矛盾，然后再利用经验法则弥补证据之间的缝隙，从而完善案件事实的叙述。

由于经验法则本身存在或然性和不确定性，因此司法机关在适用经验法则进行证据判断、事实推定时应当保持高度警惕。在案件事实的认定过程中，尽管司法权在运用经验法则时无法绝对地排除个体经验的浸染，但是个人经验、认识以及主观推测绝不能成为认定案件事实的依据。在刑事诉讼中同样如此，在无客观性证据证明案件事实的情况下，正确做法是遵循存疑有利于被告原则，例如周某某故意伤害案[③]中，周某某为讨要工资与被害人发生言语冲突，被害人石某丁等人围上来推打周某某，石某甲从地上捡到一些砖头丢向周某某，周某某从口袋里拿出水果刀对着对方乱挥乱舞，混乱中刺伤被害人石某丁的嘴唇。检察院经审查并退回补充侦查认为常德市公安局德山分局认定的犯罪事实不清、证据不足。具体原因在于：首先，该公司存在拖欠员工工资过错；其次，犯罪嫌疑人周某某对被害人石某丁实施伤害行为之前，被害方有数人对其进行推打，其主观动机不明，无法判断其是否属于正当防卫，因而不符合起诉条件。此时，若检察机关先入为主，认为被告人事先准备刀具的行为使其不具有防卫意图，那么就难免会造成案件认定的偏差。

正当防卫案件通常具有突发性与多变性，并且正当防卫案件的发生地点可能在偏僻的地区或者密闭的空间，在没有目击证人的情况下，双方当事人均不能提出证据证明自己的主张，司法机关对主观性事实的查明也更加困难，

---

① 李学灯：《证据法比较研究》，五南图书出版公司 1992 年版，第 301 页。
② 张亚东：《经验法则——自由心证的尺度》，北京大学出版社 2012 年版。
③ 参见常德市武陵区人民检察院常武检公诉刑不诉〔2018〕234 号不起诉决定书。

诉诸"结果导向""对等武器论"等做法或成为一条"捷径"。有些案件"幸运"地存在监控视频等客观性较强的证据，能够完整地还原案件真相，但是具有监控视频的案件数量相当少，多数案件的当事人则被"不幸"地排除在正当防卫的门槛之外。此时，根据全面查明的客观性事实推定防卫人主观防卫意图的证明路径尤为重要：涉及正当防卫的案件，对犯罪主观方面的证明围绕行为人控制行为的动态过程展开，关注行为前、行为中以及行为后的每一个环节，通过对行为人外化的客观行为、行为现场的客观情境以及证人证言所反映的客观情势，判断行为人对行为的认识与控制状态[①]。只有查明了所有的客观性事实，经验法则理论才有其用武之地。

三、判断防卫事实：经验法则适用的正反向路径

经验法则对司法三段论小前提的固定发挥作用。而在外部证成中，也就是经验法则具体发挥事实认定作用时，其是位于大前提的位置，用以结合案情推导出结论。经验法则的定性运用一般分为两种，一类是正向运用，另一类是反向排除[②]。正向运用是指运用经验法则确定某项待证事实，以完成对案件事实的整体叙述；而反向排除则是指运用经验法则排除案件事实中不合乎常理的环节，以预防冤假错案的发生。在涉正当防卫案件的证明中，正向运用经验法是一般性方法，但也不排除经验法则的反向运用。

（一）正向运用经验法则以认定正当防卫

【案例1[③]】2017年6月30日，自诉人谢某某向陈某某以及被告人冯某某索要钱款未果，谢某某便威胁二人"你们等着"，随后驾车离开。约10分钟后，谢某某驾车至两人干活的工地，手持用红布包裹的气枪再次威胁冯某某、陈某某，向二人索要钱款。被二人拒绝后，谢某某边拆除红布边持枪瞄准冯某某，扬言"你是不是不拿，不拿打死你"。冯某某见状，为自保，即持铁铲

---

① 常怡：《比较民事诉讼法》，中国政法大学出版社2002年版，第443页。
② 李学灯：《证据法比较研究》，五南图书出版公司1992年版，第301页。
③ 参见（2017）川0681刑初289号判决书。

欲击落气枪，在击打枪支的时候，铁铲误将谢某某的鼻部打伤。自诉人及其诉讼代理人认为"该枪支一直用红布包裹并拴在车上，并未拿出使用"，因此不法侵害并未发生，并不符合正当防卫的起因条件。但是裁判认为：虽然枪支一直用红布包裹，但根据其外形特征、谢某某的持枪瞄准的姿势以及其语言威胁的内容，从一般人角度判断谢某某所持有的凶器系枪支符合常理，因此足以让被告人认为其人身安全受到了紧迫的、即时的威胁。

"从一般人角度判断……符合常理"的表述即属于根据经验常识的判断。本案中自诉人的行为貌似不构成正在发生的不法侵害，不能成为被告人正当防卫的前提，但是法院认为凶器的外部轮廓、自诉人瞄准的行为状态以及其口头威胁的内容，均足以让被告人产生防卫意图。不法侵害是否存在往往涉及复杂的情境判断，是客观情势与期待可能性的有机结合。质言之，当防卫人对危害行为的危险程度有预见可能性时，则可以进行防卫，而预见可能性的有无以及大小都应当从社会一般人的角度来对正当防卫成立条件进行整体的、情境的判断①。在本案中，如果自诉人谢某某仅仅有口头威胁，或者仅仅携带有凶器但是并未展示，则不应当允许被告人冯某某有进一步的攻击行为。

刑事案件中主观要件的证明存在特殊性，一般而言，对主观要件的证明基本上采用的是证人证言之间的相互印证等方法，但是证人出庭率低、证言的主观性大等实际问题阻碍了案件事实的查明，即使法院查明了案件事实，但是印证证明方法本身的局限性会带来诉讼证明的形式化、证明标准的空洞化、事实认定的机械化等弊端②。因此，较早之前，当主观要件事实的证明存在瓶颈时，不少司法机关的做法是以结果为导向"推定"防卫人的主观意图，换言之，损害结果实质上代替了对防卫行为是否过当的判断，"结果导向"虽然是对防卫限度证明难题的回避，但实际上也连带影响了其他主观性事实的认定③。具有"结果导向"思维的法官，其通常做法是对比事后双方所造成的

---

① 张亚东：《经验法则——自由心证的尺度》，北京大学出版社 2012 年版。

② 揭萍、余怡：《正当防卫司法认定的证据学实证分析》，载《中国人民公安大学学报（社会科学版）》2020 年第 6 期。

③ 郭夏菁：《论刑事诉讼语境下的经验法则——以实证研究为视角》，载《犯罪研究》2017 年第 2 期。

损害结果。然而，一方面，损害结果的程度与其防卫行为的性质并不存在必然联系；另一方面，法院机械地适用该标准，并未考虑到侵害人的行为对防卫人所造成的心理恐慌程度有多高，也未考虑到人在极其危急的情境下所爆发的潜能有多大，其反击的打击力度是否超过一般人所能预见和接受的程度。"结果导向"的错误做法可以利用经验法则进行纠偏：裁判者在对案件全面查明后应当根据一般人的日常生活经验对防卫人的做法是否过当进行考量，如下述案例。

【案例 2①】2017 年 1 月 7 日，被告人俎某某与王某某在被害人林某乙的家中一起就餐。被害人林某乙喝了两小瓶劲酒后多次辱骂俎某某、王某某，后王某某因不堪忍受林某乙的辱骂起身离开，在被告人俎某某走到门口处欲离开时，被害人林某乙将俎某某拦住，并用拳头及家中的擀面杖殴打被告人俎某某的头面部，双方开始厮打、互殴。其间，被告人俎某某、被害人林某乙双双倒地，被害人林某乙倒地后双手仍抓住被告人俎某某的头发不放，被告人俎某某便骑压在被害人林某乙身上，用双手掐住被害人林某乙的颈部。在双方僵持过程中，被告人俎某某要求被害人林某乙放手，被害人林某乙拒绝放手，被告人俎某某便用其掉在地上的丝巾将被害人林某乙的颈部缠住开始勒颈，致被害人林某乙当场死亡。

本案中被告人貌似处于已经压制了被害人的优势地位，但是法官仍然肯定其行为具有防卫性质，其原因在于：法院查明俎某某视力残疾达到三级（最佳矫正视力在 0.05—0.1 之间），日常生活中的视物、行动极为不便。被告人患有视力残疾的事实，并不属于本案的主要案件事实，法院查明的目的在于精准还原行为人当时所处的情境和状态，按照日常生活经验可以推定，俎某某在受到初次见面的林某乙激烈辱骂后，同伴也因害怕而离开，其孤身一人被林某乙拦在家里，突遭殴打无法脱身的情况下，精神极度紧张、恐惧，在此种情形下，一般健康人都难以苛求其适度把握控制暴力侵害的程度，何况患有视力残疾的被告人俎某某。所以被告人即使是造成了被害人的死亡，但是仍然可以推定其行为具有防卫意图，且在防卫限度内。

---

① 参见（2017）晋 01 刑初 86 号判决书。

（二）反向运用经验法则以排除正当防卫

涉及正当防卫的案件，其证明逻辑不同于普通刑事案件犯罪构成的证明，证明的方法有其独特性。从正当防卫构成条件来看，确实需要五个条件同时具备才能成立正当防卫，但换一个角度来看，只要一个条件不符合就不构成正当防卫①。司法机关运用经验法则时也应当遵照这一思路，正向证明所有案件事实存在困难时，应当利用经验法则排除明显不合理的案件事实，进而排除正当防卫。概括而言，法院只需认定五个条件中任何一个条件不成立即可否定防卫成立，其中，防卫起因、防卫时间、防卫对象、防卫意图中的任何一个条件不成立就不构成正当防卫，限度条件不成立则构成防卫过当。对这一个条件的证明必须达到事实清楚，证据确实充分，排除合理怀疑的证明标准，如果不能达到，则应当作出有利于犯罪嫌疑人或被告人的判断，认定成立正当防卫。反向排除是一个证伪的过程，也就是寻找合理怀疑的过程。较之经验法则的正向运用，反向排除更容易作出。

【案例3②】2018年4月17日，被害人曾某在村委会办公室前向村委会书记被告人谢某某反映诉求时辱骂谢某某，并用铁拐杖朝谢某某左膝盖左边部位打了一棍，谢某某用左手抓住曾某手持的铁拐杖，再双手将铁拐杖朝自己左身后用力一扯，致使曾某摔倒在地，全身多处有不同程度损伤。谢某某及其辩护人辩称其具有防卫意图，属于正当防卫。法院认为："曾某身体瘦弱，出行需要依靠拐杖，被告人谢某某扯夺拐杖时，曾某是紧抓拐杖的，但被告人谢某某明知扯夺涉案拐杖可能会对年龄已94周岁而且身体瘦弱、紧抓拐杖的曾某造成人身伤害，但被告人谢某某仍然将拐杖往身后用力一扯，具有伤害他人的主观故意。"

本案中，法院对曾某年迈体弱之事实的查明首先是为了排除不法侵害，根据经验，一个年迈且体弱的老人不可能实施紧迫的、严重的不法侵害，其次，对这一事实的查明是为了排除被告人的防卫意图，被告人面对微弱的侵

---

① 揭萍、余怡：《正当防卫司法认定的证据学实证分析》，载《中国人民公安大学学报（社会科学版）》2020年第6期。

② 参见（2019）粤1721刑初189号判决书。

害，实施明显超过必要限度的反击行为，难以认定其合理性，进而排除了正
当防卫。

四、释放辩护空间：经验法则正确运用保障

由于经验法则的运用基于归纳推理，因此其结论可能存在错误，法官在
运用经验法则认定事实时可能产生认知偏差。有学者认为，对于双方有争议
的经验法则，应当通过辩论程序加以运用，防止经验法则适用的突袭性[①]。因
此，一方面，应当要求法官对所适用的经验法则进行说明与论证；另一方面，
辩护律师对错误运用经验法则的甄别也至关重要。

首先，法院应当给予辩方讨论所引经验法则本身是否成立的空间。如果
运用的经验法则具有较高的盖然性并且能够得到一定范围内群众的普遍认可，
那么法官可以直接依职权决定是否运用以及如何运用经验法则，相反，如果
法官对经验法则的盖然性存在疑问，或者对经验法则所属领域不够熟悉，则
应当在法庭审理过程中为辩护人提供讨论如何适用经验法则的机会。除此之
外，如果辩方主张运用经验法则，公权力对该经验法则存疑也应当充分听取
辩方意见，并且对争议点进行释明。如"彭宇案"中，法院在该案件事实认
定过程中对错误"经验法则"的运用引起了法学界和民众的广泛批评和指责。
一般来说，法官以经验法则作为案件事实认定的方法，其经验不应当过于超
出一般人的理解水平和能力。本案中，法官依据"日常生活经验"认定"撞
人之人逃离后被撞之人第一反应是呼救"，认为如果被告是见义勇为做好事的
人，更符合实际的做法应当是"抓住撞到原告的人，而不仅仅是好心相扶"，
又"根据社会常理"推定如果被告是做好事，其应当在原告的家人到达后言
明事件的经过后离开。然而，法官所言明的前因后果之间是否存在必然联系
或者合乎情理的或然性联系是值得反思的。本案中，法官根据所谓"常理"
和"社会情理"所得出的结论很难被认为是"常态化"的，也不能为社会民
众所接受。刑事案件中经验法则的运用更要达到排他性的标准，如果法官对

---

① 张卫平：《认识经验法则》，载《清华法学》2008 年第 6 期。

经验法则的运用难以说服辩方律师也必然难以说服普通民众，辩方律师对经验法则的质疑可以有效防止错误判决的生效，从而防止舆论对法院裁判公信力的冲击。

其次，识别案件事实是否属于所引经验法则的例外情形。例如当事人之间固有的行为习惯也许会直接影响正当防卫案件中防卫行为是否超过必要限度的判断。对于家庭成员之间的暴力行为是否达到了可以反击的程度，不同法官的判断标准有所不同，认定防卫行为是否"明显超过必要限度"，应当以足以制止并使防卫人免受家庭暴力不法侵害的需要为标准，根据防卫人所处的环境、面临的危险程度、采取的制止暴力的手段、施暴人正在实施家庭暴力的严重程度、造成施暴人重大损害的程度以及既往家庭暴力史等进行综合判断。"邱某某正当防卫案件"[①] 中，邱某某本人受到了被害人张某甲的辱骂、扇耳光以及殴打，其子张某乙被被害人按在床上打臀部。仅仅依靠此案件事实，很难认为被害人实施了紧迫的不法侵害，而被告人持刀反击造成被害人重伤的行为则超过了防卫的必要限度。但是，因邱某某和其子张某乙均曾受脾气暴躁的张某甲打骂，邱某某在用尽求助方法、孤立无援、心理恐惧、力量对比悬殊的情形下准备水果刀欲进行防卫，其事先有所防备，准备工具的行为具有正当性、合理性，并且一个愤怒的成年人对于一个9岁儿童的暴力压制和伤害，具有造成张某乙取软骨的肋骨受伤、再造耳廓严重受损的明显危险，判断邱某某的防卫行为是否明显超过必要限度，应当充分体谅一个母亲为保护儿子免受伤害的急迫心情，还应当充分考虑邱某某在当时紧张焦虑状态下的正常应激反应和张某乙身体的特殊状况。该案件事实属于判断防卫行为是否超过必要限度中所引经验法则的例外情形，即不仅需要考虑不法侵害的危险程度，还要考虑家庭暴力行为的特殊性。在类案中，辩方律师的目光不应当仅仅局限于案件发生时的状态和情境，充分收集当事人的既往家暴史，既往病历，或者种种能够影响法官经验判断的特殊情况，并向法官展示，将对法官的判断产生影响。

最后，辩方可以运用相反经验法则形成对抗性解释。经验法则本身具有

---

① 参见（2019）鄂 0117 刑初 637 号判决书。

无限性、抽象性、隐蔽性、盖然性等特点，决定了经验法则具有不确定性，也决定了准确运用经验法则具有一定的难度，并且经验法则的运用容易受到法官自身性格、修养、家庭背景、教育经历以及职业水平的影响。在当前难以改变经验法则自身特点的情况下，尽量缩减法官的主观能动性对于经验法则适用的负面影响至关重要。在同一案件中可能会存在多个经验法则的运用，不同经验法则之间可能存在冲突，在同一问题上运用不同经验法则得出的结论可能相互矛盾，法官不应当忽略辩方律师提出的不同的解释路径，当辩方的思路与法官的说理形成对抗性解释时，法官应当反思其经验法则的适用是否正确、是否存在例外情况，当不能排除辩方所提出的解释思路时，则应当严格坚持"存疑有利于被告人"的刑事原则。

五、重视指导性案例：经验法则运用的刑事化落地

由于经验法则范围广泛，数量庞杂，难以将其法条化，因此，选择以往运用较为成功，能够为法官提供借鉴和指导的典型案例作为经验法则的指导性案例，对法官正确理解经验法则的理论内核，准确把握经验法则的适用情形大有裨益。对于经验法则指导性案例而言，其效力所依赖的不是纯粹的理论理性，也不是纯粹的实践经验，而是二者的结合——"实践理性"，即人们在共同的交往活动中所形成的以共同经验、理论为基础的指导行动的相同的或者类似的理解与共识。因此，对于经验法则的研究不应当止于理论层面，结合实际大规模发布经验法则指导性案例尤其具有意义。

根据 2015 年最高人民法院《关于案例指导工作的规定》第 7 条及其实施细则第 9—11 条的规定，可知最高人民法院发布的指导性案例，各级人民法院审判类似案例时应当参照，在办理案件过程中，案件承办人员应当查询相关指导性案例，在裁判文书中引述相关指导性案例的，应在裁判理由部分引述指导性案例的编号和裁判要点。由此可见，我国指导性案例的效力介于拘束效力与指导效力之间，其对法院的裁判不仅具有指导作用，同时在案件事实相似时查询并引用有关指导案例也是司法机关的义务。具体到涉经验法则案件中，笔者认为，应当明确上级法院公布的指导性案例仅仅具有指导效力

而无拘束效力，因为经验法则的内涵涉及生活的方方面面，其数量具有无限性，并且经验法则是通过归纳方法获得的不完全性知识，其具有归纳法天生的缺陷，即或然性以及例外的可能性，所以经验法则并不能类推适用。对于法官来说，某些经验事实发生的盖然性高低不仅取决于案件事实，也取决于案件发生时特定的环境和条件。也就是说，对于经验法则指导性案例的效力，只能将其作为法官的一种"行为规范"加以要求，而不是作为一种"评价规范"，作为一种"义务"进行强制①。

最高人民法院于 2021 年 1 月 12 日公布的第 26 批指导性案例中包括 4 件刑事指导性案例，144 号案例"张某某某正当防卫案"对特殊正当防卫案件中"行凶"作了准确诠释，而该指导性案例又恰好适用了经验法则进行说理："综合不法侵害的人数、打击部位和力度等情况，以一般人的认识水平判断，已经达到了危及张某某某生命安全的程度，应属于行凶"。这里的"以一般人的认识水平判断"是法官对经验法则的运用，其指导性在于：如果下级法院遇到类似案件无法准确判断不法侵害是否属于行凶时，应当综合考虑不法侵害的人数，打击部位和力度等情况。

刑事诉讼领域关于经验法则运用的研究相较于民事诉讼呈现出一种不平衡的状态，无论是学者著述还是立法支持，刑事诉讼领域的有关经验法则的研究都相对匮乏。法律条文既未对经验法则的内涵和外延作出界定，也未对经验法则的运用条件作出规定。经验法则的重要性毋庸置疑，我们所需要讨论的就是如何在中国法语境下对经验法则的适用进行进一步的规制，既要避免法官运用盖然性较低的经验法则，也要避免运用经验法则所认定的事实与证据证明的事实相违背。就目前的司法环境而言，由于经验法则运用范围广，数量多，将其明确立法存在很大难度，但是发布含经验法则的指导性案例却非难事，若是能够建立和完善相当数量的涉经验法则的指导性案例，以供法官在处理相似案件时参考与借鉴，对司法机关正确把握经验法则、规范自由裁量权将具有重要意义。

---

① 张亚东：《经验法则——自由心证的尺度》，北京大学出版社 2012 年版，第 143 页。

经验法则在认罪认罚自愿性审查认定中的运用

吕宏伟[*]

在当前的司法实践和理论研究中，对于经验法则的讨论基本都集中在裁判结论的形成和裁判文书的说理上，也就是注重研究其在案件事实认定环节中的作用发挥。在认罪认罚案件中，审判环节在某种意义上只是对审前环节已经认定的案件事实进行确认。法官在确认案件事实时的主要依据是认罪认罚具结书和被追诉人的相关供述，这在认罪认罚案件的审理过程中尤为重要。为了尽可能地保障被追诉人认罪认罚的自愿性和真实性，立法机关建立了许多保障机制，在审判环节，经验法则在认罪认罚自愿性审查认定中扮演着不可或缺的角色。本文将首先对经验法则的内涵和基本特征展开探究，其次将对经验法则在认罪认罚自愿性审查认定中的运行机理进行明确，最后将对经验法则在具体运用中应该注意的问题进行分析。

一、经验法则的内涵与特征

学者们对于经验法则的研究，已经有一个多世纪的历史。关于经验法则最早的表述是 1893 年弗里德里希·斯坦著作中的"一般性特征大前提"[①]，随后逐渐被法学研究者们注意。进入 21 世纪以后，经验法则越发被司法工作者和理论研究者所重视。但是，经验法则毕竟不是一项具体的司法制度，具有

---

* 西南政法大学刑事诉讼法学专业硕士研究生。

① 转引自［意］米歇尔－塔鲁否：《关于经验法则的思考》，孙维萍译，载《证据法学》2009 年第 2 期。

抽象性，有时似乎让人难以捉摸。因此，在对本文的主题进行研究之前，有必要对经验法则的内涵与特征进行探讨。

（一）经验法则的内涵

日本学者认为经验法则是"作为判断事实前提的经验归纳为事物的特征和因果关系的知识"。[①] 在我国，大多数学者比较赞同经验法则是"人们在长期生产、生活以及科学研发过程中通过对客观外界各种现象的观察、识别和认知，而在观念上形成的一种理性认识"。[②] 也有学者认为："简要地讲，所谓经验法则，是指人们从生活经验中归纳获得的关于事物因果关系或属性状态的法则或知识。经验法则既包括一般人日常生活所归纳的常识，也包括某些专门性的知识，如科学、技术、艺术、商贸等方面的知识等。"[③]

人们在认识世界的过程中，总是会进行反思并总结出一些简单的规律。这些总结出来的简单规律如果稍微成熟一点就会变成一般性的生活经验。如果这些一般性的经验被社会上多数人所承认，那么就会变成对一定范围内的社会公众具有约束力的法则性经验，也就是经验法则。如果经验法则进一步被社会公众所承认，人们认为这种经验法则是非常可靠的，即输入事实之后在绝大多数情况下都可以得到正确的结果，那么这种经验法则就会实现对自己的超越，上升为证据规则。所以，从人们认识世界的整个过程来看，这种介于个人一般经验和证据规则之间的、具备较高盖然性的一般经验就是经验法则。

（二）经验法则的特征

经验法则毕竟不是诉讼法中的证据规则，它是被人们所承认的经验，具有盖然性和主观性。经验法则与一般的生活经验也不同，其较高的盖然性使其成为与一般经验不同的准证据规则，因此具有法则性，对人们的认知活动又有一定的约束力。

---

① ［日］兼子一、竹下守夫：《民事诉讼法》，白绿铉译，法律出版社1995年版，第102页。
② 毕玉谦：《试论民事诉讼中的经验法则》，载《中国法学》2000年第6期。
③ 张卫平：《认识经验法则》，载《清华法学》2008年第6期。

1. 盖然性

从逻辑学的角度来看，经验是人们运用归纳法得出来的，而归纳法是无法穷尽所有可能的。归纳推理依赖于自然世界的一致性，但这种一致性并没有穷尽所有的可能，所以归纳的结论具有或然性。[①]经验法则作为一种有别于一般经验的"特殊经验"同样也具有盖然性。正是因为经验法则具有盖然性的特征，所以其是可以被推翻的。在 2007 年"彭宇案"中，法官在一审判决书中以"常理""日常生活经验"为根据推定彭宇撞倒徐老太这一事实为真[②]。此案中经验法则的适用就没有考虑到其具有的盖然性特征，法官对经验法则具有的可推翻性没有较好地予以说明，这也是后来判决结果遭到社会公众批评的原因之一。但是，经验法则的盖然性不是完全的不确定，其具有比一般经验更高的确定性。但这种确定性是人们在社会体验和认识过程中得出的，具有一定的主观性，因此属于"相对确定"。[③]

2. 主观性

在诉讼中引入专业领域的经验法则以供法官评价证据的证明力并不罕见，由此可以认为法官并非经验法则的唯一提出主体。这是因为，法官由于专业受限，无法就事实认定中的非专业领域事项发表意见，而只能根据专家提供的意见评价证据的证明力，即意见证据规则之例外。经验法则本质上还是一种经验，其是通过主观的认识得出的。[④]一方面，经验法则从日常生活出发，以抽象的概括来描述事实。抽象性决定了经验法则在推理三段论中居于大前提的位置，具有类似法律规范的性质。[⑤]另一方面，正是因为其具有主观性，所以边界并不容易把握，有些时候法官可能会误把个人经验当作社会一般人所承认的经验法则，造成裁判上的错误。

---

① 郑凯心：《案件事实认定中法官的经验偏差防范研究》，载《河北法学》2021 年第 11 期。
② 参见南京市鼓楼区人民法院（2007）鼓民一初字第 212 号民事判决书。
③ 龙宗智：《刑事证明中经验法则运用的若干问题》，载《中国刑事法杂志》2021 年第 5 期。
④ 谭世贵、陆怡坤：《论经验法则在证据证明力评价中的运用》，载《华南师范大学学报（社会科学版）》2021 年第 5 期。
⑤ 张立峰：《司法裁判中法官如何应用经验法则》，载《黑龙江省政法管理干部学院学报》2018 年第 5 期。

3. 法则性

经验法则还具有法则性。一方面，经验法则具有一定的约束力，司法工作人员在适用经验法则的时候不是想用就用、想不用就不用，而是必须遵守一定的规则；另一方面，能够被司法裁判所承认的经验法则具有一定的普遍性，不是法官个人经验的总结，而是能够为一定范围内社会一般公众所承认和遵守的一般经验。经验法则的法则性特征使其有了准证据规则的地位。除非有充足的理由，否则法官不得排斥经验法则的适用。

二、运用经验法则审查认定认罪认罚自愿性的机理

（一）审查认罪认罚自愿性的重要性

确保认罪认罚的自愿性和真实性是认罪认罚从宽制度运行的前提和基础。根据我国《刑事诉讼法》第 15 条、第 224 条的规定，认罪认罚从宽制度包含自愿认罪认罚、实体从宽和程序从简三个核心要素。自愿认罪认罚是前提。如果被追诉人认罪认罚缺乏自愿性，那么，实体从宽和程序从简都会失去正当依据。[①] "两高三部"《关于适用认罪认罚从宽制度的指导意见》（以下简称《指导意见》）规定，人民检察院和人民法院应该对认罪认罚的自愿性和认罪认罚具结书的真实性、合法性调查核实。如果认为认罪认罚协议是一种契约，那么根据契约精神，契约必须是在当事人意志自由的情况下达成的。我国刑事诉讼一直以来注重对客观真实的追求，不但要注重认罪认罚的自愿性，还要注重认罪认罚的真实性，防止当事人虚假认罪认罚，造成司法不公。

（二）审查认定过程中存在困难

在对认罪认罚的自愿性和真实性进行审查判断时，并不是所有的案件事实都清晰明了到只需要根据在案证据逐一印证即可。实际上由于以下几个方面的原因，在审查判断认罪认罚自愿性时必须使用经验法则去辅助认定。

---

① 孙长永：《认罪认罚从宽制度实施中的五个矛盾及其化解》，载《政治与法律》2021 年第 1 期。

从相关的司法文件^①的规定来看，对法官审查判断被追诉人认罪认罚自愿性提出了非常高的标准。法官不仅要依据被追诉人的表述进行审查认定，而且要结合相关的客观材料进行整体性的把握。在刑事案件中，有些犯罪嫌疑人、被告人为逃避处罚，经常提出无法提供确切证据印证的"幽灵抗辩"。此外，实践中侦诉机关可能会采取一些不规范的措施导致被追诉人认罪认罚的自愿性受损，而且被追诉人自身的一些做法也会影响认罪认罚的自愿性。对此，法官应当充分利用客观证据，借助经验法则予以破解。^②一方面，法官要对外部因素进行判断。如果犯罪嫌疑人在认罪认罚时有外力的介入或影响，那么对被追诉人认罪认罚自愿性的认定就应该非常谨慎。这时法官就需要借助经验法则去判断，到底这种"外力"对被追诉人认罪认罚的自愿性有没有影响以及影响有多大。另一方面，法官还需要对内部因素进行判断。认罪认罚的自愿性以被追诉人知晓承认自己的罪行可能带来的实体和程序上的后果为前提。但是，被追诉人对这些事项是否知悉以及知悉到什么程度一般很难从纸面材料上直观地反映出来。因而犯罪嫌疑人认罪认罚时的知情权是否得到良好的保障也需要借助经验法则去判断。

（三）运用经验法则可以有效破解认罪认罚自愿性审查认定中的困难

审查认定认罪认罚的自愿性是办案人员的法定职责。法官不但要认真审查被追诉人认罪认罚的自愿性，而且要得出一个准确的结论。有责任心的法官可能不满足于完全依靠证据规则进行判决得出的结果，又无法通过其他更为妥当的方式克服事实真伪不明的状态，进而不得不走上以经验法则为代表的"少有人走的路"。^③

---

① 参见《指导意见》第 28 条、第 39 条。

② 李申：《利用客观证据和经验法则破解"幽灵抗辩"》，载《检察日报》2021 年 8 月 10 日第 5 版。

③ 曹志勋：《经验法则适用的两种模式——自对彭宇案判决说理的反思再出发》，载《法学家》2019 年第 5 期。

1. 运用经验法则能够补足证据，确保案件事实认定的准确性

提到经验法则，就不可避免要提起事实推定。事实推定是指法院从基础事实出发，根据逻辑和经验法则，推定与之相关的另一未知事实的存在。① 实际上，这里明确了经验法则与事实推定之间的关系，即经验法则是进行事实推定的依据。在证明功能上，经验法则的作用主要在于利用其所具有的法则性特征使法官对事实的认定更接近案件真实情况，并因其必然性和较高的盖然性使法官对事实的认定更具正当性。② 在很多情况下，由于检察官审查侦查阶段认罪认罚的自愿性和法官审查审前阶段认罪认罚的自愿性都是事后审查，是将现有的客观材料以及被追诉人的供述结合起来一起审查的。因此，这是一种典型的事后认定，由于主观或客观的原因总会产生事实不明确的情况。在这种情况下，经验法则就可以派上用场了。比如在有些案件中，缺乏犯罪嫌疑人供述的录音录像，且其供述极不稳定，司法工作人员在讯问犯罪嫌疑人时候发现其面露难色，或者在相对平和的环境之中不应该有的紧张情绪，这时可能就对犯罪嫌疑人认罪认罚的自愿性产生强烈的怀疑。因此，无论是从经验法则为诉讼各方提供了必要且可能的智识基础，还是从其本身即符合司法证明的基本认识规律这一点来看，其都具有司法适用的正当性。③

2. 运用经验法则审查认罪认罚自愿性有利于最大限度地保障被追诉人的权利

经验法则在审查认定犯罪嫌疑人、被告人认罪认罚自愿性中的运用有利于最大限度地保障其合法权益。一方面，应当允许被追诉人对司法工作人员运用经验法则所得出的结论提出相反的证明。如果能够成立，那么前述司法工作人员运用经验法则得出的结论就不能成立。④ 也就是说，从其本质上来看，经验法则作为一种事实推定的依据，其结论具有可以反驳的性质。当事人在认罪认罚的时候目的很明确，就是认罪认罚之后实体可以从轻，程序可

---

① 潘金贵主编：《证据法学》，法律出版社 2013 年版，第 278 页。
② 张卫平：《认识经验法则》，载《清华法学》2008 年第 6 期。
③ 琚明亮：《论经验法则司法适用的可能及限度》，载《贵州师范大学学报（社会科学版）》2021 年第 4 期。
④ 张卫平：《认识经验法则》，载《清华法学》2008 年第 6 期。

以从简。如果被追诉人之前的认罪认罚被认为是"不自愿的",那么对于其来说不一定是有利的。《指导意见》规定,检察机关发现被追诉人在侦查阶段认罪认罚不具有自愿性,要重新开展认罪认罚从宽程序;如果法院发现审前阶段认罪认罚不具有自愿性,则应该按照普通程序审理。如果司法工作人员是运用经验法则的来判断被追诉人认罪认罚的自愿性,那么这个判断结论本身就是可以被推翻的,当事人可以利用一定的方法来说明真实的情况。另一方面,相对于前一种情况来说,实际上有一种更加危险的情况,就是被追诉人认罪认罚不具有自愿性,却被司法工作人员运用经验法则判定为具有自愿性。这种情况是对我国司法实践所追求的公正价值的直接违背,会对被追诉人的权利造成极大的损害。被追诉人的认罪认罚一旦被认定为具有自愿性,那么其就要承担相应的不利后果。根据经验法则的性质,被追诉人对于司法工作人员的这种推定依然是可以反驳的,可以提出相关的材料或通过其他方式来说明自己认罪认罚的"非自愿性"。

3. 运用经验法则可以约束司法工作人员的判断

刑事司法实践中,法官运用经验法则即使认定事实成立,为了避免出现争议性结论而引发其他诉讼主体对裁判结果不满,继而引起抗诉率、申诉率和重审率的增加,往往倾向于适用无争议的证据、事实作出裁断,审慎选择其他证明力强度有限的证据,遵循一般证据规则认定事实。[1] 经验法则不是一个人的经验或者偏见,它是社会一般人或一定范围内的人所共有的认识。经验法则可以生成一种对司法工作人员恣意的约束机制,能够更好地实现司法公正。经验法则对司法工作人员的约束在很多情况下是隐形的。但是如果这种隐形的约束一旦被用来说明裁判理由,经验法则的整个运作过程就会显像化,就会受到被追诉人、其他国家机关的审视。

---

[1] 杨宗辉:《刑事案件的事实推定:诱惑、困惑与解惑》,载《中国刑事法杂志》2019 年第 4 期。

三、经验法则在认罪认罚自愿性审查中的实际运用

（一）防范运用经验法则可能带来的风险

经验法则的适用要求法官具备精深的法律素养和积极的进取精神。[①] 经验法则在审查认定认罪认罚自愿性的时候固然有其优势，但是也要注意防范经验法则自身所具有的特点可能带来的风险。

第一，经验法则的盖然性特征可能导致办案人员在审查认定认罪认罚自愿性时出错。经验法则具有的盖然性特征，有时可能导致办案人员认为只要被追诉人表明认罪认罚是自愿的，且无法查出其他的材料进而得出相反的结论，就可以认定被追诉人认罪认罚具有自愿性。办案人员在审查认定认罪认罚的自愿性时，不可避免地要受到自身所具有的办案经验影响。例如，没有刑讯逼供那么供述肯定为真；犯罪嫌疑人如果自认，那么其必定是有罪的；犯罪嫌疑人如果没罪，那么就会服判等。这些司法实践中总结出来的经验法则在绝大多数的情况下应该说是不会出错的，但是司法工作人员在认定认罪认罚自愿性的时候必须保有警惕心，要想到还是可能会有其他情形出现的，所运用的经验法则无法穷尽所有的情形。如果司法工作人员通过对案件其他材料的审查发现被追诉人的认罪认罚可能是不自愿的，应该做进一步的确认工作。

第二，经验法则具有的主观性特征可能导致审查认定出错。某一个经验是不是经验法则，有多大的盖然性都是由司法工作人员凭借自身的认识去把握的。如果司法工作人员在审查认定认罪认罚自愿性时候的依据并非经验法则而是其根据自身的生活经验得到的偏见，那么就可能导致审查认定出错。最典型的比如前面提到的"彭宇案"，在此案裁判文书的说理部分，裁判者以"未撞人者不会扶起被撞者"为依据，推定出了一个错误的结论。这里法官所采用的所谓"经验法则"显然不是司法领域的经验法则，本质上是裁判者根据个人的经验所作出的认定。司法工作人员在审查认定过程对运用经验法则

---

① 王庆廷：《"经验"何以成为"法则"——对经验法则适用困境的考察、追问及求解》，载《东方法学》2016 年第 6 期。

的情况应该进行公开说明。首先，应该做到对被追诉一方公开，审查的结论和说理的过程都应该向被追诉人及其辩护人公开，让辩方去判断审查认定时所依据的是个人经验还是司法意义上的经验法则。其次，还应该做到内部公开，即应该对其他的司法工作人员做到公开。当司法工作人员在对经验法则的适用出现疑问的时候，就要和合议庭其他成员，或者其他办案的检察官一起讨论，一起去把关。

（二）结合司法文件要求，全面审查判断

司法机关工作人员在审查认罪认罚自愿性的时候需要审查的内容在《指导意见》第 28 条和第 39 条中已经有明确的规定。这些规定为司法机关工作人员运用经验法则审查认定被追诉人认罪认罚的自愿性划定了范围，提出了要求。总的来看，司法实务中应该着重对以下几个方面的内容进行审查。

第一，审查犯罪嫌疑人、被告人在侦查阶段有没有受到非法侦讯行为的影响。非法侦讯包括采用暴力、威胁、欺骗等非法手段使得犯罪嫌疑人违背意愿认罪认罚。这里应该注意两个问题。一方面，关于引诱、欺骗与正常的侦查讯问策略之间界限的问题。二者之间在有些情况下是非常难以区分的，这就要求办案人员在审查认定时运用经验法则，作出准确判断。另一方面，要注意对案件程序完全合法情况下被追诉人认罪认罚自愿性的审查。一般情况下，如果犯罪嫌疑人、被告人供述认罪认罚是自愿的，就认为其认罪认罚确有自愿性。但是，这种对于程序合法的迷信却极有可能会造就错案。即便是程序上完全合法的案件，如果发现相关的线索而产生合理怀疑，司法工作人员也应该努力调查以发现真相。

第二，审查犯罪嫌疑人、被告人认罪认罚的主观方面。法官要审查被追诉人认罪认罚时的认知能力和精神状态。被追诉人认罪认罚时的精神状态和认知能力是决定认罪认罚是否自愿的一个前提性条件，如果认罪认罚时犯罪嫌疑人、被告人的精神状态和认知能力都不正常，就很难认定其认罪认罚是具有自愿性的。

第三，审查犯罪嫌疑人、被告人认罪认罚的态度、动机、认罪认罚前后相关的客观条件变化情况，综合把握其认罪认罚的自愿性。这方面的审查工

作其实是最考验办案人员经验的，需要办案人员将犯罪嫌疑人、被告人认罪认罚的具体情形、内容、动机、原因和个人生活情况以及平时一些相关的表现都纳入考察因素中去，并结合现有的证据材料加以综合分析，在此基础上得出其认罪认罚是否具有自愿性的结论。

在充分认识经验法则的特点和其在认罪认罚自愿性审查认定中的运行机理的前提下，经验法则可以发挥很好的作用。目前可能还存在两个问题有待下一步解决。一是司法实践中经验法则不是用得不多，而是司法工作人员在不经意间适用，这种适用没有被识别到，也没有被进一步规范，也即要明确经验法则在司法实践中如何规范运用的问题；二是经验法则在司法实践中的运用作为一个实践性很强的命题，急需大量的实证研究来为其提供智识支持。

经验法则运用的制度前瞻

刑事司法中法官运用经验法则
认定案件事实的制约与突破[*]

刘为忠　王立新[**]

一、问题的提出

　　经验法则这一概念最早出现在弗里德里希·斯坦的著作中，他认为经验法则是在一般性、确定性经验基础上所形成的一般性法则[①]。各个国家和地区对经验法则的定义有所不同，目前并未形成统一的观点。例如，德国认为经验法则是法官对案件进行证据评价时需要考虑的生活经验[②]。美国认为经验法则是案件证据的关联性标准，包括常识和常情[③]。在我国台湾地区，有学者将经验法则定义为"自日常生活经验所获有关判断事实之知识或者法则"[④]。根据我国现行法律规范来看，并没有直接使用"经验法则"这一概念，而是用"生活经验"等词语来指代。我国大陆学者会以"司法认知"来代称经验法则。刑事司法中常常提及"审判经验"一词，与"罪刑法定""证据裁判"等核心词汇相比，经验法则在刑法理论中适用较少。我国最高人民法院 2019 年 10 月新修订的《关于民事诉讼证据的若干规定》第 85 条将经验法则表述为"日常生活经验"。虽然在法律法规中没有明确提及经验法则，但无论在刑事

* 本文系重庆工商大学科研启动经费项目（2153042）。

** 刘为忠，重庆工商大学重庆廉政研究中心研究员。王立新，重庆工商大学法律硕士。

① 张中：《论经验法则的认识误区与实践困境》，载《证据科学》2011 年第 2 期。
② 张亚东：《经验法则：自由心证的尺度》，北京大学出版社 2012 年版，第 2 页。
③ 张亚东：《经验法则：自由心证的尺度》，北京大学出版社 2012 年版，第 7 页。
④ 陈荣宗、林庆苗：《民事诉讼法》（下），三民书局 2010 年版，第 732 页。

还是民事司法中，其都是法官常用的认定案件事实的方式。

经验法则运用得正确与否直接导致案件事实认定、裁判结果的正确性。中国法治化进程中，经验法则在司法中适用的问题由一些典型案例而凸显并引起广泛关注。2007年南京"彭宇案"将经验法则直接推向公众面前，引起学者以及司法界对于经验法则运用的高度重视。由民事司法观刑事司法，正确界定并运用经验法则认定刑事案件事实至关重要。

二、法官运用经验法则认定案件事实的价值分析

探讨经验法则的适用问题需首先对其认定案件事实进行价值分析。经验法则的出现标志着法定证据时代迈向自由心证的证据制度时代，是法国大革命时代理性思潮的产物。法定证据规则认为证明力规则具有绝对的正确性，只要符合规则就可以认定案件"事实"。而运用经验法则认定事实的过程是为查明真相的高度复杂的诉讼认识活动，正确对案件事实的认定是主观性与客观性、绝对性与相对性的统一。客观性和绝对性体现在法官认定案件事实必须建立在证据确实、充分的基础之上；主观性与相对性体现在这个过程受法官主观意识的影响，是法官进行心证的产物。法官要从千差万别的案情中对证据能力和证明力进行正确评价，准确认定案件事实就必须充分发挥其主观能动性。经验法则在刑事案件事实的认定中的运用与马克思主义认识论是相当契合的。经验法则的适用为法官智慧提供了绝佳的展示平台和极好的"判断余地"，让事实认定兼具法律的冷静与生活的温度，让法律事实与客观真实的距离尽量缩短①。

经验法则是个人经验与司法经验的提炼总结，是检验证据真实性的基础，存在于法律规范与案件事实之间。刑事司法最为重要的任务是将法律规范与案件事实结合起来，在这过程中经验法则发挥了重要的作用。首先，经验法则有利于真相的呈现，发挥了查明事实的作用。案件事实属于历史事实，法

---

① 王庆延:《"经验"何以成为"法则"——对经验法则适用困境的考察、追问及求解》，载《东方法学》2016年第6期。

官不可能提前知道会有什么样的证据出现。面对不可预知，法官需要充分发挥主观能动性，利用经验法则和逻辑规则来认定案件事实。其次，经验法则可以引导当事人合乎常理地进行举证、质证等活动，为法官心证提供精准材料，从而降低司法实践中的证明成本，兼顾求真与求善的需要。再次，在法律适用层面，经验法则是法官的"方向标"。法官理解法律体系，解释法律概念与法律行为，作出必要的法律判断均需以经验法则为指南。最后，案件事实认定中，经验法则的运用决定证据的能力和证明力，可以起到"焊接"证据链条的作用。

刑事诉讼价值体系是一个多元且开放的价值体系，其中包含了公平、正义、秩序、自由和效率等因素。在刑事司法中，事实认定的过程与结果需要充分体现正义的目标。任何事情必须首先为真，才能宣称其具有其他的价值。实体正义对于司法裁判活动的重要性不言而喻，是结果的正义、实质的正义。但是实现实体正义是十分艰难的。因纠纷解决程序滞后于纠纷形成过程、程序本身的形式性与节制性、客观事实不可能重现、案件真相与复杂的社会现象相连等问题的影响，使得效率受阻碍并且目标难实现。法官在认定案件事实时必然会面临许多不确定的因素，法律的可能性并不是预定的存在。在法官的逻辑推理中，如果无法完全依赖于规则，那么经验法则可以构成认定案件事实的护身符。大陆法系国家和英美法系国家均认为经验法则是日常社会经验的概括和抽象。大陆法系国家法官在裁判案件时，习惯运用演绎推理的方式，往往将经验法则作为推论的大前提，经验法则发挥了类似法条的功能[①]。英美法系国家司法实务中经验法则的功能主要体现在证明责任以及证据关联性的两方面。刑事司法中法官运用经验法则认定案件事实的过程中，要明确知道需要经验法则体现什么样的价值，其背后的理论基础以及哲学思想性意义深厚，这是我们研究经验法则的意义所在。

---

① 陈学琴：《论刑事诉讼中的经验法则》，2016 年山东大学硕士学位论文，第 15 页。

三、刑事司法中运用经验法则认定案件事实的制约因素

（一）经验法则的运用缺乏理论支持

1. 自由心证在近代中国"昙花一现"

西周时期，我国发明了"五听"的审判方法[①]，这是世界上首次将心理学的相关知识运用于司法审判中，其实质上赋予了法官运用经验法则的权利，和自由心证有某种共通之处。中华人民共和国成立后，废除国民党时期的法律制度，建立"实事求是"的案件事实认定方式。自由心证由于强调主观的确信被废弃不用，然而学术研究上也将其视为"禁区"。

自由心证制度持否定态度的学者们认为我国社会主义法律制度和自由心证是水火不相容的。一方面，他们认为自由心证制度是对法定证据制度的反动。根据认识论，证据事实是客观存在的，不以人的意志为转移。另一方面，他们认为自由心证制度完全是主观违心主义的表现，与我国实事求是的理念背道而驰。根据马克思主义认识论，掌握辩证唯物主义的立场、观点、方法，才能从根本上确保认定案件事实的正确进行。[②]我国现有法律涉及现代自由心证相关的证据规则、程序规则几乎为零。我国是否应该承认和建立自由心证制度，前提是了解在我国确立自由心证制度的必要性以及可实施性。日本学者铃木茂嗣在著作中有言："自由心证主义绝对没有容许裁判官肆意判断的含义，相反，该原则要求的是根据经验法则而形成的合理心证。"[③]笔者认为要探讨经验法则的适用必须有其理论基础，首先应研究自由心证制度，因为经验法则是司法裁判中自由心证的必经环节。我国目前正在进行的司法体制改革以及司法实践的普遍做法均为自由心证制度的建立提供了前提条件，我国应当建立一套符合中国国情的自由心证制度。

[①] 五听是指辞听、色听、气听、耳听、目听。

[②] 徐益初：《自由心证与判断证据的标准》，载《法学研究》1981年第2期。

[③] ［日］铃木茂嗣：《日本刑法的形成与特色》，法律出版社1997年版，第182页。

2. 如何定位经验法则难达成共识

经验法则可分为"实践经验法则"与"生活经验法则"。顾名思义，实践性经验法则可以得到检验，生活性经验法则检验难度大。[1] 在证据法哲学各国法律制度与学说均承认案件事实的不确定性和法官的自由裁量权，因而最终的判决需要接受经验法则的检验。对于经验法则，各个学者有不同角度的把握。法官适用经验法则进行事实认定是普遍的司法现象，但如何来界定经验法则目前还未达成共识。在刑事司法中运用经验法则认定案件事实，需要从理论和制度上予以重新定位，而准确定位需要事先确定一些恰当的指标。经验法则这一概念既要体现经验性，又要体现法则性，其功能主要涉及事实认定与法律适用两个层面，在传统的司法三段论的每一阶段都发挥着重要作用[2]。因此，法官在运用经验法则认定案件事实的过程中，法律和事实两重因素都是必须考虑的，经验法则的适用不需要以事实问题和法律问题的分割为前提。

（二）证据制度不完善影响经验法则的运用

1. 证据制度本身存在制约

证据制度是法官认定案件事实的基础，我国刑事证据目前还存在多方面的制约因素：第一，长期以来，我国强调实体法、轻视程序法，这种功利的法律观很明显是忽略法本身的价值的。第二，我国现代证据制度受特有的法律文化的影响。第三，一些司法实务人员以及当事人缺乏证据意识。刑事司法中很多冤假错案都是由于证据意识不强造成的。

2. 证据制度与诉讼模式不协调

我国在诉讼制度传统上受大陆法系的影响，职权主义色彩浓厚，是典型的纠问式。法官是刑事案件的裁判者、案件事实的认定者。在刑事司法实践中，事实的构建呈现出向侦查机关以及检察机关偏移的趋势。一方面，虚化

---

[1]　本文着重讨论的是"不能直接检验的生活性经验法则"。

[2]　蔡颖慧：《论经验法则在民事诉讼中的适用》，载《证据科学》2011 年第 2 期。

了庭审中案件事实认定的过程。案件事实认定依靠庭审中举证、质证环节进行。法官认定案件事实并依法作出裁判的基础性根据是已经查证属实的证据，最终被采纳参与事实认定的证据往往是那些双方没有争议的证据，然而疑难案件中影响案件判决走向的是存在争议的证据。这也就回应了上文中法官因疑难案件而回避经验法则，仅用三段论推理得出结论的过程。另一方面，弱化了法官在认定事实的地位。中国刑事司法的体制性与机制性因素会促使一些证据规则的执行进一步偏向于侦查机关，法官对于侦查机关所提交的证据具有明显的依赖性，对于事实的认定缺乏独立、深刻的参与。侦查机关过多、过早地对案件事实进行"处理"，会导致一些生活事实的遗失和改变，而法院对事实认定的纠错机制流于形式，最终导致对案件事实认定的不公正。

3. 刑事证据规则有待完善

我国的证据规则体系已经基本建立，但其中存在不完善之处。目前证据规则体系与证据在刑事司法中的地位不相称，现有的证据规则也不能满足司法实践本身。科学的证据规则需要具备完善的理论基础作为支持，而理论基础也可以视作刑事证据规则的主要导向。在规则的具体实践方面，若没有可靠的理论基础进行支撑，那么在实际司法实践过程中便会出现各种问题甚至是自相矛盾等现象。证据规则的目的从根本上说是对法官认定案件事实适用法律的限制。证据规则不完善的状况增加了刑事司法中法官运用经验法则认定案件事实的困难。主要体现在以下几个方面：第一，对于瑕疵证据界定不清。第二，我国证据种类的规定呈现僵硬化状态。第三，非法言词证据的规定较为零散。第四，非法证据排除规则仍需完善，法官运用经验法则在案件事实的认定中起到了至关重要的作用。

4. 科技证据为经验法则的运用带来挑战

法官在认定案件事实的过程中，需要依据经验法则和逻辑规则对证据证明力进行评价。但是面对高度专业化的科技证据时，法官如何运用经验法则对证据证明力进行评价是一个重大的挑战。科技证据可能会超出"常理"的范畴，然而科技证据并非完全正确，鉴定人也可能作出错误的鉴定意见。"一方面，在自由心证制度下，裁判者的判决不受鉴定结果的拘束，但是裁判者本身缺乏审核鉴定结论是否适当的能力，故裁判者不得不借助经验法则为取舍鉴定结论之依据，其正确性弥补怀疑；另一方面，大多数的鉴定结论是以'经验法则'为基础，裁判者容易误认为科学性之证据不容推翻，而无条件予以采纳，其结果发生鉴定人的经验法则大于裁判者经验法则的矛盾。"① 科技证据的迅猛发展为法官运用经验法则来认定案件事实带来了挑战。

（三）司法实践存在的问题阻碍经验法则的进路

1. 法官忽略和滥用经验法则现象突出

经验法则来源于个别经验的归纳和抽象总结，而归纳推理最大的缺点就是无法穷尽所有的可能性，因此通过归纳推理得来的经验法则本身是一个盖然性的命题。所以经验法则呈现出数量上的无限性、形式上的客观性以及案件范围的广泛性等特点。经验法则的适用是否正确与法官素质直接相连。在司法实践中，法官认定案件事实的过程会受到经验法则内在属性的制约。

在刑事司法中，法官忽略或者滥用经验法则会增加冤假错案的发生，影响司法公正性，破坏民众对司法的印象。法官对于经验法则认定案件事实未能提起重视，常用传统的三段论推理得出结论，无法准确地认定案件事实。法官把所有的疑难案件转化为简易案件是对法官裁判的误解，也是对法律实践的歪曲。经验法则可以帮助法官克服证明过程的困难，但是法官忽略经验法则而运用客观化的证明标准严重违反诉讼规律进而导致司法不公。出现经验法则被法官忽略的情形，原因可以归结为几点：第一，法官对于经验法则的内容理解不深刻。第二，经验法则适用的难度随案件的复杂程度而提高，这对法官各项能力提出了挑战，法官在面对疑难案件时，选择了对经验法则的回避。第三，经验法则本身的模糊性、抽象性与法官选择弃之不用有密切的联系。由于我国对于经验法则本身没有合理的规制，法官司法中也存在错用和滥用的情形。法官在错误运用经验法则的时候并没有主观恶性，在使用过程中出现了一定的错误，主要原因在于运用了较低盖然性的经验法则或者经验法则认定的案件事实与证据需要证明的事实不一致的情况，这会导致运

---

① 周静:《自由心证与陪审制度》，天山出版社 1989 年版，第 17 页。

用经验法则得出的结论失之偏颇。法律对于经验法则规定的缺失导致了法官对其适用的随意性。经验法则可以作为法官自由裁量权的依据是达成共识的，但是由于证据以及程序立法的遗漏，出现了法官自由裁量权不受约束的状态。

2.经验法则的适用缺乏标准

相对民事司法来说，现阶段我国刑事司法对于经验法则适用的研究要少很多。在刑事司法实务中法官常用到经验法则来认定案件事实，但不当运用经验法则的情形颇多，这造成了经验法则处在刑事司法的尴尬境地。其一，经验法则的适用必须满足一定的条件，但很显然我国目前的立法并没有规定经验法则的适用条件，甚至都没有对经验法则内涵和外延进行清楚的界定。经验法则本身具有一定的抽象性和主观色彩，这一点和经验法则的高度盖然性之间并不冲突但难以权衡，笔者推测这可能是推迟立法的原因之一。其二，经验法则的适用范围很宽泛，将经验法则进行类型化处理并非易事。基于中国国情以及经验法则案例的差异化，建立案例库的操作难上加难。我国属于成文法国家，司法判例不可作为正式渊源而产生效力，而经验法则又不适合以成文法的方式规定。同时我国法官的办案水平参差不齐，法官审理相似案件时没有相应案例可以参考，对经验法则的适用难以把握。

四、刑事司法中运用经验法则认定案件事实的突破路径

（一）从理论层面助力经验法则的运用

1.增强经验法则认定案件事实的适用性

在我国立法以及司法解释中应增设有关经验法则的具体规范，这样才能在司法中有法可依、有章可循。一方面，经验法则是得到普遍认可的一般性知识和常识，具有约定俗成的强制力。经验法则体现一定时期和范围内所公认的思维方式和价值观念，当有人违反经验法则就意味着他偏离了整体的价值观，会受到来自各方的压力。另一方面，经验法则本身具有普遍性和客观性，这样的属性可以使得裁判结果的可预测性大幅度提高，能够让公众理解

和评价。我国立法应当对经验法则的内涵和外延进行界定，对经验法则的适用条件作出相应的规定。

法官在运用经验法则认定案件事实时要遵循一定的适用原则。一方面，应遵循价值平衡原则。"实务中会有未在以往规则或判例中出现过的情形，法官在创制新的规范或废弃过时的规则以采纳某种适时的规则的时候，价值判断在这一司法过程中会发挥极大作用。"[①] 笔者认为价值平衡可以辅助法官运用经验法则认定案件事实。法官在认定案件事实过程中不应当机械使用法律条文，而应关注立法目的、社会政策、法律效果等因素。另一方面，法官在适用经验法则时应当遵循后顺位原则。刑法具有谦抑性，那么经验法则的适用也应如此。倘若经验法则不放在后顺位适用，就可能出现法官偏袒当事人一方的情形。

2. 逻辑推理与经验法则认定案件事实的规范化

我国宪法明文规定人民法院依法独立行使审判权，这为法官根据经验法则和逻辑推理自由评价证明力提供了有力的法律依据。逻辑推理推的是"常理"、经验法则定的是"人情"，应当就逻辑推理与经验法则认定案件事实进行规范化。逻辑推理中涉及价值判断的方法有归纳、类比和设证等方法，这些方法均涉及审判实践经验。所以探讨经验法则的运用问题必然会进行逻辑推理。美国大法官卡多佐曾这样总结他的司法心路历程："当我决定个案时……我用了什么样的信息资源来作为指导？ 我允许这些信息在多大比重上对结果起作用？ ……日复一日，以不同的比例，所有这些成分被投入法院的锅炉中，酿造出这种奇怪的化合物。"[②] 作者把司法的过程比喻为酿造化合物的过程，而法官是这个过程的"酿造者"。法官在酿造的过程中会根据经验、逻辑、哲学、历史以及其他成分进行平衡，谨慎调试每一成分所起的作用，最终达到准确认定案件事实的目的。由此推知，经验法则和其他逻辑、知识以及精神成分一起作用才能为法官提供准确的认知。

---

① ［美］博登海默：《法理学：法律哲学与法律方法》，邓正来译，中国政法大学出版社1999年版，第503页。

② ［美］本杰明·卡多佐：《司法过程的性质》，苏力译，商务印书馆2000年版，第2页。

刑事审判中事实认定应当具有中立性和伦理性。逻辑推理是一种理性的思维活动，目标是寻找一个具有正确性的法律结果，其中的正确性结论单靠推理无法得到保障。从确定的原则中导出结论的思维过程是典型的演绎推理，它认为法律的正确结论是从既定的法律规则推导出来的，法官的推理活动没有任何创造性的成分，是一种机械生产模式。霍姆斯认为"法律的生命不在于逻辑，而在于经验""一般命题不能决定具体案件，结果更多地取决于判断力和敏锐的直觉而不是清晰的大前提"①。经验与逻辑相对应，在其语境下道出了三段论适用的困境，三段论推理并不能解决所有案件，法律不可能预测到现实生活的各个方面。死板的演绎推理忽视了案件事实的复杂性和现实过程。推理过程是把普遍性的法律规则适用于具体案件的过程，规则的普遍性与个案的特殊性之间会有巨大的逻辑鸿沟。但是如果允许法律推理过程中存在多元化的声音，若不严格逻辑推理，会出现一种漠视法律推理的逻辑推理，每个法官可能都会有自己的一套推理方案，依个人偏好或者是从政治、经济、社会的价值中得出结论。由此，我们需要探究刑事司法中法官自由心证的边界。一方面，为防止法官滥用权力、肆意裁判的风险，可以引进心证公开制度，公开法官心证生成的路径和形成的场域，通过系统的程序规则来实现自由心证制度的公开化。法官应注意在认定案件事实过程中，对证据证明力进行评价的时候不得违背经验法则。另一方面，法官运用经验法则认定案件事实并得出结论时，可用社会主义核心价值观对经验法则的运用进行检验校正，核心价值观还可以为法官的裁判提供心理支撑。同时，应注意回到法律规范系统内解决问题，这样才能有助于过错的评判、案件事实的认定。

法官的使命在于裁判而不是发现，查明事实与准确适用法律是法官的主要任务。当法律模糊不清或者需要带有价值判断时，就需要经验的运用。在碰到某些疑难案件时，法官在先前处理案件中积累的工作经验和对问题敏锐的直觉显得尤为重要②。笔者认为法官在认定案件事实的过程中经验法则的运用可以加持推理结论的正确性，使推理的结论既具有开放性和民主性，又具

---

① ［美］张优悠：《论经验法则及其在事实认定中的运用》，2010年复旦大学硕士学位论文，第25页。

② 曹晶晶：《试析霍姆斯的法律实用主义》，载《法制博览》2020年第5期。

有某种形式上的一致性和权威性。笔者认为我国具有适合自由心证制度的社会背景以及法律背景，关键是如何建立自由心证制度的规范机制。经验法则与逻辑推理是自由心证证据制度的依据，两者并驾齐驱，在司法制度和法官行为等研究领域是相当契合的。经验法则和逻辑规则能够保障法官正确地认定案件事实，对于司法系统功能的正常发挥具有重要的作用。其对立统一关系体现当前社会的价值观念，推动证据科学的发展和证据理论的完善，为法官利用司法活动体现政策价值提供规则上的支撑，有利于推动司法理论的研究以及指导司法审判实践。

3. 裁判文书说理过程中突出经验法则的运用

裁判文书中所认定的事实可以看成法官对于证据进行审查后所形成的一种主观感受。根据最高人民法院《关于加强和规范裁判文书释法说理的指导意见》第 13 条的内容可知，裁判文书说理过程可以运用经验法则论证裁判理由，以提高裁判结论的正当性和可接受性。法官在运用经验法则论证裁判理由时，应当增强裁判文书中对经验法则的说理。增强裁判文书中对经验法则的说理，这是判决结果同公众互动，将案件推理、心证形成、法律适用公之于众的过程。裁判文书承载着法官的司法智慧，是法律与现实的生动联结。

目前我国司法实践中并没有在裁判文书中公开法官心证形成过程的程序性规定。裁判文书中加强对经验法则的说理，首先需要将"常理"界定清晰。裁判说理对"常理"的运用，是司法裁判遵循经验法则的体现。在裁判文书中突出对经验法则的运用有助于增强裁判逻辑，充实说理内涵，强化论证力度。经验法则被合理运用于案件事实认定，同时以裁判文书说理的方式呈现给公众，契合当事人和社会大众对于相关事物认识的经验判断与规律认知，在一定程度上可以发挥法的可预测性功能。

（二）从证据层面保障经验法则的运用

1. 全面贯彻证据裁判原则

证据裁判原则是证据规定的"帝王条款"之一，支配犯罪事实的认定。大陆法系国家普遍奉行证据裁判原则，以作为法官调查证据、认定案件事实的规制。英美法系的关联性规则、可采性规则也与证据裁判原则的精神相一致。在我国"以事实为根据"的司法政策以及相关的法律规定都体现了证据裁判原则的精神。党的十八届四中全会决定指出"推进以审判为中心的制度改革",在具体措施中提到"全面贯彻证据裁判规则,严格依法收集、固定、保存、审查、运用证据,完善证人、鉴定人出庭制度",以保证庭审在查明真相、事实认定、公正裁判中发挥决定性作用。在刑事诉讼中,证据裁判的要求对于制约公权力和保障公民权利具有至关重要的意义,所以对于认定案件事实证据的正当性要求极为严格。证据裁判原则与经验法则两者均是对法官肆意擅断的约束机制,对司法裁判的确定性、权威性提供重要保障[①]。证据裁判原则要求法官依据相关证据规则对案件作出事实认定和公正的裁判,认定事实的证据要达到法定的证明标准,并且最终认定的案件事实要遵循经验法则,符合逻辑推理。法官对证据的评价只有符合逻辑推理与经验法则,才是合理且可被接受的。证据裁判主义不仅要求法官必须依证据进行事实的认定,而且要用证据限制法官的自由心证,如无证据能力、未经合法调查、明显与事理有违或与认定事实不符合证据时,将不得作为自由心证之依据。如此,证据裁判主义限定了法官自由裁量的范围,一定程度上可增强事实认定和案件裁判的信服力。

2. 健全符合国情的证据规则

证据规则是证据制度的主要内容,是解决证据是否合格以及证明力的问题,在刑事司法中必须遵循关于证据取舍和运用的法律规则。完善的证据规则有利于法官科学准确地利用证据对案件进行实体处理,运用经验法则认定案件事实,增强判决的合理性。证据的相关性规则和证据的排除规则是一个问题的两个方面。一方面,要确立刑事证据的关联性规则。案件事实与证据之间的关联性在证据法上具有基础性的地位,关系案件真实情况,关系法官运用经验法则认定案件事实准确与否。笔者认为在立法工作中应当明确证据的关联性规则以及适用程序,制定明确的证据采纳规则。另一方面,应完善

---

① 陈卫东:《反思与构建:刑事证据的中国问题研究》,中国人民大学出版社 2014 年版,第117 页。

刑事证据排除规则。笔者认为要健全符合国情的证据规则体系，首先要建立与职权主义相匹配的证据模式，其次要改变对形式不合法证据"一刀切"的做法，最后要确立以证据"三性"为基础的分类审查规则体系。这样才能确保法官正确运用经验法则对案件事实进行认定，实现庭审的有序化，维护诉讼参与人的合法权利。在制度层面上，完善的证据规则能够与诉讼制度形成良性互动，体现程序正义的要求，有利于实现司法公正。

3. 完善刑事案件证明标准体系

证明标准是对案件事实的综合评价，确立可操作且符合诉讼规律的证明标准是准确认定案件事实及实现诉讼目的的前提。相对于民事诉讼，我国的刑事诉讼证明标准更为严格。在民事诉讼中，由于现实状况的复杂化，法官认定案件事实在没有直接证据时，就会以间接事实认定主要事实。在间接证明过程中，经验法则充当大前提，间接事实作为小前提。所以在民事司法事实认定过程中，经验法则作为大前提被频繁适用。但是在刑事司法中，经验法则的运用不像民事司法中这样清晰且充分。在刑事审判中，基于保护无辜者不被定罪，法官对被告人采取了一种特别的"保护性"态度。在疑难复杂、存在待证事实的刑事案件中为了保证实体公正，应当穷尽程序手段并且排除一切合理怀疑时，才可以运用经验法则来认定案件事实。由此可见，在犯罪事实认定过程中经验法则适用的要求会更高。在我国，有罪判决的证明标准为"事实清楚，证据确实、充分"，在 2012 年《刑事诉讼法》中将"排除合理怀疑"作为明确"证据确实、充分"的一个要素加以规定。一方面，证明标准应坚持主观与客观相统一。证据作为证明案件事实的材料，需要有法官的主观感受来判断其证明力的大小。另一方面，证明标准应当具有可实施性。完善的刑事证明标准有利于经验法则在认定案件事实过程的适用，但需要明确的一点是，运用经验法则认定案件事实并不是因为得出的结论毫无瑕疵，而是在错综复杂的刑事案件中，社会公众对于依经验得出的结论接受度高。

4. 正确应对科技证据的挑战

科技证据在发现事实真相、强化法官心证方面起到了积极作用，运用科技证据也是时代发展的趋势，但是科学化的认知模式与日常经验型的认知模式之间的关系随着科技的发展而进一步加剧。①法官在认定案件事实的过程中，应当理性且规范地运用科技证据，明确其内涵和外延。一方面，要明确科技证据的认定标准。对于相关技术的科学性以及与案件事实的关联性尚存在争议的，材料不可以作为不利被追诉人的证据，在存疑的情况下应当作有利被追诉人的解释。另一方面，科技证据的收集程序要有正当性，构建合理的事前控权机制。司法实践中要以"严重侵害公民基本权利"为标准进行严格审查，这样才符合科技证据的特性以及人权保障的要求。②法官在运用经验法则认定案件事实时，应当正确应对科技证据带来的挑战，将经验法则和科技证据的优点充分发挥，在探究真相的过程中实现实质正义。

（三）从司法实践层面规范经验法则的运用

1. 保障法官独立规范行使审判权

经验法则渗透在司法三段论的建构过程之中，法官理解法律体系、认定案件事实均需以经验法则为导航。法官司法能力和司法水平的提高一定程度上取决于自由裁量权的水平。一项裁决的可靠性程度关键在于审判制度的准确性。量刑是否公正、是否符合老百姓心中朴素的公平正义观，是现代法治国家刑法的要义。法官对案件进行审判的过程应受到合理的规制，以便更好地实现准确认定案件事实的目标。经验法则在刑事司法中的运用有助于对法官的自由裁量权进行规范。

确保法官独立行使审判权是正确运用经验法则认定案件事实重要的制度保障。经验法则为法官在认定案件事实中所用，这就要求每一个案件的审理结果都是法官自由意志的体现。法官在审判认识层面上应有较高的水准，应当根据理性良知对证据审查判断，运用经验法则形成最佳心证。法官是证据的直接接触者，外部力量的干预要么出于利益考虑要么是只凭直觉，容易阻碍法官查明真相。为了保障法官公正有效的行使审判权，免除后顾之忧，在新一轮司法改革的进程中，应采取有效措施，全面落实法官职业保障的要求。法官只有取得

---

① 胡宇清:《刑事诉讼中的自由心证研究》，法律出版社 2018 年版，第 182 页。
② 陈卫东:《刑事证据问题研究》，中国人民大学出版社 2016 年版，第 245 页。

独立的地位，才能更好地运用经验法则认定案件事实、查明案件真相以实现公平正义。

2. 提高法官的审判能力和思想道德修养

法官的业务素养、道德修养、司法经验、生活阅历等对于准确认定案件事实有至关重要的作用。法官进行刑事审判需要有丰富的实践经验知识和卓越的逻辑推理技能，这是公正审判以防止冤假错案发生的必要前提。

首先，法官是经验法则的主要适用主体，应注意加强自身的解释能力。现代化的刑事诉讼法从纯粹的程序法转变为"小宪法"。运用经验法则认定案件事实是一个事实与法律结合的问题，其中运用到解释技术。裁判者应当善于运用刑事诉讼法的教义学[①]。宪法和法教义学在一定程度上可以为法官提供思维模式，为法官的具体分析提供方向性的指导。法官通过探索"法条之规范保护目的"，运用经验法则对案件事实进行认定，有助于加强司法能力的锻炼，推动法官树立自身的政治责任、法律责任以及社会责任。

其次，法官需要从公共政策的角度分析问题、解决问题。笔者认为法官应当用联系和发展的眼光看问题，法官的思维应当超越刑事诉讼法领域，把目光投向相关部门法以及宪法。法官对于案件事实的认定，应突破法条主义的桎梏，善于运用经验法则，让司法能动主义涌入。法官要有意识地运用经济学、社会学、心理学等学科的知识，从公共政策的角度进行权衡并准确认定案件事实。面对法律、法规具体规定缺失的情况，法官应当善于运用原则和理念，结合经验法则来认定案件的事实，这样有助于具体个案中实现公平正义。

再次，强化法官运用经验规则认定案件事实的继续教育培训。为了更好地应对未来错综复杂的新案件、新问题，法官需要不断的加强学习，提高自己的专业知识以及对于证据能力和证明力的判断。法官继续教育培训应立足我国的法官素质状况，有针对性地进行经验法则适用的培训以满足教育需求，探索更加有效的法官继续教育的模型和方式。国家应大力倡导终身学习、全员学习理念，深入推进创建继续学习型法院、继续教育培训基地。

最后，提升法官自身的法律素质和道德修养。法官自身素质以及法律思

---

① 教义学本质上是价值判断的规范化问题，具有将价值判断问题转化为解释技术问题的功能。

维的差异，是影响经验法则适用的重要因素。法官的法律思维应与时俱进，依据社会的发展以及具体案件的不同，对经验法则的认定作出相应的调整。在司法实践中，法官遇到复杂的案件，教义分析和法律技能不能圆满地解决纠纷时，需要运用经验法则进行案件事实的认定，介入一些政策性、道德性因素的考量，甚至要适当回应民意。案件事实的认定和解决纠纷的过程集中体现了法官的业务能力和道德修养。所以，法官运用经验法则认定案件事实时应当回归立法的本意，以最大可能实现公平正义的目标。

3. 完善法官责任豁免制度

前文中提到法官在认定案件事实过程中，对于经验法则的适用会出现不用或者滥用的情形，前者情形居多。我们应完善法官责任豁免制度，让法官在案件事实认定过程中敢于运用经验法则来判定。首先，要完善相关法律，形成明确具体且体系化的规范。其次，在对法官追责过程中，不得突破法律规定扩大法官责任范围。再次，严格限制行政因素对法官追责的影响，依照司法原则确立追责原则。最后，在追责过程中要注重法官的意见。法官是中心人物，应当保障法官的辩护、申诉的权利，听取法官的意见，做到"兼听则明"①。2019 年修订的《法官法》第 52 条，设立了法官权益保障委员会。法官可以凭借这一组织，在相关追责与惩戒程序中更好地维护自身的权益，依靠组织的力量使得法官责任豁免制度落到实处。完善法官责任豁免制度，对于在我国刑事司法中更好地适用经验法则来认定案件事实具有重大的意义。一方面，法官责任豁免制度可以保障法官依法独立行使审判权，使得其敢于并且正确运用经验法则来认定案件事实，根据事实来检验法律，打破法律形式主义的教条。另一方面，可以实现"让审理者裁判，让裁判者负责"的目标，同时也是实现司法公正的关键所在。

4. 建立健全媒体对审判的监督机制

媒体监督可以促进司法公正，使公民的人权得到保障。法律上的公正是司法追求的目标，而媒体追求道德观念上的公正。司法的价值取向在于严格

---

① 田健：《我国法官责任豁免制度的完善》，2020 年山西大学硕士学位论文，第 35 页。

执行法律，保障当事人的合法权益。媒体则是靠道德来评判是非曲直，从而达到保障人权的目的。这两者互通，具有一致性。媒体监督是维护司法独立、防止其他部门干涉的重要力量。媒体监督的反映功能将司法机构和人员置于社会公众的视野中，可以使得他们在遵循法律规范的前提下，准确地运用经验法则对案件事实进行认定，从而作出公正合理的裁判。换言之，通过媒体报道，使得人民法院在阳光下审理案件，达到公民权利对国家权力的有效制衡。前文中提到社会舆论对法官价值取向的影响，其实和此处并不矛盾。媒体监督和司法公正会产生冲突，这主要原因在于媒体报道追求轰动性并且以新取胜，有时会误导社会舆论从而影响司法公正和司法权威。我们要正确且审慎的态度对待媒体监督，建立健全媒体对审判的监督机制，制止媒体不正当失实报道和滥用监督权的行为。

论事实推定中经验法则的适用模式

章锦淳[*]

一、经验法则的立法和实践现状

（一）经验法则的立法现状

目前我国法律体系中有关经验法则的法条少之又少，笔者以"经验"为关键词在北大法宝上检索了刑事诉讼领域的相关规定，梳理如下：

表1　经验法则相关规定

最高人民法院关于开展《人民法院统一证据规定（司法解释建议稿）》试点工作的通知（2008）	第八十五条　证人的个人意见或者推测，不得采纳作为定案的证据，但以其实际经验为基础的除外。 第一百六十七条　审判人员应当依照本规定的有关规定，运用逻辑推理和经验法则，全面、客观、公正地审核案件的全部证据，对证据相关性、可采性和证明力进行权衡，并根据本规定第十条说明认证理由。 只有经审判人员认证并采信的证据，才能作为定案的证据和判决的依据。

续表

最高人民法院《关于加强和规范裁判文书释法说理的指导意见》（2018）	十三、除依据法律法规、司法解释的规定外，法官可以运用下列论据论证裁判理由，以提高裁判结论的正当性和可接受性：最高人民法院发布的指导性案例；最高人民法院发布的非司法解释类审判业务规范性文件；公理、情理、经验法则、交易惯例、民间规约、职业伦理；立法说明等立法材料；采取历史、体系、比较等法律解释方法时使用的材料；法理及通行学术观点；与法律、司法解释等规范性法律文件不相冲突的其他论据。
最高人民检察院关于印发《人民检察院公诉人出庭举证质证工作指引》的通知（2018）	第三条　公诉人出庭举证质证，应当以辩证唯物主义认识论为指导，以事实为根据，以法律为准绳，注意运用逻辑法则和经验法则，有力揭示和有效证实犯罪，提高举证质证的质量、效率和效果，尊重和保障犯罪嫌疑人、被告人和其他诉讼参与人诉讼权利，努力让人民群众在每一个司法案件中感受到公平正义。
人民检察院刑事诉讼规则（2019）	第三百六十八条　具有下列情形之一，不能确定犯罪嫌疑人构成犯罪和需要追究刑事责任的，属于证据不足，不符合起诉条件： …… （五）根据证据认定案件事实不符合逻辑和经验法则，得出的结论明显不符合常理的。
最高人民法院关于适用《中华人民共和国刑事诉讼法》的解释（2021）	第八十八条　处于明显醉酒、中毒或者麻醉等状态，不能正常感知或者正确表达的证人所提供的证言，不得作为证据使用。 证人的猜测性、评论性、推断性的证言，不得作为证据使用，但根据一般生活经验判断符合事实的除外。 第一百四十条　没有直接证据，但间接证据同时符合下列条件的，可以认定被告人有罪： …… （五）运用证据进行的推理符合逻辑和经验。

2008 年最高人民法院《关于开展〈人民法院统一证据规定（司法解释建议稿）〉试点工作的通知》只是规定经验法则在证据能力和证明力的判断上的作用，并未涉及经验法则在事实推定中的地位。2018 年最高人民法院《关于加强和规范裁判文书释法说理的指导意见》第 13 条规定经验法则可作为论证裁判理由的论据，明确将经验法则的适用范围扩大到事实认定以外的领域，也正式确定了经验法则的地位。刑事诉讼领域有关经验法则的规定为以下几

个：第一，最高人民检察院关于印发《人民检察院公诉人出庭举证质证工作指引》的通知第 3 条规定，指导公诉人可积极运用逻辑法则和经验法则揭示犯罪事实。第二，2019 年最高人民检察院颁布的《人民检察院刑事诉讼规则》第三百六十八条规定了经验法则在证据证明力上的作用；2019 年最高人民检察院发布的《人民检察院刑事诉讼规则》第 368 条规定，"根据证据认定案件事实不符合逻辑和经验法则，得出的结论明显不符合常理的"，属于证据不足，不符合起诉条件。该条规定只是指出经验法则在证据的证据能力和证明力判断上的作用，而非涉及待证事实的推定。2021 年最高人民法院《关于适用〈中华人民共和国刑事诉讼法〉的解释》（以下简称《刑诉法解释》）第 88 条规定同样认可了经验法则在证据能力和证明力判断上的作用；第 140 条采用的是"经验"二字，而非"经验法则"，"经验"不等同于"经验法则"，并非所有的经验都可作为经验法则，只有符合一定盖然性的经验法则才可运用于司法裁判，否则会导致结果的不正当性，因此从法律体系整体上应将《刑诉法解释》中的"经验"解释为"经验法则"，该条规定肯定了经验法则在事实推定上的地位。

从现有刑法领域的法律体系看，我国逐渐提高对经验法则地位的重视程度，且相关法律并不是规定由经验法则单独作用，而是结合逻辑、常理等共同作用于最终的判决，从而弥补各自的缺陷，防止恣意裁判，提高司法公正性。但同时我们可以发现相关规定过于简单，只是指明经验法则可用于事实推定，但没有对经验法则的适用标准作出规定，也没有如民事诉讼法一般将经验法则推定的事实归于可用相反证据推翻的免证事实，经验法则在刑事诉讼领域的适用模式并不清楚，立法上缺乏对经验法则适用的指导性规定。

（二）经验法则的实践现状

经验法则的不明确性是其固有的特点，是指对于何种经验属于可适用于事实推定的经验法则这一问题并不确定，基于这一事实，司法实践中出现了"不敢用"和"滥用"两种情况。法官"不敢用"经验法则是由于经验法则一旦运用失当，很容易导致审判不公正，从而遭到公众的广泛质疑；且经验法则的运用缺乏法律的指导和保障，虽然许多学者在对经验法则的定义上都采用了"归纳"一词，但经验覆盖范围广，层次结构复杂，且会随着时间、地点而变化，所以能被适用于个案的经验法则不可能被完全归纳；此外，目前我国法律也未对经验法则的适用标准等进行进一步的规定，极大降低了经验法则适用的可操作性。在论据存在较大争议的情况下，法官更愿意援引法律这一类已经确定下来的论据，从而降低误判的风险，避免遭受外界的谴责。而与"不敢用"相反的是经验法则的"滥用"。经验法则的适用可以弥补事实认定的漏洞，降低审判成本，但实践中有些法官在法律空缺的情况下，为提高诉讼效率而运用其"自认为"的不具有高度盖然性的经验法则作为裁判的依据，且不加以论证说明，这一做法有失妥当。经验法则是客观存在的，其不会因某些人的主观意愿而转变，即使随着时代的变化人的认识会发生改变从而带动日常经验的变化，但这需要一定时间的积累，因而具有一定程度的稳定性。从这方面看，经验法则似乎只具有客观性，但我们必须认识到，法律中所谈及的经验法则是服务于司法实践的，其必须被人运用才具有法律意义上的价值。而司法裁判中运用的经验法则是经法官"选择"适用的，其不可避免地带有主观性的特征，比如法官内心对人性的认识是"性本善"还是"性本恶"不同，会直接影响其对经验法则的选择；此外，法官作为认识主体，其认识必然存在局限性，要求法官完全认识所有的经验法则并不实际。

经验法则的形成具有从"个人经验"到"经验法则"变化的过程，虽然学界将其定义为"归纳所得"的事物，但不可否认经验法则不可穷尽的特点决定了其无法完全归纳，且如果要求某些个体将其进行归纳并用白纸黑字表达，最终的结果是导致经验法则成文化，与法律差距缩小，从而失去其存在的价值，因此立法上不可能通过若干规定对可被适用的经验法则归纳总结，但这并不意味着基于经验法则的不确定性就应当否认其运用价值。经验法则的盖然性可约束法官的自由心证，减少裁判的恣意性，同时经验法则中所表明的事物间的关系对最终的裁判有不可或缺的作用，在无法确定明确事实的情况下，经验法则作为事实推定三段论的大前提，使获得的事实更为接近客观事实。因此，应当尝试降低经验法则盖然性和主观性对公正裁判的影响，进而发挥经验法则应有的作用。正确运用经验法则是保证其发挥有效性的关键。

二、经验法则的适用困境

根据上述分析可知，由于经验法则自身的特点以及立法的不完善导致法官"不敢用"和"滥用"两种情况，但以上两点并不能完全阻碍经验法则适用的进程，导致上述困境更为重要的原因为"不知如何运用"。下文以广东省惠州市中级人民法院作出的（2016）粤 13 刑终 553 号刑事裁定书[①]为例，从具体的司法实践中经验法则适用的全过程来分析其困境。

该案中公诉机关指控被告人到被害人的养鸭场盗窃鸭子 100 只，被害人夫妇在听到异响后迅速跑到鸭棚，看到被告人从麻袋旁经过，于是追赶将其抓获。公诉机关以盗窃罪对被告人提起公诉。本案案情非常简单，"这似乎属于'人赃俱获'，对被告人判处盗窃罪是板上钉钉的事"，但该案的焦点在于：相关证据能否证明被告人有盗窃事实？虽然本案中有关证据可以证明被害人听到鸭子叫声后迅速跑到鸭棚并看到鸭棚外的两男子从蛇皮袋旁跑过并进行追赶，但被害人只是在鸭棚外看到被告人，且根据被害人供述和现场鞋印，无法证明两被告人有进鸭棚偷窃的事实，一审因此认为公诉机关提供的证据并未形成证据链，并以事实不清、证据不足为由判定两被告人无罪。检察机关提起抗诉，提出被告人的辩解不符合经验法则不可采信。而二审法院认为，虽然被告人的辩护理由不符合一般的经验法则，但并不能排除其他的可能性，根据现有证据不能完全排除他人作案的可能，无法证明被告人盗窃事实，因此驳回抗诉，维持原判。

上述案例的事实经过非常简单，但控方与法官对待经验法则是否可推定待证事实这一问题的态度却大相径庭。法官为什么不考虑采用经验法则对被告人"从蛇皮袋旁跑出""被被害人追赶时快跑"等行为进行事实推定？检察机关提出的经验法则是否符合适用标准？法官能否只以"不能确定唯一的排他关系"为由否认经验法则的推定？在提出以上若干疑问的基础上，我们可总结出经验法则适用需要考量的问题：（1）什么情形需运用经验法则加以辅助。经验法则的价值在于弥补"证明不能"的不足，在证据无法形成证据链

---

① 参见广东省惠州市中级人民法院（2016）粤 13 刑终 553 号刑事裁定书。

时，法院可以考虑运用经验法则作为大前提进行推定。但本案一审并没有如此操作，二审虽有运用经验法则进行裁判，但其运用的对象仅是抗诉机关抗诉理由中提及的被告人供述，对于证据链缺失中至关重要的建立"被害人发现二被告人在鸭棚旁和被追逐时快速逃走等事实"与盗窃鸭子的事实之间的联系并没有采用经验法则分析。由此可以发现，法院没有使用经验法则作为裁判理由的意识习惯，或者对经验法则的运用情形认识较为模糊。（2）经验法则选择的标准。本案中抗诉机关除了提出被告人的供述不符合经验法则外，也提出了被告人"没有作案而慌不择路不符合一般人的逻辑，只有确因盗窃心虚，怕被抓获的这一可能性才可以解释其心理状态和实际行动"这一推论，虽然该抗诉理由中未采用经验法则的字样，但"做贼心虚"是公众在日常生活中的一条公认的经验。此时我们仍会质疑：虽然绝大部分情况下人不会在未做坏事时逃跑，但不能排除很小部分的人因为心理反射作用而选择逃走，而且这一事实很难得以证明，那"做贼心虚"的经验法则可否直接适用，这一点存在疑问。（3）经验法则发挥作用的机理。继续上述分析，在否定了被告人供述的出现在案发地的理由后，可否直接运用经验法则认定被告人的犯罪事实呢？本案中检察机关认为由于被告人逃跑等行为不符合经验法则，因此应肯定其盗窃事实，而法院虽认定被告人的供述和出现在案发现场的行为不符合一般经验法则，但认为仍不能确定其与本案赃物之间具有唯一的排他关系，笔者认为该案法官的判断具有一定的合理性，经验法则的盖然性而非必然性决定了其一定存在某些例外情形，这符合"事实清楚、证据缺失充分"的要求，但如此操作似乎表明，尽管经验法则具有高度盖然性，但都可以以不能确定唯一关系为由加以否定，如果肯定这一思维模式，经验法则将无用武之地。其实司法实践中仍有一些法官采用经验法则作为其裁判的依据，笔者在裁判文书网上用"经验法则"作为关键词，检索了网站所公布的判决书和裁决书，但经过对比、综合发现，许多运用经验法则作为裁判理由的判决只采用"依据经验法则，可以认定被告人有存在犯罪事实"类似的表述，并没有指出适用该案的具体经验法则，且未对经验法则的适用进行相关论证。可否将经验法则当作抽象的、可涵盖全部经验的依据而概括适用？法院简单采用"经验法则"一词作为裁判依据，是否有将经验法则作为无实质事实证据证明困境下"兜底性"或"替换性"依据之嫌？

从上述案例分析中可知，经验法则的适用并非如想象中那么简单，从适用对象的选择到合适经验法则的挑选，再到最后的识别二者之间的联系并作出判决，每一步的选择都会影响最终的裁判，但根据目前的立法和实践情况来看，每一阶段的操作存在模糊性，"不知如何运用"成为经验法则适用的重大阻碍。

三、经验法则的适用模式

（一）理论层面

针对上文分析的"不知如何运用"的困境，许多研究中都强调了法官素质提高的重要性，有学者提出社会经验匮乏、威权式裁判心理、替代品的趋利选择是经验法则适用的阻碍因素[①]，只有提高法官的法律素养、人文素养才能加强经验法则适用的正确性。法官素质的提高是公平正义的必要保障，但在保障裁判主体素质的同时，也应对经验法则的适用模式予以确定，依此保障经验法则发挥其应有的效用，本文所说的适用模式是指经验法则与待证事实的推断方式。

国内外学者对经验法则适用模式的研究由来已久，目前有学说将事实推定区分为表见证明和间接证明。普维庭教授指出，二者的区别在于是否适用了较高盖然性的经验法则。但对于可适用的经验法则盖然性的标准，也有观点认为，裁判适用的经验法则也可不必达到较高的盖然性，只需排除其他可能性即可，并将经验法则的适用模式分为面向盖然性较高经验法则的常规模式和面向盖然性较低经验法则的弱化模式[②]，指出对于常规适用模式可以通过间接反证，证明对案件发生仍存在其他解释从而动摇法官的心证，且对间接

---

① 王庆廷：《"经验"何以成为"法则"——对经验法则适用困境的考察、追问及求解》，载《东方法学》2016 年第 6 期。

② 曹志勋：《经验法则适用的两类模式——自对彭宇案判决说理的反思再出发》，载《法学家》2019 年第 5 期。

反证的证明标准提出了与本证相同的要求①。而弱化适用模式的基本思路是由受到不利影响的一方通过排除其他可能性，从而补强经验法则的适用。德国法院常采用这种判断方式，通过对多种可能情形逐一排除后形成唯一的心证，如德国著名的"泳池溺亡案"，联邦最高法院认为不会游泳的人溺水，只要不能证明有发生其他事故的可能时，应肯定因水深造成的溺水这一事实。此种"两分法"的模式存在一定的合理性，打破了长久以来对经验法则适用对盖然性标准的探究和对高度盖然性的追求，把侧重点放在排除其他可能性的工作任务上，通过排除可能存在的例外情形，从而加强经验法则适用的正确性。但笔者认为，由于经验法则与例外情形的边界并不清晰，且例外情形可具体化为无数个小个体，何为可能的例外情形这一判断并不确定，而排除所有的例外情形是否具有可操作性存在疑问。笔者认为，个体、社会生活是个复杂、多边的单位，其类似于一棵大树，总能找出或粗或细、各不相同的分枝，对于可作为排除经验法则适用的例外情形不易把握，因此有必要对该分类模式作进一步的研究。

（二）实践层面

相较于德国，我国在经验法则司法实践适用的研究相对欠缺，司法实践中的适用模式并不完善，笔者以"经验法则"为关键词在中国裁判文书网上检索了刑事领域的判决书，由于许多判决书中法官的裁判理由并未出现"经验法则"的字样或者未对控辩双方提出的经验法则予以采纳，但控辩一方或双方主张适用经验法则，因此此处的研究包括法官和控辩双方关于经验法则适用的观点。首先，根据经验法则所推定的事实在裁判中的作用，可事实推定区分为犯罪事实的推定以及反驳犯罪事实理由的推定。作如此区分，是因为二者对经验法则适用标准的要求并不相同。犯罪事实推定的结果会直接导致法官判定被告人有罪，因此需对这一推定提出较高的要求，否则将违反人权保障原则，造成不可挽回的后果；而反驳犯罪事实理由的推定则无须达到同样高的标准，因为被告人的证明标准无须达到事实清楚，证据确实、充分

---

① 包冰锋：《间接反证的理论观照与适用机理》，载《政法论坛》2020年第4期。

的程度，因此被告方只需降低法官对事实的心证、将犯罪事实证明至事实不清的程度即可。

我们先对后一种情形的适用模式进行讨论。检索的判决书中大致采用直接推定的模式，推定可作为犯罪事实的反驳理由的事实。以山西省云州区人民法院作出的（2019）晋 0215 刑初 23 号刑事判决为例。该案中被害人醉酒、超速驾驶轿车撞上停靠在路旁被告人的牵挂车，公诉机关认为被告人应对此次事故应承担主要责任，并以交通肇事罪提起公诉。辩护人认为现有证据不足以证明被告人主观上明知交通事故的发生，并指出根据案发时间、被告人长时间驾驶车辆的事实，根据经验法则，被告人存在极大可能进入深度睡眠状态，不一定能感知车辆发生碰撞，最终法院支持了辩护人的观点。该种适用模式即是根据已证明的事实，运用经验法则推定某一事实存在的可能，并将该推定事实作为反驳另一方观点的理由。可发现，该案中辩护人所提出的适用法则并非具有高度盖然性，至多只能将其归为较高盖然性的经验法则，本案中并不能仅根据已知事实运用经验法则直接推定被告人主观上不明知交通事故发生这一事实，只能证明这一事实的发生有其可能性和合理性，但我们此时无须像理论界要求的那样，对盖然性较低的经验法则推定的事实需用排除合理怀疑的方式进行补强。

对于前一种事实推定，我国司法实践中主要包括两种模式：第一，直接推定模式。这种适用模式同样根据经验法则直接推定犯罪事实。以海南省中级人民法院作出的（2018）琼 96 刑初 78 号刑事判决为例。本案中只有证据证明被告人有购买毒品的事实，并无证据证明其有贩卖毒品的犯意，该案的焦点在于二被告人行为应如何定性的问题。本案法官根据二被告人购买的毒品数量，认为依据经验法则，只有具备贩卖犯意，才能一次性购进大量毒品，因此认定二被告人构成贩卖毒品罪。这一模式的运用主要基于经验法则的盖然性，但有学者质疑称，法官对经验法则的适用往往带有"不证自明"的暗示[①]，但经验法则的盖然性高低差异巨大，是否可直接予以适用并非经验法则自身决定的，而是必须结合案件事实进行判断，所以并非所有个人认为的

---

① 何雪锋：《法官如何论证经验法则》，载《北方法学》2021 年第 1 期。

"经验法则"在一个案件判决中都能达到真正的"自明"，如果不加以论证而直接适用，其可能导致得到的结果与客观事实存在偏差甚至相反。第二，排除例外模式。该模式即是在肯定经验法则适用合理性的基础上，要求排除例外情形，如上述盗窃鸭子案中法官认为不能因为被告人在特殊时段出现在现场而推定其与本案赃物有唯一的排他关系。该案中法官认识到经验法则存在例外情形，强调排除例外情形的必要性，但该种适用模式存在一定的局限性，笔者将在下文论述。

综上可知，经验法则在实践层面需要考虑的因素更为复杂，"二分法"在实践层面并不能完全解决所有的问题，因此需根据实际情况对经验法则作更加细化的区分，从而使经验法则的适用达到弥补"证明不能"的效用。

四、经验法则适用模式的完善路径

经验法则适用模式探究的目的，在于寻找可以搭建间接事实和待证事实关系匹配的桥梁，但笔者认为目前的理论和实践的探索把过多精力放在对客观事实的追求上，而忽视了法官主观能动性的作用。

（一）经验法则适用模式追求的目标

事实认定的过程是向客观真实不断靠近的过程，我国刑事诉讼法规定认定的事实需达到"事实清楚，证据确实、充分"的标准，否则根据"疑罪从无"判定被告人无罪。而实践中并非所有的事实都能得到证明，如上述的盗窃案中无法证明被告人有盗窃鸭子的行为，因而我国才提出采用经验法则、公理、情理等内容弥补这一空缺，从而形成完整的证据链。但运用经验法则推定的事实并不似由证据直接证明的事实一般具有客观性，而是具有一定的盖然性和主观性，此时对客观真实和相对公平之间的价值衡量成为经验法则适用模式选择的关键。

笔者认为，采用经验法则推定的事实与证据证明的事实都是最终裁定的依据，因此经验法则适用追求的目标可以参照证明标准的价值追求进行分析。客观真实是诉讼的目的是毋庸置疑。但刑事诉讼活动并非一种纯粹的、带有自然科学性质的活动，它只能根据各种证据进行回溯性推断，因此只能达到具有"合理可接受性"的真实而非绝对真实，这并非意味着违背了对客观事实的追求，而是适用于实务的可操作性的目标。[①] 陈瑞华教授认为："作为客观方面的'确定性'与作为主观方面的'可信度'，两者结合起来，才构成了证明标准的完整内容。"[②] 即证明标准最终追求的除了探索客观真实外，还需追求可信度，两者缺一不可，在追求客观真实和证明不能的矛盾中寻求平衡，此时法官的内心确信成为一个突破口。追求客观真实是公正裁判的保障，但如果为保护被告人权利而过度强调客观真实，经验法则犹如一张纸，无法填补水缸的漏洞而使其装满水，经验法则无法发挥其应有的效用。从现有研究中也可以发现，学者只肯定了经验法则需符合一定程度的盖然性，并从程序上加以保障经验法则适用的公正性，或提出可接受性等标准，而非一味地追求"唯一结果"。

（二）完善经验法则的适用模式

由于实践层面经验法则在对可作为反驳犯罪事实理由的事实推定上要求较低，运用经验法则推定的事实只需具备一定的可能性和合理性即可，直接推定的适用模式足以达到此目的，因此笔者不再对该种情况作更多论述，此处只分析犯罪事实推定上经验法则的适用模式。笔者在"两分法"适用模式的基础上，从对待例外情形的态度上将经验法则的适用模式细化为三类，以下用前文所提及的盗窃案中"做贼心虚"的经验法则（A）、被告人被追逐逃跑的事实（B）与被告人盗窃的事实（C）为例进行分析：（1）肯定 B 符合 A，从而直接推定 C；（2）肯定 B 符合 A，排除例外情况，从而推定 C；（3）肯定 B 符合 A，但存在例外情形，从而否定 C。首先，经验法则归纳的适用模式不包括"否定 B 符合 A"进而推出待证事实 C，是因为 A 属于具备一定盖然性的经验法则，否定 B 符合 A 只能否定 B 存在的合理性，无法直接通过经验法则架桥推定待证事实。其次，这三种适用模式的前提都是肯定间接事实符合

经验法则，这需要法官和控辩双方作出判断。笔者将重点放在这三种模式对例外情形态度的分析上。

第一种模式是基于经验法则的高度盖然性而肯定 C 存在的高度可能，这是法律肯定经验法则可作为论证裁判理由依据的基本思路，也是目前许多法官在判决中所采用的使用模式。但简单根据这一思路进行判定的后果是直接否定了该经验法则存在例外情形，这与经验法则的本质特征不符，且如何判断高度盖然性难度较高，容易得出不正确的"事实"。第二种模式则是第一种模式的升级，肯定了经验法则存在例外情形，有点类似上文所提及的"虽然盖然性不够，但是能够排除其他可能性"的弱化模式，其通过排除例外情形而肯定经验法则的适用，对经验法则的适用提出极高的要求，可以适用于高度盖然性或较低盖然性经验法则的运用。但此时存在一个重要问题：例外情况需符合什么标准才可使结论更为正确？马贵翔教授认为对于刑事案件中的事实应适用"排除合理怀疑"的标准[1]，但是"合理怀疑"这一问题的讨论由来已久，且始终未得出一个统一的答案，比如合理怀疑必须达到相当高的标准，必须满足一致性、完整性、真实性与独立性四项标准[2]；也有学者提出合理怀疑必须符合有证据支持、严密规范的论证、经过交叉询问过滤、以"辩方的主张"表现四个层面的意思，该标准并无确切定义。第三种模式与第二种模式有些许类似，但思维模式并不相同。第二种模式必须排除所有例外情形，才可肯定经验法则推定的事实；而第三种模式只有提出例外情形才能排除经验法则的适用，如果不能提出例外情形则需肯定该事实推定。此时仍然存在相同的有待解决的问题：何种情形可作为排除经验法则适用的例外情况？如果像前述案例中的法官一样简单地用"不能确定唯一的排他关系"排除经验法则的适用，由于经验法则只具备高度盖然性而非必然性，似乎所有的经验法则都可用这一理由进行排除，那么经验法则将犹如纸上谈兵，无法发挥其应有的效力；而如果要求提出某一具有例外情形，可能提出数不尽的例外情形。

---

① 马贵翔、顾必琛:《经验法则的构成探析——以经验法则在事实认定中的适用为视角》，载《贵州民族大学学报（哲学社会科学版）》2019 年第 6 期。

② 栗峥:《合理怀疑的本土类型与法理建构》，载《中国社会科学》2019 年第 4 期。

从上述分析看，第一种模式由于忽视了经验法则的例外情况而缺乏合理性，直接适用于犯罪事实的推定风险较大；而对于后两种模式，似乎无论采用何种模式都无法解决例外情况这一问题。笔者认为第三种模式比第二种模式更加合理：第二种模式得排除所有的合理例外才能得以使用，证明难度大，但由于对证明标准的高要求，其可弥补某些经验法则盖然性不足的缺陷，但从前文可知，学界对经验法则适用标准的观点并不一致，经验法则是否需将高度盖然性作为最低适用标准并不确定，且这一适用模式的缺点在于需排除所有的例外情形，操作难度过大。而第三种模式先肯定经验法则适用的合理性，后要求提出合理的例外情形予以排除，此时的可操作性较高，且可以通过具体要求予以补足。首先，应当否定上述案例中以"不能确定唯一结论"为由否认经验法则适用的做法，此种方法虽然符合事实"确定性"的要求，但却忽视了法官主观的作用，使事实推定过于僵化，将导致经验法则无用武之地。其次，对于例外情形的要求，笔者认为与其不断探究何为"合理怀疑"，不如从对客观事实的追求出发寻找答案，无论证据证明或是事实推定，都是寻找客观事实、向客观事实靠近的过程，若将被告方提出的可排除经验法则适用的例外情形限定于本案发生的事实，法官则可以根据已证明的事实相互印证，并结合公理、习惯、逻辑等对被告人提出的例外情形是否合理作出评价，而非仅根据一般认识作出判断，通过结合已证明的事实认定该例外情形存在合理性，即可以排除经验法则的适用。

综上所述，笔者认为经验法则的适用模式应当综合客观事实和内心可信双重标准。首先，需对提出适用的经验法则的盖然性进行判断。虽然目前学界对经验法则适用标准的看法并不统一，但无可否认的是盖然性越高，推定结果的正确性越强。其次，由不利方提出例外情形，且该例外情形必须是本案事实而非其他任意的看似合理的情况，如果法官结合本案已证明的事实和逻辑等辅助手段，认定不利方提出的例外情形在本案中存在一定的可能性、合理性并形成内心确信，即可排除经验法则的适用，否则，应肯定经验法则的适用，而这一过程需法官具有相应的法律素养。

（三）经验法则适用模式的配套程序机制

经验法则作为裁判依据，其在弥补漏洞、降低司法成本等方面都起着不可或缺的作用，但由于其自身固有的盖然性和主观性两个特点，导致其在适用时存在较大的风险，经验法则的不当运用会影响最终结果的公正性。上述经验法则适用模式的顺利开展，需要法官的自由心证和控辩双方的辩论同时有效进行，笔者认为，除了应当提高法官的个人素质、加强裁判文书的论证以及事后监督外，还应当加强诉讼过程中控辩双方意见对法官主观的制约，从而弥补法官对经验法则认识不足以及主观因素影响的缺陷，以及保障法官的自由裁量权，减轻法官适用经验法则的担忧，进一步解决实践中法官"滥用"和"不敢用"的实践问题。

（四）完善判决前心证公开程序

笔者认为，只有裁判文书中法官对经验法则的说理和裁判文书公开这两种心证公开方式还远远不够，为制约法官审判的恣意性，弥补经验法则认识限制的缺陷。近年来，我国对心证公开的阶段有进一步的讨论，许多学者认为在形成判决过程中进行心证公开有其必要性和合理性，最主要的是保障当事人对裁判的预期、防止裁判突袭、提高司法公信力。而对于心证公开内容范围的确定存在争议，有观点认为公开的对象仅限于事实认定而排除法的适用，也有观点认为事实认定和法的适用难以分离，法的适用问题也应公开；还有学者列举了非必须予以公开的心证，其中包括"对适用经验法则所获得的心证"，其指出有日本学者认为经验法则的适用不涉及具体实施存在与否的问题，故不依赖于当事人的辩论认定，因此应当以不公开为原则，当当事人主张某一经验法则的适用而遭对方质疑时，法官可根据情况公开[①]。笔者不赞同此观点。首先，经验法则作为事实推定的大前提应用于司法裁判中，其对事实的认定具有重要作用；其次，审判程序的正当性取决于法官的自由心证和当事人辩论主义之间的协调关系，当事人的辩论是保护当事人权利的重要因素，同时也能对法官的自由心证起到"补漏"和约束性作用，法官心证公

---

① 毕玉谦：《论庭审过程中法官的心证公开》，载《法律适用》2017年第7期。

开的目的是听取当事人的辩论意见，从而形成正确的心证。笔者认为，经验法则的适用有必要由法官对引用的经验法则和推定的事实先予以公开，听取控辩双方的意见，不能是单向的法官听取、综合控辩双方的意见，而应当由法官作出自己的选择并在审判前公开，让控辩双方就经验法则的适用充分表达自己的观点，通过多层筛选后得出的结论才更具有正当性。

（五）完善保障法官适用经验法则的配套程序

除了完善经验法则适用的指导路径、增设法官适用的规制机制外，也应当注重提高法官适用的积极性，从而发挥经验法则应有的作用。在判决前心证公开的情况下，如果控辩一方或双方提出适用某一经验法则，或控辩双方都没有提出适用，此时法官公开自己对于经验法则适用的选择，而控辩双方都反对时，法官是否可继续坚持自己的选择，还是只能接受反驳而改变自己的观点，此时涉及自由心证和辩论主义衡量的问题。虽然法官需听取控辩双方的意见，但最终还是需要形成自己的内心确信，但在双方都反对的情况下仍坚持其原有观点很大可能会导致控辩双方不服而上诉，也会引起与控辩双方持相同观点的公众的质疑谴责，这也是法官适用经验法则的担忧。而如果认定法官在受到双方的质疑、反驳后只能改变原先的选择，法官的心证会受到过多约束和限制，不能保证裁判的中立性，也不利于提高诉讼效率。笔者认为法官是独立的裁判个体，应当在某些情形或阶段排除当事人的不当影响，才能保持其独立性，尽管强调控辩双方意见对法官局限的弥补，但不能过于提高控辩双方意见的地位，否则会得不偿失。立法上可以通过制定相应机制保障控辩方的反驳权利，并设置其他事后救济机制加以保障。在保护控辩双方的反驳、质疑权利的同时，也应当关注法官独立裁判权的保护，对此可以结合"错案追究机制"，通过明确经验法则选择以及适用结果的评价标准，让法官对自己的裁判可能得到的结果有一定的预期，从而激励法官适用经验法则作为裁判依据。

经验抑或经验法则

——经验法则之刑事司法适用新路径

邓子琴 *

经验法则，按照通说的定义，是指人们从生活经验中归纳获得的关于事物因果关系或属性状态的法则或知识[①]。我国刑事立法虽未直接使用经验法则一词，但经验法则在刑事司法中被大量适用是不争的事实。由于经验法则与经验的包含关系，在刑事司法适用中难以对二者进行识别，由此，经验法则在刑事司法中的运用仍旧处于经验的阴霾之下。本文致力于探索经验法则在刑事司法适用中存在的问题及其产生原因，基于此，寻找经验法则在刑事司法中的适用新路径。

一、问题之提出

（一）悖论：经验还是经验法则？

经验法则作为一种事实认定的方式被引入证据法学，直接原因是早期自由心证制度的绝对性，赋予裁判者不受约束的事实认定权。从神明裁判到形式证据制度，到绝对的自由心证制度，再到相对的自由心证制度，每一种事实认定制度的变革都是对前一种事实认定制度弊端的克服。而经验法则就是对绝对自由心证制度的一种矫正手段。具体来说，绝对的自由心证制度下，

---

* 北京市尚权（深圳）律师事务所律师。

① 纪格非:《经验法则适用之正当性研究》，载《证据科学》2012 年第 1 期。

认定案件事实只需遵从事实认定者的内心确信，而内心确信的形成则源于个人经验。但绝对的自由必然导致绝对的问题，早先"我们没有必要把证明的规则都写进法律"得到反思，人们开始质疑绝对自由心证的正当性，认为在证据审查后得出的事实无法对被告人的行为加以理性的、明确的证实时，法官的纯粹主观确信，不足以作为判决基础。由此，强调在事实认定中的理性的逻辑推理和经验法则运用，成为纠正自由心证制度弊端的手段。而经验法则以其法则性约束着事实认定者滥用经验，从而达到对整个事实认定过程的有效控制。

2007 年南京市徐某诉彭宇案（简称"彭宇案"）中，法官在判决书中的说理 ① 将经验法则这一概念进一步推到了风口浪尖，掀起一阵讨论的小高潮。这一引发学界和实务界对经验法则讨论热潮的案件，似乎正彰显了该案法官说理的依据是经验而非经验法则，因为经验法则所具有的法则属性应当引起的是社会的共鸣而非一边倒的责难。因此，借由彭宇案探讨其间的经验法则适用问题是对该案法官说理内容的错误理解。尽管彭宇案是一桩民事案件，其所暴露出的经验法则适用问题，在民事和刑事司法中皆具有普适性。

彭宇案带来的思考是经验和经验法则是否有明确的界限，或者如何区分经验和经验法则的问题？为回答上述问题，有必要从概念上认识经验和经验法则并探讨两者的关系。

"经验"是一个哲学词汇，指人们在同客观事物直接接触的过程中通过感觉器官获得的关于客观事物的现象和外部联系的认识。按照马克思唯物主义可知论和哲学家普遍认识能力原则的理解，对于世界的认知是一种经验常识活动。每个人都可以通过自己的努力认识外在世界，从外在世界归纳总结属于个体的认知，经过反复的外在世界刺激，这种认知逐渐上升为原则，遇到类似刺激时，个体将穿梭于原则和新的刺激之间，进而判断两者的吻合程度，从而完成对新的外在刺激的认识。由此可见，经验对行动者来说具有的主观意义，是独特的、个体的，来源于行动者那独特的和个别的生平情景。一位女性喜欢穿裙子而非穿裤子，是因为个人经验让其对裙子产生了基于各种缘

---

① 南京市鼓楼区人民法院（2007）鼓民一初字第 212 号判决书。

由的偏好；一位男士喜欢留长发而非短发，是因为个人经验让其从留长发中感受到更多的愉悦；而一位远离故乡的四川人依旧好食麻辣，当然也是因为长久的味蕾刺激所形成的美味记忆。

具体到刑事司法活动中也是一样。身处刑事司法活动中的每个角色，或多或少，主动或被动都须使用自身经验。为获得有利判决，嫌疑人或者被告人考虑其供述与辩解是否逻辑通顺，是否自圆其说；为进行有效辩护，辩护律师亦须斟酌其当事人供述与辩解的合理性；为防止冤假错案，法官则秉承着"证据确实、充分""排除合理怀疑"的标准居中裁判。由此可见，刑事司法活动中参与度最高的三类角色都会使用经验这一重要的背景知识。

但不是所有的经验都可以称得上是经验法则。从字面上来看，经验法则比经验多了两个字，按照汉语的理解，经验法则的主语是法则而非经验，经验只是对法则的限定和修饰。而法则，是指一种通过人们的经验归纳的规律或定理，表示某种或某类事物的运动规则。[1] 这种法则的限定性实际上就划定了经验与经验法则之间的界限[2]。概言之，经验法则由于其法则属性，不仅包含人们对事务的普遍认识，更体现了事物之间联系的盖然性程度。人们可以根据经验法则预测他人行为。经验法则本身的属性决定人们凭借经验法则去推定和认知未知的事实具有正当性，这种正当性是由于经验法则是人们不证自明的公认范畴。[3] 而个体的经验适用并不具备这样的能力和正当性基础。从经验法则的定义上来看，经验法则是人们对事物的普遍认识，是各个个体经验抽象的结果，通过单个个体的反复体验，最终上升为超越个体的对事物的规律性普遍认识。[4] 因此，经验法则本身的形成过程及其定义便彰显了经验法则有为公众广泛接受的基础，而经验只是个体的独特视角。从事实认定中的经验角色变迁历史来看，经验法则的出现就是对绝对自由心证中事实认定者无限使用经验的制约。事实认定者在裁判的过程中无限运用其个人经验，导

---

① 张卫平：《认识经验法则》，载《清华法学》2008 年第 6 期。
② 吴洪琪：《从经验到法则：经验在事实认定过程中的引入与规制》，载《证据科学》2011 年第 2 期。
③ 毕玉谦：《试论民事诉讼中的经验法则》，载《中国法学》2000 年第 6 期。
④ 毕玉谦：《试论民事诉讼中的经验法则》，载《中国法学》2000 年第 6 期。

致事实认定难以预料，且常常与证据证明力大相径庭。为了克服这种弊端，这种不受约束的心证（绝对的自由心证）逐渐演化为不包括不受理性规则和经验法则约束的自由[①]。此后，纯粹的自由心证被逐步改良为受限制的自由心证，自由心证制度迈上了规范化历程。

按照德国法学家普维庭教授的分类方法，经验法则分为四类：第一类，生活规律即自然、思维和检验法则；第二类，原则性经验法则；第三类是简单的经验法则；第四类是纯粹的偏见。但第四类纯粹的偏见与经验法则的法则要求（规律性）存在一定的背离。因此，笔者认为我国的张卫平教授所提出的五类分法更恰当些，分别是：第一类，自然法则或自然规律；第二类，逻辑（推理）法则；第三类，道德法则、商业交易习惯；第四类，日常生活经验法则；第五类，专门科学领域中的法则。其他的分类方式只是分类依据不同，与张教授的分类方法没有实质差别。由于经验法则具备规律性，人们可以将以上五类经验作为事实认定的依据和前提。换言之，在一定条件满足下，人们均可以期待发生或者不发生某种结果。

行文至此，经验和经验法则的区分似乎已经非常明确，经验法则被包含于经验之中。在司法实践的适用中，当然应当适用经验中的经验法则，而非纯粹的个人经验，否则判决的正当性值得怀疑。但经验与经验法则的区分界限又是什么？

从彭宇案引发的社会探讨来看，即使经验和经验法则在理论上有界限，且经验和经验法则存在包含与被包含的关系，但事实认定者未必能够在适用中识别何者是经验法则，何者是经验，存在误将经验当作经验法则适用的不确定性，甚至是高度的风险。而法官的裁判地位会将这种误认的副作用通过判决的方式充分发挥出来。从社会公众的反馈来看，彭宇案的法官在判决说理中使用的"根据社会情理"和"该行为显然与情理相悖"的表述，此处的"情理"显然是其个人的经验，而非其口中所说的"社会情理"（也就是经验法则）。该法官误将自我经验当作社会普遍认可的经验法则进行适用，直接导致对公众正义感的冒犯。但我们有什么依据说彭宇案法官所适用的只是其个

---

① 毕玉谦：《试论民事诉讼中的经验法则》，载《中国法学》2000 年第 6 期。

人经验而非经验法则？公众有什么资格对该判决口诛笔伐？在案件的裁判过程中，公众是否会作出与该法官不同的适用选择，在具体的案件审判中是否有明确区分经验和经验法则的可能性，值得探讨。

笔者认为，在司法适用的过程中明确两者是十分困难的。原因在于：首先，由于事实认定主体的主观性，皆有将经验当作经验法则的原生冲动，没有外在机制的制约，自我很难克服。其次，经验法则和经验多如牛毛，各领域的经验取得和归纳方法也有所不同，很难为区分二者设定统一且明确的标准。任何设置统一区分标准的努力，注定以失败告终。再次，经验法则会随着时代的变化而变化。最后，由于缺乏统一且明确的标准，司法裁判中适用的是经验法则还是个人经验往往要从判决结果是否能够为公众所认可为最终的检验标准（当然，以合法为底线）。一方面，这种事后以公众的认同感为检验标准，本身便是一种不可靠的纯粹主观判断；另一方面，这种事后检验的方式难以在判决前实施，而裁判者作出的判决具有效力，若该判决系裁判者误将经验当做经验法则而作出的，则只有诉诸其他的救济渠道。因此，在司法实践中区分经验和经验法则是一件难事儿，但裁判者在作出判决时却不能因为区分困难而不区分。事实上，所有的裁判者在作出判决时，内心已经将经验法则和经验区分了，无论区分的结果是否正确，但在裁判者内心已经形成了确信，其裁判所采用的是经验法则而非个人经验。

由此形成了一个有趣的现象：自认为适用的是经验法则而非经验，但实际上适用的是经验而非经验法则。经验和经验法则尽管在理论上界限清楚，但在适用的过程中却因为适用主体的个体差异而变得难以界分。这是无法根本解决的问题，因为将经验误认为是经验法则是无意识的，甚至是有点沾沾自喜①的。没人能期待他人自发限制其内在意识，适用主体也无法有意识地自我纠正。

如此，折中的道路便是，不在经验和经验法则的区分界限上纠结，而是要促使裁判者在裁判过程中尽可能适用为公众广泛接受的经验（经验法则）。因为经验法则与经验的区分最终需得接受公众的普遍视角检验，在合法和事

---

① 彭宇案的一审法官在裁判文书中公开心证过程，显然是充分考虑了经验法则的适用问题。

实全面认定的前提下，适用被公众广泛接受的经验就是适用经验法则，而违背公众法感情的经验就是个人偏见。

（二）司法解释：明文规定？

事实认定者难以在适用中区分经验法则与经验，从而导致经验在事实认定中的不当适用。事先通过立法的形式将经验法则与经验加以区分，从而为事实认定者在实际适用中减少障碍不失为一条可靠的途径。

我国刑事立法中早有关于经验法则的相关规定，2012年最高人民法院《关于适用〈中华人民共和国刑事诉讼法〉的解释》将经验法则纳入其中，2021年修订后的解释承继并调整了部分内容。直接规定经验法则的条款有：第88条，"根据一般生活经验判断"证人的猜测性、评论性、推断性的证言"符合事实的"可以作为证据使用；第140条，没有直接证据，但间接证据满足"根据证据认定案件事实足以排除合理怀疑，结论具有唯一性""运用证据进行的推理符合逻辑和经验"等条件仍然可以认定被告人有罪。除此之外，在解释中保留了暗含经验法则作为判断依据的条款：第80条不得担任见证人的规定，第83条和第84条物证、书证最佳证据规则规定，若物证不能反映"原物的外形和特征""对书证的更改或者更改迹象不能做出合理解释的"不得作为定案的根据；第86条规定，对来源不明的物证、书证能够合理解释其来源和收集程序的，可以作为定案根据；第87条明确，证人证言互相矛盾的，能否得到"合理解释"是该份证据能否被采用的考虑因素之一；第90条规定，对证人证言收集程序、方式存在瑕疵的，经"补正或者作出合理解释的"可以采用；第93条至第95条规定，被告人供述与辩解存在矛盾的，能否得到"合理解释"应是审查的重点，讯问笔录存在瑕疵的，经补正或者作出合理解释的，可以采用。此外，解释删除了原第72条规定的对关键性物证未提取，能作出"合理说明"的，可以作为证据使用的规定。

以上条文中的"生活经验""逻辑和经验""排除合理怀疑""合理解释"显然是经验法则的内容，否则法律规定将不存在正当性。这种明文规定体现在原本不能使用的证据允许"根据一般生活经验判断"后可以作为证据使用；体现在原本不能作为定案根据的证据允许"作出合理解释"后作为定案的根据；更体现在原本不能采用的证据允许"作出合理解释的"可以采用。总之，上述对经验法则的明文规定限定了经验法则适用的证据类型，只有上述条文规定的证据类型允许"根据一般生活经验判断""作出合理解释"后采用，其他证据类型则没有这样的补救机会。

问题在于：第一，上述条文规定的"生活经验""逻辑和经验""排除合理怀疑""合理解释"的内涵和外延是什么？什么样的生活经验是这里的经验？什么样的怀疑是合理的？什么样的解释才可谓之合理？凭直觉，这里的"生活经验""逻辑和经验""排除合理怀疑""合理解释"显然是经验法则，但凭什么能产生这样的直觉？第二，即使以上的规定能够明确指导事实认定者挑选经验法则进行适用，但以上条文仅规定了某种证据类型存在某种问题时，有补救的可能性，补救的方式是法律赋予事实认定者依靠经验法则判断补救后的证据是否具备被采用的资格。这不意味着经验法则在刑事司法中有且仅适用于以上情形，譬如证人证言在没有其他瑕疵的情况下，仍需事实认定者根据经验法则判定该证人证言的证明力大小。而上述条文并未指导裁判者如何采用并适用经验法则。

二、解决路径

促使裁判者在刑事司法中尽可能适用能为公众广泛接受的经验进行事实认定，须从内外两个方面入手。对内须提高事实认定的主体即裁判者的素养，加强培训。我们无法期待裁判者的过往经历均能够使裁判者甄别哪些经验能够为公众所广泛接受、哪些不能，更无法期待裁判者的甄别能力、说理能力能够高度一致，但促使裁判者树立使用那些能为公众所广泛接受的经验而非个人偏见的意识，唤起裁判者在裁判中回归一个正常的理性人视角，是可以努力的方向。对外应当完善刑事司法制度的适用，充分应用大数据检索，促使裁判者有底气运用那些自认为被公众所广泛接受的经验作出裁判。

（一）以合法性为底线

法律是区分经验和经验法则的准绳之一。经验法则与法律的关系是异常密切的。有学者提出：法律必须以常识为基础，没有常识就没有法律。这里的常识就是经验法则。经验法则对刑事立法的影响比比皆是，譬如规定明显处于醉酒状态的人提供的证言不得作为证据使用，原因在于按照经验法则，醉酒的人是不能正常感知外部世界的，其提供的证言可信度不高。譬如法律规定讯问嫌疑人、被告人、证人应当单独进行，原因在于单独讯问能够避免串供，有更大的概率还原案件真实。譬如法律规定提取证据时应当记录证据来源，应当至少两人进行，原因在于证据来源是确认证据能否为本案所用的第一步，而两人取证能够互相监督制约。这些规则中所蕴含的经验都是为公众所普遍认可的，因而都是经验法则。从立法的构成来看，立法程序经过了广泛且漫长的调研、人民代表集体的讨论、专家学者的充分论证，所有的法律规定都蕴含着经验法则的影子。国家通过立法的方式赋予经验法则法律效力。因此，裁判者运用法律进行判决就是运用经验法则本身进行裁判。

此外，偏见性的经验已被刑事立法隔离，裁判者运用法律就是运用经验法则。我们不能期待所有的裁判者都将近现代的刑事证据制度基本原则全然内化，譬如禁止刑讯逼供是近现代刑事司法中的重要原则，但依旧有裁判者秉承口供为王的传统观念，但刑事诉讼法明确规定"对一切案件的判处都要重证据，重调查研究，不轻信口供。只有被告人供述，没有其他证据的，不能认定被告人有罪和处以刑罚；没有被告人供述，证据确实、充分的，可以认定被告人有罪和处以刑罚"。这是法律对少数裁判者重口供、轻调查研究的纠偏，对裁判者加以刑事诉讼规范的培训，其在判决的过程中自然会再三衡量口供的分量。同样，人总是习惯于通过一个人过去的行为和品行，对这个人是否会实施某种行为进行判断，在刑事司法中裁判者也往往会受被告人的前科劣迹、一贯表现、人格、品德[①]等方面影响，而对被告人形成先入为主的偏见。这种依照品格进行推断的方式在刑事司法中受到严格的限制，被称为品格证据的排除规则。在我国刑事司法中，除非法律明确将品格证据作为定罪量刑的构成要素，譬如盗窃中的"多次盗窃"和黑社会性质组织的"为

---

① 宋浽沙：《被告人品格证据在我国刑事审判中的运用》，载《中国检察官》2020年第15期。

非作恶""称霸一方"、累犯等，否则一般仅将品格证据作为量刑的参考因素。由此看来，刑事立法已经起到了区分经验和经验法则的第一道过滤作用，大部分偏见性的、非正当性的经验已经被排除在刑事立法之外，裁判者遵守法律规定就是运用经验法则的一种表现。或许有个别的法律规定饱受诟病，但该规定是符合当下社会实际情况的，其间蕴含的经验也是当时受人认可的法则无疑。因此，在刑事司法中运用经验法则须以合法性为底线。

（二）在具体案件情境中正确运用经验法则

世界上没有两片相同的叶子，也没有两个完全相同的案件。刑事个案中适用经验法则时，要全面观察案件的具体情景，匹配经验法则的适用范围。强调庭审实质化就是为了裁判者亲历"现场"，从被告人、证人的动态的言谈举止中判断其可信度，从而形成裁判者的内心确信并最大可能还原客观真实。与此相反，裁判者在非实质化的审判中获取心证的来源是案卷，而案卷主要是由国家机关所制造提供的，呈现的是一种静态的、封闭的状态。更为重要的是，裁判者缺少观察的机会。经历过庭审的人都知道，无论内心多么强大的人，面对法庭庄严的审判活动，或多或少都会露出些马脚，而居中的裁判者有绝对超脱的能力观察整个庭审中的点滴，防止对被告人的错误认定。作为法律共同体的律师也常常有这样的恍惚感。在卷宗中看到的当事人形象和实际会见时看到的形象相差很大，而案件全面的来龙去脉只有通过会见才能清楚。事实认定的过程，相当于观看一部电影，看得越全面，在观看者内心越能形成故事的完整情境。在错误的情境下，即使适用的是经验法则而非个人偏见，也可能产生错误的结果。因此，亲临现场是发现案件问题的最好方式，是适用经验法则的基础前提。

但全面观察案件事实只是提炼出适用经验法则的小前提，确定经验法则与案件事实的匹配度则是能否得出恰当结论的另一重要保障。经验法则的适用是有前提条件的。比如按照一般的经验法则，男生比女生力气大，但审判者不能据此得出女生没有能力刀杀男生的结论。"男生比女生力气大"这一经验法则只适用于男女之间纯粹的力气比对，譬如男女双方积极以刀具互相刺杀的场合，得出女生因为其力量劣势砍杀男生致死的可能性较小的结论，是

239

符合经验法则的。若在女方乘男方熟睡之际刀杀男生的情形下，就无法通过男女之间的纯粹力量对比得出上述结论，因为在没有力量较量的情境下，力量小的那一方完全可以杀死力量大的那一方。由此可见，一个经验法则不是放之四海而皆准的真理，而只是在一定条件下的相对合理。只有案件的具体情境与经验法则的适用范围相契合，经验法则的适用才是恰当的。

（三）以是否能够满足公众的期待为检验标准

笔者在上文中提及，人们无法给出经验法则和经验的界限，区分经验法则和经验往往是在事后进行的，判断的标准是判决能否得到公众的认可。公众对该判决的可接受性程度越高，越表明适用的是经验中的经验法则。在当今社会，法院裁判是否能为大众所接受早已成为衡量司法公正与否的一个重要指标。法官在自由心证中形成对案件事实的认识时，应当在专业的司法人员与具备朴素法感情的普通人之间来回切换。法官最终选择的经验（法则）与社会普遍提倡的价值观若能达成统一，就不会受到公众的广泛质疑。我国刑事审判制度中的陪审制和合议制是检验能否满足公众期待的可靠途径，特别是人民陪审员这一群体的意见可以对此进行有效的检验。若判决适用的经验能够为其他审判员和陪审员真正接受，那么裁判者运用的显然是经验法则而非经验。

（四）合理运用大数据检索相关经验法则适用数据

经验法则的类型化虽不可能完全穷尽，但将那些常用且带有高度盖然性的经验法则归纳总结是可能的。强调判决文书说理为经验法则的类型化提供大量的素材，裁判文书网等判决公开网站的搭建让检索类型化经验法则有了便捷的渠道。此外，最高人民法院《关于统一法律适用加强类案检索的指导意见（试行）》规定"应当进行类案检索"，将有力促进经验法则的合理适用。随着公开的判决基数增大，经验法则的类型化将不再那么遥远。

综上所述，由于人们难以在刑事司法的适用中明确区分经验和经验法则，不妨搁置关于二者界限问题，探索如何促使事实认定者（即裁判者）适用为公众所广泛接受的经验。由于经验法则是为公众广泛认可的经验，因此探索事实认定者（裁判者）适用为公众所广泛接受的经验就是在探索如何促使裁判者适用经验法则而非个人偏见。当然，必须以合法性为前提，在具体的案件情境中适用条件契合的经验，并经参与庭审的审判员和人民陪审员检验。

经验法则的刑事适用模式：本体表述与理论参照

苏志远　桂梦美[*]

一、问题的缘起：经验法则的刑事司法困境

2021 年 2 月，最高人民法院发布《关于适用〈中华人民共和国刑事诉讼法〉的解释》，进一步强化了庭审的中心地位，即对于庭审在查明事实、认定证据以及公正裁判等方面提出更高要求。因此，经验法则作为事实认定的一种常用方法，显得更加重要。经验法则多见于民事诉讼场域，甚至有学者认为"离开经验法则，人们便无法进行推理和判断"[①]。而在刑事诉讼场域，经验法则的实体功能主要表现为认识客观事实、缓解证明困难以及防止诉讼无限拖延。然而，经验法则在司法实践中出现的运用失衡情形，表明实效不如预期。如果借助法律文本对于经验法则具体运用路径的规定缺失等逻辑，解释该项司法实践困境，似乎并无不妥。然而，透过法律文本从经验法则的价值层面剖析，能够发现更深层次的原因：实务界对经验法则的刑事程序价值的忽视造成经验法则运用失衡的现状。刑事程序价值在于，借助经验法则作出的裁判结果应当贴合程序正义之要求，促成诸如实质对等、论证公开以及程序震慑等众多积极效果。由此可见，除却刑事实体功能，经验法则的刑事程序价值同样不可忽略。

目前对于经验法则的研究，绝大多数集中于民事诉讼场域。这些研究主要聚焦于经验法则在传统认识误区、适用主体情况、事实认定过程以及裁判

---

* 苏志远，中国政法大学刑事司法学院硕士研究生。桂梦美，西北政法大学公安学院副教授。
① 张卫平：《认识经验法则》，载《清华法学》2008 年第 6 期。

适用规则等问题的探讨。至于经验法则适用的完善进路，主要针对实体功能沿承对策法学路径，提出诸多建议措施。令人遗憾的是，关于经验法则程序价值的探讨初露端倪，已经散列于个别文献的某些段落[1]，但是陷入对策方略的桎梏中止步不前，导致经验法则的理论研究没有实质进展。经验法则的程序价值隐没于实体功能之后，但却制约实体功能的正当发挥，因此切不可将程序正义与认识规律对立起来。[2]本文将首先阐述经验法则的刑事适用逻辑，然后描述经验法则的司法运行状态，借助实践问题检视理念制约因素，探讨如何围绕刑事程序价值激活经验法则的持续发展因子。

二、逻辑表述：刑事适用模式的运行机理

经验法则一词因应用于逻辑学和法学等诸多学科，难免具有多层语义。即使从法学学科视角切入，经验法则仍被赋予不同场景的特定含义。目前，经验法则主要在民事诉讼场域得以应用、讨论，然而刑事诉讼场域同样有其运用空间。为了继续探讨经验法则在刑事司法场景的展开，有必要消除其理论认识误区，明定其刑事司法功能，继而厘清其刑事司法属性，为其刑事适用模式的精细化表述提供智识资源。

（一）经验法则的刑事司法功能

经验法则作为一个法学概念，强调其作为一种法则抑或知识，反映从日常生活经验中归纳获得的关于事物因果关系或属性状态。[3]因此，经验法则又被称为"背景知识"，它同胶水一样与审判程序所关注的案件事实紧密黏合。[4]需要特别注意的是，在法学领域，经验法则常常与其他相似词汇混淆。以一

---

① 毕玉谦：《经验法则及其实务应用》，载《法学》2008年第2期；毕玉谦：《论经验法则在司法上的功能与应用》，载《证据科学》2011年第2期。

② 陈光中、陈海光、魏晓娜：《刑事证据制度与认识论——兼与误区论、法律真实论、相对真实论商榷》，载《中国法学》2001年第1期。

③ 刘春梅：《浅论经验法则在事实认定中的作用及局限性之克服》，载《现代法学》2003年第3期。

④ See Schum：Evidential Foundations of Probabilistic Reasoning，John Wiley&Sons 1994，p.82.

句法谚为例，"法律真正的生命是经验"①，诚然，没有生活经验的人，难以面对法律纠纷作出公正裁判。但是需要厘清的是，这里的"经验"并非日常生活经验。经验法则并不同于个人经验或是社会共识②，而是一般人或者一定范围群体的共识。③需要注意的是，同经验法则常相混淆的词汇还有生活经验、常识、常理和常情常理。在刑事司法领域，通览各部法律规范文件，"经验法则"仅在《人民检察院刑事诉讼规则》第 368 条和《关于办理死刑案件审查判断证据若干问题的规定》第 33 条有所提及。此外，"生活经验"见于《公安机关办理国家赔偿案件程序规定》，"常识"见于《人民法院统一证据规定（司法解释建议稿）》《人民检察院刑事诉讼规则（2019）》，"常理"见于《人民检察院公诉人出庭举证质证工作指引》《关于办理死刑案件审查判断证据若干问题的规定》《人民检察院审查逮捕质量标准》《人民检察院刑事诉讼规则（2019）》，而"常情常理"则未见于法律规范。

追溯经验法则在逻辑学知识谱系里的发展脉络可知，经验法则可以作为一种"逻辑三段论的大前提"。④1893 年弗里德里希·斯坦在研究法官认知科学之时创造这一概念，将其作为"审判中的三段论演绎推理的概念"，是在"具有一般性特征的概念前提的基础之上，形成了具有可推论特征的事实大前提"。⑤在该结论下，似乎可以认为经验法则能够完全适用于"三段论推论"的过程。但是借助逻辑学提供的学科视野，通过更加审慎的态度予以检视，发现经验法则囿于固定盖然性而难以传递全称表达。易言之，经验法则作为事实大前提具有或然性色彩，小前提事实作为全称个别化的过程，最后得出的结论仍然具有盖然性。因此，经验法则的适用过程并不符合传统的法学三段论结果。⑥刑事司法语境下，虽然经验法则因其自身盖然性质难以制造确定结论，但是我们认为经验法则通过"三段论推理"的制造产品——推定事实

---

① 冯玉军：《美国法律思想经典》，法律出版社 2008 年版，第 38 页。

② ［意］米歇尔－塔鲁否：《关于经验法则的思考》，孙维萍译，载《证据科学》2009 年第 2 期。

③ 江显和：《刑事认证制度研究》，法律出版社 2009 年版，第 136 页。

④ 陈荣宗、林庆苗：《民事诉讼法》，三民书局股份有限公司 1996 年版，第 487 页。

⑤ ［意］米歇尔－塔鲁否：《关于经验法则的思考》，孙维萍译，载《证据科学》2009 年第 2 期。

⑥ 曹志勋：《经验法则适用的两类模式——自对彭宇案判决说理的反思再出发》，载《法学家》2019 年第 5 期。

仍然具有重要价值，可以借助经验法则的刑事适用模式发挥特定功用。

刑事案件中可能存在部分事实并无现实证据的支撑（同时难以获取这类相关证据），而需要借助经验法则进行判断。司法证明方法的选择顺序应为证据证明—法律推定—事实推定。公正与效率是评估司法权力运行情况的永恒指标，如何达到二者之间的合理平衡是刑事司法亟须面对的问题。[①]《刑事诉讼法》第 55 条第 2 款对刑事证明标准的"证据确实、充分"程度作出细化规定，分为证据数量要求、证据质量要求和排除合理怀疑要求。但是经验法则并非"排除合理怀疑"的例外，而是作为一个特例存在。这是因为，经验法则建立在已知事实的基础上，省略对待证事实的证明环节。而后，待证事实"跳跃"为推定事实，推定事实不必完全达到"排除合理怀疑"的证明标准，只需作为证据锁链的组成部分，和其他证据一起共同作为定案依据。

对此，有学者将经验法则的诉讼功能概况为三种：启发性、认识性和证明性。[②] 亦有学者提出经验法则具有评价证据，推定事实和认定事实三种功能。[③] 就本质而言，上述分类并未脱离事实认定范畴，仅从不同角度概况了经验法则的三种适用形态——"三段论推理"在司法证明过程的不同适用阶段。[④] 可以佐证的是，另有学者通过相关研究，指出运用经验法则进行的证据抑或事实分析，都是事实推定。[⑤] 该种论断表明，认定事实并不能与评价证据、推定事实割裂开来。因此，经验法则的刑事司法功能是事实认定，借助"三段论推理"达成认定犯罪构成的主观要件和客观要件的目的，实现经验法则的事实认定功能。申言之，经验法则作为小前提事实和结论事实的"中间桥

---

① 陈卫东：《公正和效率——我国刑事审判程序改革的两个目标》，载《中国人民大学学报》2001 年第 5 期。

② "启发性"功能表现为一种手段和模式，通过这种模式的帮助，人们可以形成事实原因的假设；"认识性"功能在确立案件事实的过程中，法官以这种认知方式可以从显著事实中得出判断结论，可以基于经验进行推论的传导，进而最终获得赖以建立案件事实的那些间接认识；"证明性"功能体现在法官就案件事实据理作出最终裁决的阶段。参见张敬博：《审判经验对法官刑事认证活动的影响》，载《国家检察官学院学报》2013 年第 2 期。

③ 李江海：《经验法则及其诉讼功能》，载《证据科学》2008 年第 4 期。

④ 在三段论推理中，经验法则作为事实大前提，已知事实作为小前提事实，推定事实作为结论。参见张亚东：《经验法则：自由心证的尺度》，北京大学出版社 2012 年版，第 39 页。

⑤ 蔡艺生：《论经验法则在司法裁判中的运行——基于认知科学的实证研究》，载《政法学刊》2017 年第 3 期。

梁"，并不具有直接认定事实的功用，而是通过证据评价、事实推定的中间过程，最后完成事实认定的最终目的。

（二）刑事司法属性的辩证考察

司法实践催生理论研究，理论研究反哺司法实践。受限于智识，本文无意对经验法则作出刑事司法语境下的全新诠释，而是为了探究如何保障经验法则的机理运行和功能实现，通过借鉴经验法则在民事诉讼的适用特性，尝试描述经验法则的刑事司法属性。经验法则至少应当具有以下三种属性：

从经验法则的构成要素——经验本体来看，应当具有稳定性。事实认定是"司法上由来已久和最难解决的问题之一"[①]，相较于民事诉讼场景，刑事司法领域的证明标准更高，至少需要达到"超然盖然性"——介于"高度盖然性"和"排除合理怀疑"之间——的证明标准[②]。经验的产生属于自发过程，天然缺少规范限制。在日常生活领域，社会公众在未对该种经验的正确性、普适性审慎反思的前提之下，在日常生活中任意地由其发挥作用，或许并无不妥。而刑事程序往往涉及对被追诉人的定罪量刑，无论对于经验法则在偏重反映事物之间的因果性联系之要求，抑或对于经验法则在侧向描述事物之间的规范性内容之要求，经验本体都应当具有稳定性。"法官都是双重人格的载体，既有维护社会组织的本质，同时也有作为自然人的个性本质。"[③] 因此，用于事实认定前提的经验法则，绝不能只是个人认知，而是社会共识。此处的经验，必须是通过类型化方式对某类事物及其发展规律加以抽象描述的融贯体系[④]，否则将失去其在司法证明场域的正当性基础。

从经验法则的运用起点——提出主体来看，应当具有职权性。民事诉讼研究一般认为法官是经验法则的适用主体，并且当事人应当积极参与经验法则的适用过程。但是鉴于刑事司法行为链的流转特性，公诉机关负有追究刑

---

① ［美］罗斯科·庞德：《通过法律的社会控制》，沈宗灵译，商务印书馆 1984 年版，第 29 页。

② 霍海红：《提高民事诉讼证明标准的理论反思》，载《中国法学》2016 年第 2 期。

③ 杨波：《论司法公正的现代观》，载《山东审判》2005 年第 2 期。

④ ［德］阿尔弗雷德·许茨：《社会实在问题》，霍桂桓、索昕译，华夏出版社 2001 年版，第 55 页。

事责任的任务，审判机关亦有中立审理案件的职责，因此经验法则的适用应当带有一定职权性逻辑，刑事司法场景中，经验法则有着严格适用条件：只在查明某一案件事实真相，缺乏充分证据或者难以获取充分证据、超出合理成本等情形下，才可使用经验法则对待证事实作出认定。在司法场域所赋予特定意义的角色中，经验法则的提出一方主要包括公诉机关和审判机关。当然，被告人以及辩护人同样可以运用经验法则达成某些辩护功效，但较于民事诉讼场景，刑事司法场域需要突出经验法则的职权性逻辑，以此强化公诉机关和审判机关的运用意识，借由充分发挥经验法则在证明案件事实中的效益。

从经验法则的运行结果——推定事实来看，应当具有补强性。诉讼证明具有一定特殊性，案件事实难以达到主客观相一致的程度。[1] 推定事实作为经验法则的制造结果，并不稳定。在各类经验经由经验法则的概括归纳进入事实认定的过程中，不免带来"真相与谬误仅一线之差"的隐忧。为了契合刑事司法证明标准的基本要求，需要结合其他间接证据予以积聚证明意蕴。推定事实作为一种理应受到"约束"的结论，相较于法律直接规制，借助其他间接证据的引入以及经验法则的柔性约束实现对事实认定过程的有效控制。[2] 这种约束被认为是一种以其事实内容作为"内在约束"，通过发挥评价证据、推定事实和认定事实的作用而实现。[3] 如果缺乏经验法则的约束，运用经验的任意性将小前提事实和结论事实直接勾连，可能导致结论的偏向或者错误。因此，诉讼过程中相关诉讼主体对经验法则的适用过程应当予以补强，以此验证其适用是否正当，并有进而否定推定事实的应然选项，由此保障公平正义的实现。

（三）刑事适用模式的展开图景

"模式论"是一种描述式的理论解释方法，旨在揭示某一制度或实践的属

---

① 卞建林、郭志媛：《论诉讼证明的相对性》，载《中国法学》2001 年第 2 期。

② 吴洪淇：《从经验到法则：经验在事实认定过程中的引入与规制》，载《证据科学》2011 年第 2 期。

③ 李江海：《经验法则及其诉讼功能》，载《证据科学》2008 年第 4 期。

性和特征，为达到对某一制度性质的揭示目的和透彻效果，往往要借助与其类似制度的比较。[①] 考察民事诉讼场域的晚近研究成果发现，有学者根据实务中经验法则的本身盖然性支持待证事实的途径，将其概括为常规模式和弱化模式。[②] 经验法则的刑事适用模式，异于上述两种模式，鉴于经验法则的盖然性质，应当以民事诉讼场域的弱化模式为参照系，检视其运行机理以塑造自身基础。首先，经验法则发挥认定事实的作用，通过已知基础事实，加以证明待证事实；其次，需要审视其他经验法则是否存在以及盖然情况，持续调整思路考量如何维持先前作出的推定事实，进而排除其他可能情形；最后，结合其他证据达成"排除合理怀疑"的证明标准。

论及刑事适用模式的展开图景，必然不能脱离刑事诉讼构造的范畴。在横向构造层面抵近观察，公诉、审判和辩护三方均可适用经验法则。前已述及，公诉、审判两方应当优先适用经验法则。公诉机关出于维护国家利益的使命指控犯罪，遵循"客观"义务，不能为了达到"胜诉目的"而不择手段，而是基于证明责任，全面客观地提出案件事实，如果仅凭优势证据而忽略经验法则的适用，并不能圆满还原案件事实；审判机关适用经验法则，不能仅仅将其视为论证裁判理由的依据，其本身作为论据的必要性与可靠性更加需要法官进行论证[③]，从而彻底排除合理怀疑；被追诉人自身拥有抗辩性权利，对案件某些关键事实，同样可以借由经验法则进行自身辩护，而且伴随刑事辩护制度的日益臻满，被追诉人活动有效辩护的权利，在审判程序中充分进行辩护准备工作，对裁判者的裁决结果施加积极有效的影响。

试举一例说明刑事诉讼场景中经验法则在证明过程中的运用。在梁某贩卖毒品案[④]中，侦查机关在交易现场抓获犯罪嫌疑人梁某时未查获毒品，待从梁某住所查获大量毒品后，再次返回现场之时发现49.8克甲基苯丙胺。案件

---

① 陈瑞华：《论法学研究方法》，法律出版社2017年版，第298页。

② 常规适用模式以经验法则本身盖然性较高为前提，通过认定已知事实，可使待证事实得到证明；弱化模式在经验法则盖然性无法达到通常标准的情形下，辅以其他途径补强事实，增强认定结果的可接受性。参见曹志勋：《经验法则适用的两类模式——自对彭宇案判决说理的反思再出发》，载《法学家》2019年第5期。

③ 何雪锋：《法官如何论证经验法则》，载《北方法学》2021年第1期。

④ 参见重庆市高级人民法院（2015）渝高法刑终字第00037号判决书。

争议的焦点是如何认定 49.8 克甲基苯丙胺属犯罪嫌疑人所有。已知基础事实为：其一，查获 49.8 克甲基苯丙胺的地点距抓获梁某的地点约 10 米；其二，在梁某同何某约定的交易地点附近草丛中查获的毒品种类、重量与何某向梁某求购的毒品一致，而其包装、重量又与梁某住所查获的部分甲基苯丙胺高度相似；其三，梁某在前往与何某交易途中曾途经该巷口。借助经验法则得出判断结论：梁某采取"人货分离"的交易方式，将毒品藏匿于交易地点附近草丛这一隐蔽位置，待何某向其交付毒资后再告知藏毒地点。对于该项结论，结合《明细话单》、通话录音录像、《搜查、提取笔录》及同步录音录像、《称量笔录》及照片、《物证检验报告》等证据相互印证。尽管法官并未具体描绘"经验"的话语谱系，也并未阐述"法则"的具体规则，但从基础事实到推定事实的证明过程中，隐藏着"贩卖毒品的人可能将毒品留存他处"这一符合经验法则的判断。在本案中，如果不能运用经验法则，仅凭何某证言、搜查笔录和物证检验报告等证据无法确定相关事实。

当然，经验法则的先天特性决定了其刑事司法功能的局限之处。在刑事诉讼场域，经验法则无法穷尽事物的可能发展形态。当案件涉及某些反常行为时，如果超出经验本身的类型化概括范围，经验法则将无法得出推定事实，更不能达成"排除合理怀疑"的效果，从而失去运用价值。

三、实践样态：基于刑事裁判文书的考察

实践是理论之源，理论研究应当在司法实践中找寻问题。[1] 同经验法则理论研究的冷寂相应，对其司法实践的研究同样处于缺省状态。对此，需要返回现实语境，通过观察经验法则的实践样态，探寻理论研究和司法实践的互动效果，进而作出能够反哺理论研究的知识增量。

---

① 谢澍：《从"认识论"到"认知论"——刑事诉讼法学研究之科学化走向》，载《法制与社会发展》2021 年第 1 期。

（一）研究问题

基于现有相关案例，从不同维度对经验法则的适用情况进行考察。一是宏观数据，经验法则在刑事案件中运用次数的整体分布情况，包括相关案例的数量、案由类型等。二是微观分析，经验法则在裁判文书中的具体适用样态，在此基础之上衍生的其他观察目的包括：其一，经验法则的适用由哪些诉讼主体提出；其二，提出经验法则的不同诉讼主体身份，对事实认定结果产生何种影响；其三，经验法则出现在裁判文书的哪些位置，比如是在"当事人诉辩""事实认定"抑或其他部分；其四，经验法则的不同分布位置，对事实认定结果产生何种影响。

（二）宏观数据

刑事裁判文书中承载着丰富数据信息，在"北大法宝"法律数据库[①]中（数据取样时间截至 2021 年 2 月 15 日），以"经验法则"为关键词全文搜索获得 533 份刑事裁判文书，以"生活经验"[②]为关键词全文搜索获得 1200 份刑事裁判文书，以"常识"为关键词全文搜索获得 5272 份刑事裁判文书，以"常理"为关键词全文搜索获得 35902 份刑事裁判文书，以"常情常理"为关键词全文搜索获得 686 份刑事裁判文书。检视统计结果可以发现，就词汇出现频率来看，作为"法言法语"的经验法则远远低于"生活经验"这类"俗言俗语"。可能依据上述统计结果得出的结论并不精确，但是数据指标显示出经验法则的适用率如此之低，足以说明刑事司法实践中运用经验法则的意识十分淡薄。就案件类型来看，适用经验法则的案件类型有七大类，其中侵犯财产罪案件 155 件，比例达到 29.1%；其次是妨害社会管理秩序罪 119 件，比例达到 22.3%；最低的为渎职罪仅为 8 件，比例仅为 1%。从时间分布而言，最早出现于 2008 年刘某某等抢劫、盗窃案[③]，如图 2 所示，从 2013 年开始整体呈现上升态势，并在 2015 年、2018 年两次达到峰值，近两年来呈现回落趋势。

---

① 中国裁判文书网对下载裁判文书量、浏览页数等有限制，而北大法宝下载较为方便，且与中国裁判文书网的裁判文书数量及更新速度相近，故本文的取样数据最终来自北大法宝。

② 由此获得的数据结果，除包括"生活经验"之外，也包括"日常生活经验"，二者同义。

③ 参见天津市东丽区人民法院（2008）丽刑初字第 226 号判决书。

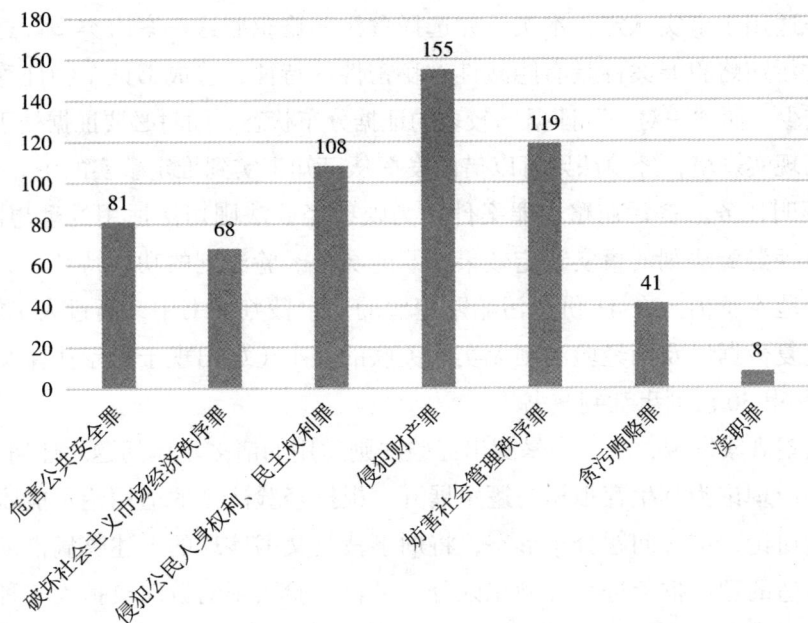

图1 "经验法则"在不同案由刑事案件的频次分布

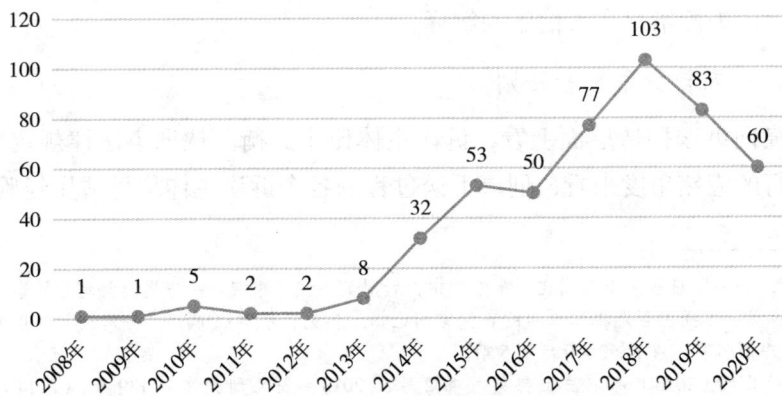

图2 适用经验法则案例的时间分布

（三）微观分析

在以"经验法则"为关键词获得的 533 份刑事裁判文书中，选取 41 份贪污贿赂犯罪案件的刑事裁判文书作为考察样本。鉴于经验法则的功能特性——适用于事实认定，本次研究选择贪污贿赂犯罪这一案由类型。这是因为，贪污贿赂犯罪案件具有隐蔽性、秘密性等特征，造成书证、物证等实物证据较少，而"一对一"证据① 较多的证据分布状态。面对必要证据处于缺省状态的现实窘境，经验法则可以借由发挥从已知事实到推定事实的中介作用，完成证明任务。贪污贿赂犯罪案件作为映射经验法则司法适用的理想图景，由此检视经验法则的事实认定效果，既能契合经验法则的功能特性，又可体现典型范本价值。在 41 份贪污贿赂犯罪的刑事裁判文书中，通过人工筛选，去除重复数据以及同经验法则无实际关联的文书（如出现于附录法律文本部分），获得 30 份刑事裁判文书②。

微观观察发现，个案中暴露出经验法则适用的诸多具体问题。任何问题，都有相应理论为其生存根据与逻辑展开。根据经验法则的适用绝不能脱离主体语境讨论，结合问题分布形态，将刑事裁判文书体现的上述弊病借助刑事诉讼构造的理论框架进行类型化区分，可将经验法则的偏向概括为三种异化形态：公诉方较少用、审判方慎用和辩护方误用。当然，司法实践中绝无如此理想化的分类情形，只是本文努力使得研究尽量贴合"理论模型化"，为经验法则运用失衡给出令人信服的解释。

1. 公诉方较少用经验法则

从横向诉讼构造层面上看，诉讼主体比率失衡。从刑事法律规定和司法权力运行的应然角度来看，刑事诉讼过程的各个诉讼主体均可适用经验法则。

---

① "一对一"证据主要是指在刑事案件中，针对某一犯罪事实，一方提出肯定犯罪事实的直接言词证据，另一方提出否定犯罪事实的直接言词证据。参见程灿坤：《试述"一对一"证据的审查运用》，载《中国刑事法杂志》2000 年第 5 期。

② 分别为（2013）海中法刑再终字第 2 号、（2013）金义刑初字第 139 号、（2014）邹刑初字第 378 号、（2015）西刑重字第 2 号、（2015）潘刑初字第 00064 号、（2015）镇刑初字第 00083 号、（2015）吉中刑终字第 90 号、（2015）成刑初字第 00215 号、（2015）晋中中法刑终字第 216 号、（2015）芜中刑终字第 00286 号、（2015）川刑终字第 447 号、（2015）盱刑初字第 00696 号、（2015）绍诸刑初字第 844 号、（2016）内 05 刑终 99 号、（2016）豫 0821 刑初 103 号、（2016）桂 10 刑终 409 号、（2016）吉 0381 刑初 978 号、（2017）浙 08 刑申 3 号、（2017）浙 02 刑申 26 号、（2017）粤 1523 刑初 75 号、（2017）川 0823 刑初 122 号、（2017）豫 08 刑终 234 号、（2017）黔 2601 刑初 499 号、（2018）川 1603 刑初 27 号、（2018）津 01 刑终 158 号、（2018）苏 09 刑终 309 号、（2018）川 1302 刑初 380 号、（2019）晋 1124 刑初 136 号、（2019）鲁 0602 刑初 188 号、（2020）云 2502 刑初 123 号。

从适用主体分布来看，在 30 份样本中，经验法则由辩护方主动提出适用的有25 份，由公诉方主动提出适用的有 1 份，由审判方主动提出适用的有 4 份。从适用过程来看，各方均是自说自话，没有就此展开诸如质证、辩论等活动。借助 SPSS 统计分析软件对于上述数据使用卡方检验方法，考察经验法则提出方与经验法则的适用是否存在关系，以及立足该项基础检验经验法则提出方与胜诉率是否有关。根据表 1、表 2 可知：经验法则提出方与最终裁判结果并无关联。这说明经验法则的效用路径存在重大偏差，以致不能发挥效果。此外，在收集的刑事裁判文书中，有 10 起案件进入二审程序，其中 7 起案件在当事人上诉抑或检察院抗诉理由部分，都提到了运用经验法则借以否定案件某些关键事实的证明环节。如果公诉方在一审阶段就可以借助经验法则，将其引入证据规则和证明模式的既有向度之外发挥积极作用，共同参与裁判结果的制作过程，将减少程序流转、节约司法资源。

表 1　检验统计量

	提出方
卡方	34.200[a]
Df	2
渐进显著性	.000

a. 有 0 个储存格（0.0%）其期望频率小于 5。最小期望储存格频率为 10.0。

表 2　卡方测试

	数值	df	渐进显著性（双侧）
Pearson 卡方	.429[a]	2	.807
概似比	.757	2	.685
有效观察值个数	30		

a. 5 资料格（83.3%）预期计数小于 5。预期的计数下限为 .07。

b. 只针对 PxP 表格进行计算，其中 P 必须大于 1。

2. 审判方慎用经验法则

从裁判文书的效力位置上看，经验法则目的有偏差。刑事裁判文书存在

"当事人诉辩""事实认定"和"裁判理由"等效力位置。效力位置的分布差异说明经验法则的适用目的不同。从经验法则的文书分布位置来看，当事人适用的经验法则均在"当事人诉辩"部分，法官适用的经验法则7份在"事实认定"部分，5份在"裁判理由"部分。根据相关刑事法律文本的立法意图可见，经验法则的目的在于事实认定而非法律适用，应当出现在刑事裁判文书的"事实认定"部分而非"裁判理由"部分。实践中，法官将经验法则视为"裁判理由"而非认识理由，偏离立法意图。由此带来的问题是，经验法则的运用过程缺少必要论证说理。曾有学者就经验法则的论证阐述率通过实证考察发现，法官阐释率为10.3%，而当事人的阐释率为36.4%。这种引而不述的现象，可能会在同一法院、相似案情的前提之下，造成同样适用经验法则却得出不同结论的情况，难以给公众合理回应。[①] 刑事裁判文书作为反映法官审判过程的有效载体，并未能够全面体现经验法则的适用情况。一方面，僵硬引用经验法则而未阐述。虽然多数案件根据前后案情可以大体了解经验法则的适用情况，但若仅凭内容将两起事件直接联系，缺乏具体阐述和论证过程，可能产生偏在或者错误的结果。[②] 另一方面，恰当引用经验法则而未阐述。部分刑事裁判文书中，诉讼主体正确运用经验法则，实现了从小前提事实到推定事实的过程。仅就经验法则的实体功能而言，实现了公正的裁判结果。但是检视上述刑事裁判文书发现，在运用经验法则之时，将经验法则、小前提事实和推定事实散布于文书中，三者之间没有呈现明显的逻辑关系。在黄某等贪污、行贿、受贿案[③] 中，刑事裁判文书先提到"黄某要求汤某某转钱过程中从未提及款项性质"，再提及"黄某与汤某某的关系非亲非友""关系一般"，最后通过"行为明显有违经验法则"得出黄某具有主观受贿目的。在该案中虽然较为合理地运用经验法则，但是刑事推定的各个要素散列分布于文书的不同位置，并未呈现清晰的逻辑关系，不能合理公开经验

---

① 该项实证考察的样本来自100份民事裁判文书。参见王庆廷：《"经验"何以成为"法则"——对经验法则适用困境的考察、追问及求解》，载《东方法学》2016年第6期。

② 陈中立、杨楹、倪健民、林振义：《思维方式与社会发展》，社会科学文献出版社2001年版，第368页。

③ 广西壮族自治区百色市中级人民法院刑事判决书（2016）桂10刑终409号。

法则的适用过程。

3. 辩护方误用经验法则

从控辩双方庭审适用来看，缺乏"经验"基础前提。在刑事推定涉及的两个事实中，小前提事实的真伪制约着推定事实的成立。因而，小前提事实的范围厘定是经验法则运用的基础前提。只有在小前提事实查证属实的前提之下，才可加入经验法则据以认定事实。小前提事实作为诉讼中已经成立的事实，主要包括以下几种：法院认知的事实，当事人无争议的事实，基于证据认定的事实以及当事人约定的事实。在相关的 8 起案件的刑事裁判文书中，有些事实仅仅是一些成见抑或偏见，甚至是"没有盖然性的纯粹偏见"①，但却忽视小前提事实的客观性要求误用经验法则。具体表现为，相关诉讼主体提出据以作出刑事推定的小前提事实，是建立在违背客观证据基础之上的"伪前提"，无一例外被法庭以"证据之间相互印证"为由予以否认。例如，在陈某某受贿罪案件中，控辩双方就吴某甲贿赂事实认定的核心问题在于，辩方主张锦香来——被指控受贿地点——的登记成立时间晚于吴某甲贿赂事实发生时间，但是法庭通过锦香来老板王某的情况说明与房东吴某乙的证言认定"锦香来实际经营时间是从 2006 年下半年"。因为小前提事实的客观性已经出现错误，经验法则丧失运用基础，法庭未予采纳。这表明司法实践中对于经验法则的运用前提——小前提事实——缺乏必要认识，以致出现此类错误。

四、偏向原因：经验法则的理念关照缺位

经验法则的司法适用困境，实则与刑事程序价值的理念关照缺位密切相关，具体展开可表现为证据分布样态下的距离偏差、裁判文书制作中的说理缺失和有效辩护语境里的目标异化。

（一）证据分布样态下的距离偏差

从证据分布样态来看，可以探析公诉方缘何较少运用经验法则。犯罪行

---

① ［德］汉斯·普维庭：《现代证明责任问题》，吴越译，法律出版社 2000 年版，第 160 页。

为发生后相关证据与控方或者辩方之间的"证据距离",是证据分布的一种学理含义。[①] 证据是诉讼中的"稀缺品"[②],犯罪行为的发生势必会在客观世界留下一定信息,这些信息会在诉讼过程中作为证据形态呈现。证据在不同诉讼构造间的分布状态并不相同,沿着刑事诉讼纵向构造流向不难看出,主要证据分布向刑事司法机关倾斜,以侦查阶段作为证据收集起点,经过审查起诉阶段的证据筛选,最终集中于公诉机关。

刑事司法制度建构在国家追诉主义的基础之上,私权主体仅能在公权主体主导的不同诉讼阶段起到补充作用,难以与其形成同位关系。[③] 在审判阶段的刑事诉讼横向构造中,公诉方凭借优势证据占有更多话语格局。在我国传统"印证主义"证明模式的思维影响之下,公诉方对于待证事实,仅仅通过现有证据之间"相互印证"即可达到证明目的[④],而不需要运用一些看似存在"隐忧"风险的经验法则。然而"印证"证明模式在一定程度上忽略对单个证据的审查[⑤],轻视证据矛盾分析,受到因为控辩双方的对抗能力悬殊而呈现的偏在影响,司法证明容易陷入僵化。法官一味聚焦证据链条,裁判说理避重就轻,排斥抑或忽略处于证据链条之外的证据。[⑥] 对此,被告方处于弱势诉讼地位,往往不能针对证据找出破绽之处。此外,在证据"相互印证"的形式完备之前提下,如果被告方对此不予反驳,审判方也并不能发现推定事实的薄弱之处,主动适用经验法则,从而查明真相。

在刑事司法领域,"无罪推定"原则使得公诉方承担举证责任,但是刑事司法行为链上证据原点问题对证据分布形态的影响,使得公诉方的"证据距离"过近,一定程度上限缩着经验法则的运用空间以及使用意识。经验法则依赖已知事实的形塑结果,"证据距离"过近使得公诉方如果单纯依赖侦查机

---

① 冯俊伟:《刑事证据分布理论及其运用》,载《法学研究》2019 年第 4 期。

② 龙宗智:《"大证据学"的建构及其学理》,载《法学研究》2006 年第 5 期。

③ 李奋飞:《论刑事诉讼中的"争点主导主义"》,载《政法论坛》2020 年第 4 期。

④ 谢澍:《反思印证:"亚整体主义"证明模式之理论研判》,载《华东政法大学学报》2019 年第 3 期。

⑤ 左卫民:《"印证"证明模式反思与重塑:基于中国刑事错案的反思》,载《中国法学》2016 年第 1 期。

⑥ 纵博:《印证方法的不足及其弥补:以多元证据分析方法体系为方向》,载《法学家》2020 年第 6 期。

关移送的卷宗材料，缺少经验法则对涉案事实的理性检验，将难以发现已知事实和待证事实的微妙关系。一味回避经验法则，并不利于案件事实的查明。

（二）裁判文书制作中的说理缺失

从法庭审判阶段来看，可以解释审判方缘何慎用经验法则。直接审理原则要求，证据对法官内心确信产生影响的所有信息都应该在庭审中展现。法官应当主动适用经验法则，但有学者立足民事诉讼场域通过研究指出，法官极少运用经验法则进行事实认定，即使运用也并不阐释[①]，可谓"徒具其形而未涵其神"。经验法则本身具有或然性，其运用本质可以视为一个概率估计的任务。我国诉讼主体所依据的经验如果缺乏高度盖然性，将和经验法则要求的证明标准存有较大差距，直接运用这类经验认定事实存在一定风险。刑事司法实践中，法官运用经验法则即使认定事实成立，为了避免出现争议性结论而引发其他诉讼主体对裁判结果不满，继而引起抗诉率、申诉率和重审率的增加，往往倾向于适用无争议的证据、事实作出裁断，审慎选择其他证明力强度有限的证据，遵循一般证据规则认定事实。[②]

如果法官运用经验法则，将事实认定同说理论证相结合，据此产生的裁判结果将归咎于法官个人。[③] 由于当前错案追究以办理案件存在"明显错误"为评价标准，法官作为刑事诉讼的"程序监护人"，若不运用经验法则，通常也不会造成明显错误并且承担错案司法责任，而可将潜在的败诉责任归因于败诉方没有提供有效且充分的证据。"彭宇案"作为一面典型的反面借镜，正因在裁判文书中公开"心证过程"，阐明借助经验法则进行证据评价和事实认定的理由，同社会公众的认识存在较大差异，从而引起广泛争议。

此外，在刑事裁判文书中应用经验法则，如果将论证过程公开，容易将该项内容置于被反驳的境地，当事人通过简单的"证伪"手段即可破坏结论的正当性，容易因对当事人的说理工作产生纠诉现象。鉴于对抗性司法的偏

---

① 王庆廷：《"经验"何以成为"法则"——对经验法则适用困境的考察、追问及求解》，载《东方法学》2016 年第 6 期。

② 杨宗辉：《刑事案件的事实推定：诱惑、困惑与解惑》，载《中国刑事法杂志》2019 年第 4 期。

③ 侣化强：《事实认定"难题"与法官独立审判责任落实》，载《中国法学》2015 年第 6 期。

在影响，以及法官考评制度对法官的隐性约束，一旦定罪量刑出现差错，将对案件结果或者法官自身造成严重影响。

（三）有效辩护语境里的目标异化

从辩护权利语境来看，可以解释辩护方缘何误用经验法则。辩护方之所以误用经验法则，或许可以借由经验同常识、常情、常理混用，抑或关于经验法则运用机理不熟等逻辑予以解释。但是，"辩护的最终目的不是形式上的抗辩，而是对裁判者的说服，而后者才是辩护活动的真正归宿"[①]。拨开问题表象，绝大多数运用经验法则带来的无效辩护样态，可以借助"有效辩护"理念予以透视。

"有效辩护"理念要求辩护人应当勤勉履责，通过说服法官采信其辩护意见，使被告人在实体和程序上获得良好的诉讼效果。不同于刑事司法人员承担的"积极真实义务"，辩护人承担的是"消极真实义务"，即不能为了帮助被告人寻求无罪、罪轻的处理结果，而积极实施歪曲事实、妨碍真相的行为。[②]事实认定旨在查明事实真相[③]，而价值趋向的不同导致诉讼主体选择的"事实认知"并不一样，思维模式同样存在差异。公诉方、审判方的目的是发现真实、实现正义，而被告人和辩护人目的是寻求无罪、罪轻的辩护空间。"在事实发现领域，律师必须在程序规则所允许的范围内不择手段地建构出最有利于当事人的主张和证明。"[④]有时事实真相是不利于被告人的，针对公诉机关的有力指控，辩护人不得不打造一套论证体系抵消对方观点，即使辩护人本身并不相信这些论证符合法律条文和案件背景的最佳解释。

因此，辩护人或许并不按照案件事实和法律依据寻求最佳辩护说辞，而是以维护被告人利益为核心目的，不遗余力地寻找论据应对公诉机关的指控，

---

① 陈瑞华：《刑事辩护的几个理论问题》，载《当代法学》2012 年第 1 期。
② 李奋飞：《论辩护律师忠诚义务的三个限度》，载《华东政法大学学报》2020 年第 3 期。
③ 张保生：《事实、证据与事实认定》，载《中国社会科学》2017 年第 8 期。
④ ［美］米尔伊安·R.达马什卡：《司法和国家权利的多种面孔——比较视野中的法律程序》，郑戈译，中国政法大学出版社 2004 年版，第 213 页。

在已有证据的基础之上建构出有利于被告人的案件事实。[①] 基于此种逻辑，经验法则沦为辩护方进行形式化辩护的工具，不以说服裁判者接受其辩护意见为目标，而是为了"表演"给委托人或旁听人员观看。经验法则或许沦为明知败诉结局之下的无奈之举。出离"有效辩护"理念，辩护人忽略"经验"基础事实，借助经验法则的专业性和封闭性任意发挥，产生"信口开河、东拉西扯、词不达意"的辩护景象[②]，并未尽到应有职责。无论是因为辩护人客观上自身意图扭曲事实和妨碍真相，还是因为主观上一味追求无罪、罪轻的结果，误用经验法则而未达到有效辩护结果，都将使得经验法则的实效性或者诉讼程序的公正性遭受质疑。

五、理念辨正：刑事程序价值的具象指引

曾有学者针对经验法则被不当使用的诸多情形，提出程序保障的建议，但仅是从比较法学角度参照部分大陆法系国家对于违反经验法则造成的法律后果可以上诉的做法[③]，或是为确保法官正确运用经验法则而提炼一些规则[④]，抑或沿袭对策法学路径强调加强法官运用经验法则的能力[⑤]，上述做法均缺乏对经验法则程序价值的关切。或有观点认为，在上述一些刑事裁判文书中，虽然没有正确运用经验法则或者没有详细阐述经验法则，但是根据生活经验或者通过证据相互印证作出的判断，同样达成了公正的裁判结果。然而，这种论断恰恰是忽视刑事程序价值的体现。刑事诉讼程序本身是否符合正义标准，与裁判结果是否"正确"或者"合法"没有一一对应关系。如果只是根据裁判结果的公正而忽略刑事程序的公正，必然违背人类基本良知和司法活动规律。刑事程序价值对诉讼过程的要求亦是正义观念的体现。通过注入刑

---

① 张金科：《论庭审功能场域中的有效辩护——基于裁判者视角的思考》，载《湖南社会科学》2019 年第 4 期。

② 李奋飞：《论"表演性辩护"——中国律师法庭辩护功能的异化及其矫正》，载《政法论坛》2015 年第 2 期。

③ 张卫平：《认识经验法则》，载《清华法学》2008 年第 6 期。

④ ［意］米歇尔－塔鲁否：《关于经验法则的思考》，孙维萍译，载《证据科学》2009 年第 2 期。

⑤ 陈林林、何雪锋：《司法过程中的经验推定与认知偏差》，载《浙江社会科学》2015 年第 8 期。

事程序价值等司法观念，使得经验法则的司法适用兼具实体公正和程序公正的要求，功用发挥臻于完满。

（一）实质对等的内涵解读

"促使法律制度朝平等方向发展的力量乃是人类不愿受他人统治的欲望。"[①] "平等武装"理念是实质对等的具体形象。现代司法制度出现的"平等武装"理念基于"天平倒向弱者"目的，主张诉讼强势一方需要承担一些特殊义务，弱势一方应当拥有必要诉讼特权。该种理念在一系列诉讼制度中得以体现[②]，对于证据分布形态并不均衡的现状，民事诉讼、行政诉讼场域已经关注并且提出一定措施，例如民事诉讼中规定"举证责任倒置"情形之下被告方承担举证责任，解决部分控辩双方法定不对等的情况；行政诉讼中行政机关承担证明行政行为合法性的责任。公正的刑事程序应当保障相关诉讼主体拥有充分机会参加庭审过程，保证各方实际参与裁判形成结果，实现程序正义的动态价值。[③] 例如，保障当事人行使推定反驳权的基础前提与程序保障，在庭前会议阶段充分向被告人一方充分示明证据情况，拉近"证据距离"。

但是诉讼结构的配置失衡，致使控辩双方的地位悬殊，应然的证据交锋场景演变为实然的证据支配现状。辩护一方若从证据中的反向信息着手冲击公诉机关的证明体系，确有一定难度。在此，我们并不探讨辩方如何运用经验法则予以打破控方证明体系，切换另外一种视角，重新解读实质对等，从公诉机关方面强化经验法则的合理化运用。"无罪推定"原则将承担证明指控犯罪成立的责任归属于公诉机关，且不能转移。在当前证明模式对于印证方法的内涵解读中，经验法则的运用空间极其有限。如果一味迷信证据之间的相同指向，如若公诉机关忽略证据审查抑或轻视证据矛盾，可能造成矫枉过正的倾向抑或形式流弊的隐忧，使得实质对等产生异化，建构在"无罪推定"原则上的预设对抗平台并不平等，仍会孕育偏在结果。

---

① ［美］E. 博登海默：《法理学、法律哲学与法律方法》，邓正来译，中国政法大学出版社 1999 年版，第 280 页。

② 陈瑞华：《刑事诉讼法学》，北京大学出版社 2021 年版，第 47 页。

③ 李昌盛、王彪：《"程序公正感受"研究及其启示》，载《河北法学》2012 年第 3 期。

　　为了保障实质对等之实现，日常思维不能远离刑事司法证明活动。一方面，可将经验法则服务于刑事司法证明过程的整体连贯，为便于全面认知案件的证明逻辑提供相对自由的制度空间①；另一方面，可将经验运用与证据分析形成整体互动，防止将证据信息作为孤岛信息看待②。重视经验对司法证明的影响③，在公诉机关处于优势证据的情形下，能够客观中立地审查证据、认定事实，使得结果完全建立在所有合理活动的交涉基础上。

（二）论证公开的合理宣示

　　"没有公开则无所谓正义"④，法律不仅要向公民施加其要求、义务和命令，还要向公民证明该种要求、义务和命令的合理性⑤。有研究显示，当事人在某项对自己不利的诉讼过程中，如果无法跟进了解诉讼进程、判决内容和判决根据，将从心理上丧失对于裁判结果的信任正当性。经验法则需要经过客观评价和社会公认过程。从诉讼过程的正当性角度审视经验法则，法官在制作裁判过程之时，应当把其他诉讼主体的立场、权利和证据考虑在内，通过理性方式阐述经验法则的合理性与正当性，说服这些主体接收和承认裁判，使得事实认定兼具法律的冷静和生活的温度。

　　"经验是法律和司法的灵魂和生命。"⑥公平正义观念应是结合当事人感受和社会公众直觉的融贯表达体系。经验法则一方面为法官提供进行事实认定的基础，另一方面为当事人、社会公众提供评价裁判结果的依据。⑦在逻辑学的知识谱系中，某项推理所作结论是否正确，取决于推理前提对诉讼主体是

---

　　① 谢澍：《迈向"整体主义"——我国刑事司法证明模式之转型逻辑》，载《法制与社会发展》2018 年第 3 期。

　　② See Marijke Malsch and Ian Frecklton, "The Evaluation of Evidence: Differences between Legal Systems", In Hendrik Kaptein, Henry Prakken and Bart Verheij, Legal Evidence and Proof, Sueery: Ashgate Publishing Limited, 2009, pp. 118–119.

　　③ 吴洪淇：《边沁、威格摩尔与英美证据法的知识传统——以证据与证明的一般理论进路为核心的一个叙述》，载《比较法研究》2009 年第 5 期。

　　④ ［美］伯尔曼：《法律与宗教》，梁治平译，中国政法大学出版社 2003 年版，第 48 页。

　　⑤ 陈瑞华：《刑事诉讼法》，北京大学出版社 2021 年版，第 40 页。

　　⑥ 彭世忠、李秋成：《认真对待司法经验——兼论〈关于民事诉讼证据的若干规定〉第 64 条》，载《政法论坛》2006 年第 1 期。

　　⑦ 张中：《论经验法则的认识误区与实践困境》，载《证据科学》2011 年第 2 期。

否具有"可接受性"。"可接受性"可从物理和心理两个维度加以探讨,物理层面的"可接受性"强调小前提事实与世界的关系——小前提事实是客观性的,心理层面的"可接受性"强调推断过程与诉讼主体的关系——经验法则的运用是合乎理性的。[①] 物理层面的"可接受性",要求小前提事实需要具备客观性,前已述及此处不再展开。心理层面的"可接受性",从结果中心主义视角来看,是指法官运用经验法则作出的认识,能够满足社会公众心理期待的程度。法官适用经验法则,通过行使自由裁量权力实现自由心证,其间的封闭性对事实认定结果的规范性与真实性产生一定阻碍,有可能损害当事人的人格尊严和自主意志,并且导致司法公信力下降。[②]

裁判文书应公开运用经验法则进行事实认定的过程,这不仅促使法官谨慎使用经验法则,而且能将事实认定展现在范围更为庞大的社会公众面前,使其接受社会监督。具体而言,以经验法则运用形态之一的事实推定为例,在裁判文书的事实认定部分,司法解释与其他规范性文件中对事实推定规则术语表述的不统一和逻辑上的不清晰极易造成对事实推定理论上和适用中认识的混乱。为此,在裁判文书中统一事实推定的范式要求准确描述小前提事实、明确表述推定事实、适当说明二者关系[③],以及统一推定规则的关键词,可以完整反映经验法则的适用过程。此外,在裁判文书的判决理由部分,应对不同诉讼请求,借由增强裁判文书的说理性,对经验法则的适用过程进行准确、全面和详尽的阐释,一方面是对经验法则的反思审慎,另一方面亦是对经验法则的筛选评价[④],使得被告人真正成为裁判者的协商者、对话者和被说服者。法官应当将其裁判结果建立在充分考虑和采纳诉讼主体的证据、主张和辩论等所作出的推论基础之上,由此确保审判过程和裁判结果得到尊重,降低利害关系人对法院量刑裁判的抵触,减少不必要的申诉或信访。

---

① 武宏志、周建武:《批判性思维——论证逻辑视角》,中国人民大学出版社 2010 年版,第140 页。

② 羊震:《经验法则适用规则之探讨》,载《法商研究》2012 年第 2 期。

③ 何家弘:《从自然推定到人造推定——关于推定范畴的反思》,载《法学研究》2008 年第 4 期。

④ 纪格非:《经验法则适用之正当性研究》,载《证据科学》2012 年第 1 期。

（三）程序制裁的外在威慑

近年来，服判息诉率作为评价司法质效的核心指标而存在。在一定意义上讲，这是在倡导法官要努力实现公众内心接受的公正，而不是脱离公众内心感受的公正。认识能力介于完全理性和非完全理性之间的一定限制下的理性[①]，是有限的。司法证明过程囿于认识能力的有限性，只能基于现有证据建构法律意义上的案件事实。[②] 但是辩护方若以草率粗糙的方式履行辩护职责，当事人将出于本能感受到一种非正义感，继而引起申诉、上诉等程序流转，耗费司法资源，延长诉讼期间。"正义的第二种涵义——也许是最普通的涵义——是效率。"[③] 诉讼经济对诉讼程序设计提出了六个方面要求：（1）迅速裁判；（2）简化程序；（3）合并处理；（4）维持有效；（5）避免浪费；（6）避免重复。[④] 在保障经验法则实体功用的正常发挥之余，若能契合"维持有效""避免浪费""避免重复"的程序要求，由此实现诉讼经济价值。

辩护方运用经验法则，唯有争取法官接受对己方有利的主张，才能产生实质性的辩护效果。无效辩护的成立，需要以下三项事实同时存在：其一，辩护存在缺陷或瑕疵；其二，案件导致不利诉讼后果；其三，二者之间存在因果关系。[⑤] 我国司法实践中存在一种特有的无效辩护制裁制度，将无效辩护行为列为一审法院"违反法定诉讼程序"的行为，据此作出撤销原判、发回重审的裁定，或者法院建议司法行政机关、律师协会或者法律援助机构对此进行调查，进行相应纪律惩戒。

对于某些辩护人误用经验法则的情形，可能并未因此带给被告人不利诉讼后果，根据现有理论可能无法予以规制，但是该种行为将最终承受的风险转移给被告人，具有制裁的正当必要基础。前已述及，我国司法实践中将无

---

① 刘为军：《侦查中的博弈——侦查对抗与合作》，中国检察出版社 2011 年版，第 114 页。

② 潘剑锋：《论证明的相对性》，载《法学评论》2000 年第 4 期。

③ ［美］理查德·A.波斯纳：《法律的经济分析·上》，蒋兆康译，中国大百科全书出版社 1997年版，第 31 页。

④ 林俊益：《程序正义与诉讼经济——刑事诉讼法专题研究》，元照出版公司 1997 年版，第92 页。

⑤ 陈瑞华：《刑事诉讼法》，北京大学出版社 2021 年版，第 281 页。

效辩护行为划入违反诉讼程序的范畴。当前程序性制裁的对象范围限于实施程序性违法行为的侦查人员、检察人员和审判人员[①]，对此本文并不否认，而是希望借助程序性制裁的理论成果，汲取知识资源，探讨律师无效辩护的制裁路径。辩护活动违背常识的情形屡屡发生，未来可以参考域外无效辩护制度，对于此类辩护律师的不称职行为进行干预。合理的制裁行为对于实施者来说具有惩罚作用，对于受害者来说具有救济作用。此外，借由此类程序制裁的压力，一方面迫使辩护人正确使用经验法则，恪守执业义务，通过充分沟通，力争让法官、检察官采信自己的论据，可以达成程序指引的功效；另一方面，为让当事人清楚诉讼过程，达到息诉止争的目的，辩护方应当主动向当事人告知现有证据所能证明的事实以及法院可能采用的经验法则。

六、结语

2021 年 2 月最高人民法院印发的《关于深入推进社会主义核心价值观融入裁判文书释法说理的指导意见》，顺应了人民群众对公正司法的新要求，是提升司法裁判公开透明新品质的最新尝试。[②] 公正绝不仅是专家学者在字面意义上的解读阐释，更是来自普通民众在参与法律程序时的内心感受。[③] 加强对经验法则的理解运用，将其打造为新时代法治进程中进行释法说理的模范工具。经验法则的学术魅力或者探讨价值源于，它既具备认识事物的客观基础，又需借助诉讼主体的主观能动予以发挥。本文以经验法则具有的本质功能和若干属性为逻辑起点，通过实证方法观察司法实践存在的诸多问题，进而探究运用失衡的深层原因，最后将关注焦点移至经验法则的刑事程序价值，探讨完善经验法则的刑事适用模式。一方面，刑事程序价值可以驱动经验法则在正当轨道平稳运行，发挥保障实体功能的作用；另一方面，刑事程序价

---

① 陈瑞华:《程序性制裁理论》，中国法制出版社 2017 年版，第 101 页。

② 最高人民法院《关于深入推进社会主义核心价值观融入裁判文书释法说理的指导意见》，载最高人民法院网站 2021 年 2 月 18 日，http://www.court.gov.cn/fabu-xiangqing-287211.html，2021 年 3 月 6 日访问。

③ 李昌盛、王彪:《"程序公正感受"研究及其启示》，载《河北法学》2012 年第 3 期。

值赋予经验法则独立的规训意义，具有影响程序公正的作用。经验法则唯有兼具实体与程序之功用，才能维持经验性和法则性共同塑造的稳定秩序。对于经验法则的研究不会停止，但将其置于"模式论"的研究范畴中进行探讨，将会激发更多学术活力。

误区与正道：刑事裁判中的经验法则适用问题研究

薛潮平 *

一、经验法则的内涵及外延

（一）经验与经验法则

经验是从已发生的事件或现象中获得的一种具有规律性的知识，其在性质上只属于知识或认识，既非事实也非对事实的判断，因而经验不能单独作为证据使用[①]。但是如果将案件中的事实证据与经验相结合，法官借助普遍生活经验或者个人经验对残缺不全的证据体系加以修补，通过对证据关联度的补强、对证据证明力的印证，排除各种疑问后对案件事实加以确认，这一过程则充分体现了经验对事实认定的积极作用。而法官对经验进行运用过程中所遵循的某种非成文规则，就是经验法则。

英美法将经验法则称之为"人类的理性与经验"或"人类的共同经验"，这个法则并非由法律加以规定的具体规则，而是从人类生活中抽象出来的普遍事实，是客观存在的普遍知识，是不需要任何证据证明的基本常识。遵循经验法则，则与一人的愿望相符；违背经验法则，则不能为一般人所接受。

（二）刑事裁判中的经验法则

刑事裁判中的经验法则，是指法官为查明犯罪事实，解决控辩双方的证

---

* 北京大成（深圳）律师事务所合伙人，中国政法大学证据法学博士。

① 马贵翔、顾必琛：《经验法则的构成探析》，载《贵州民族大学学报》2019 年第 6 期。

据争议，运用人们在长期生产、生活实践中归纳的一般性知识、确定性经验与行业特殊知识经验，对案件证据与事实进行评价或推断的不成文法则。在我国刑事诉讼中，经验法则是刑事审判者借以认定事实的重要工具，具有证据法适用的可行性。作为事实认定的中介，经验法则可以实现对待证事实的间接证明；作为事实推定的桥梁，经验法则可成为法官基于基础事实推定要件事实进而处理待证事实的凭据；作为常识、常情、常理载体的经验法则，又是法官采信证据和运用证据的手段与依托。

但是，因为经验法则的概念抽象，内涵晦涩，再加上经验法则尚未升格为可具操作性的证据规则，因而刑事裁判实践中，法官在裁判性文书中对经验法则的运用一般不采用论证说理的方式进行阐释，只认定事实结论而省略判断过程。因此，对经验法则秘而不宣或闪烁其词的表达惯例，在某种程度上表明，经验法则在我国的刑事司法实践中仅作为一种事实认定的"潜规则"存在，游移于刑事裁判过程之中。

如广东省海丰县人民法院（2020）粤 1581 刑初 297 号刑事判决书认定，2014 年 1 月 3 日，海丰县某公司外勤队员唐某因与叶某在海城镇因车辆通行问题发生争吵、扭打后，唐某电话召集华富公司吕某、林某等 6 人来到现场对被害人进行报复，被害人的店面被打砸，被害人的儿子被打倒在地。事后，在被告人唐某某（纪检工作人员）的调解下，双方达成调解赔偿协议。据此，审判机关认为，该起事实中，参与现场实施犯罪的 6 名被告构成寻衅滋事罪；事后主导调解的被告人唐某某是该起案件共犯。此案中，审判机关基于被告人唐某某事后的调解行为，推断出其与寻衅滋事方具有共同的犯罪故意，正是借助经验法则的桥梁。但是，审判机关在判决书中并未论证，被告人唐某某的事后调解行为与实行犯的寻衅滋事行为之间具有什么样的关联。经验法则作为事实推论的大前提是否属于一般性、确定性的共识，结合业已查明的事实（小前提），法官推断出被告人为共犯是否遵循了经验与逻辑，这些疑问没有在判决书中得以呈现。

（三）经验法则的外延

1. 特征

经验法则是产生于经验但能对经验起到约束作用的一种规则，从外延来看，它具有以下特征：（1）从经验法则产生的必要性来看，它是为防止法官滥用、误用自己的经验而对其自由裁量权进行限定和约束的一种规则；（2）从经验法则产生的过程来看，它经历了从个体经验上升为社会群体共同经验的量变与质变，从而成为一般大众理解和认知的普遍规律性认识或社会常识；（3）从经验法则运用的实效来看，它在检验事实的可靠性方面具有高度盖然性，经验通过高度盖然性对相关证据发生作用，达到"不被一般人质疑的内心确信"的程度；（4）经验法则的运用必须依托逻辑，逻辑对经验的运用起到指引功能。经验规则与逻辑规则统一使用，经验规则具有实质内容，是大前提的具体内容，逻辑规则是科学的推理形式，只有将二者结合在一起，才能得出正确的推理结论[①]。

2. 一般经验法则与特殊经验法则

在类别上，经验法则可分为普通的经验法则与特殊的经验法则。

在内容上，经验法则系社会民众对长期、海量生活经验的积累，是对常识、社会生活经验的归纳，既涉及社会公众普遍接受的社会生活经验（一般经验法则），也包括借助特殊知识或经验才能被认识的专门经验与知识（特殊经验法则）。刑事裁判文书中，法官也需要借助专门经验与知识解决案件争议事实，如广州市中级人民法院（2017）粤01刑初23号刑事附带民事判决书判定，"本案中用于捆绑被害人的绳索、透明胶带、皮带等重要工具均检出大量被告人薛某某的生物成分，只有深度参与才可能在多种类、多部位、多层次物证上留下如此多的生物成分；薛某某在归案后在现场房间钥匙的去向上供述反复，在案发后又刻意请证人祁某为其作证，又谎称和被害人感情较好，有明显掩饰其犯罪的意图。综上，现有证据相互印证，足以证实薛某某扼压被害人颈部致其死亡的事实。薛某某及其辩护人提出本案指控事实不清、证

---

① 樊崇义：《证据法学》，法律出版社2017年版，第258页。

据不足的意见不能成立，本院不予采纳"。

在形式上，经验法则不是个别人所特有的特殊经验，而是表现为一般人或者一定范围内的人所共有的知识或经验。在认识事物的程度上，凭借经验法则认定事实一般具有社会民众公认的真实性，但并不具有绝对的可靠性，因此，经验法则是一种盖然性判断，不是必然性判断。从大量的生活经验中归纳出来的一般规律，可能存在特殊成分。

在性质上，经验法则只是一种社会经验规则，不是法律规则，仅在诉讼认识活动中的逻辑推理环节充当大前提的作用，如果大前提错误，则推理结论必为虚假。因而，经验法则本身的真实性与适格性至关重要。

3. 法律功能

对于经验法则法律功能，学界尚有分歧。有学者认为，经验法则不仅在事实判断中适用，还可用于法律适用中，在引用法律法规的过程中，同样需要运用自然法则、定理与生活经验进行演绎说明，经验法则具有法解释的功能[1]；多数学者坚持认为，经验法则只是一种事实审查范畴，是事实审法官的专有裁量权，不具有法律属性。也有持折中观点的学者认为，经验法则多用于事实认定，主要包括推定事实与评价证据[2]。但主流观点认为，经验法则运用于证据认定和事实认定，起到决定证据的证据能力和证明力大小的作用，常作为推导出结论的三段论的大提前而存在[3]。本文作者认同其事实认定的功能，仅探讨经验法则与事实认定间的常态联系。

综上，所谓经验法则，又称经验规则（经验规则就是在诉讼证明活动中，作为推理大前提的人们经验上总结的公认正确的判断或命题[4]），就是指由一般生活经验归纳得出的关于事物的因果关系或性质状态的知识或准则，是产生于经验但能对经验起到约束作用的一种规则，是经验的规范化。刑事裁判中的经验法则的运用过程，就是法官为解决控辩双方的争议，结合已经查明的事实证据，根据一般知识经验与特殊知识经验，对案件待证事实加以评价、

---

① 王淇：《论民事诉讼中的经验法则》，中国政法大学 2009 年博士学位论文。
② 何雪峰：《我国经验法则案则的实证研究》，载《西部法学评论》2020 年第 6 期。
③ 陈荣宗、林庆苗：《民事诉讼法》，三民书局 1996 年版，第 487 页。
④ 樊崇义主编：《证据法学》，法律出版社 2012 年版，第 65 页。

检验与推定的过程。

二、法律规范中的"经验"与"经验法则"踪迹

（一）作为证据证明力评价方法的经验法则

对证据证明力的判断，司法工作人员可以借助经验从事物的本质属性与客观规律进行，无论是在大陆法系还是在英美法系，经验在事实认定中均可起到评价证据相关性及证明力的作用。

最高人民法院 2019 年发布的《关于民事诉讼证据的若干规定》第 85 条规定，审判人员应依照法定程序，全面、客观地审核证据，依据法律的规定，遵循法官职业道德，运用逻辑推理和日常生活经验，对证据有无证明力和证明力大小独立进行判断，并公开判断的理由和结果。

最高人民法院《关于适用〈中华人民共和国刑事诉讼法〉的解释》（以下简称《解释》）第 88 条规定，证人的猜测性、评论性、推断性的证言，不得作为证据使用，但根据一般生活经验判断符合事实的除外。此处的"一般生活经验"需上升到"符合事实"的高度，是对日常生活经验的提炼，如证人证称"我看到犯罪嫌疑人满脸通红、酒气冲天、走路不稳，好像是喝了不少酒"，虽属推断却可以认定其证言的证明力，因而属普通的经验法则。

尽管在刑事诉讼的立法规范中，没有明确规定法官可以基于经验法则对证据证明力进行判断，但却在诸多法条中赋予了审判人员运用经验法则审查判断的实质权力。如《解释》第 96 条同时规定，被告人在庭审中翻供，但不能合理说明翻供原因或者其辩解与全案证据矛盾，而其庭前供述与其他证据相互印证的，可以采信其庭前供述。根据《解释》第 97 条，鉴定意见和勘验、检查笔录及相关照片等其他证据是否存在矛盾，存在矛盾的能否得到合理解释，是鉴定意见审查的基本方法。何谓"不能合理说明翻供原因""存在的矛盾没有得到合理解释"，均系法官借助普通经验与特殊经验审查判断的过程。

此外，对于被害人陈述、证人证言、辨认笔录等其他证据种类的可采性，

也需要借助经验加以判断。如深圳市中级人民法院（2014）深中法刑一初字245号判决认为，"被害人在抢劫案案发后未能指认被告人曾某某涉案，但时隔六年后却能准确无误地认出被告人，不符合一般人的记忆曲线规律，故对其辨认笔录的真实性不予认定"。

除了证据的证明力，证据相关性、真实性、合法性的审查也离不开经验的辅助。在非法证据排除程序中，辩方向法庭提交的排非线索或证据材料，能否让法官产生存在非法证据的疑问，需要结合具体案件事实与司法经验作出综合判断。因而，经验法则尚未作为一项证据规则被纳入证据法体系中，但是它在司法实践中实际承担着判断证据能力和证据证明力的作用。

（二）作为证据演绎推理工具的经验法则

司法证明过程中，刑事法官不仅需要对单项证据事实的认证，还需要对全案证据的综合判断，解决证据与证据之间、证据与待证事实间的关系问题，而综合判断证据则需要运用推论、推断或者推理的方法。否则，这些证据事实就会处于孤立存在的状态，难以完成犯罪事实的证明，唯有将案件中的各个案件事实结合起来，运用经验法则和逻辑法则，方可论证待证事实的存在。[①] 在此情形下，经验法则所起的作用是建立证据与证据之间有效衔接的黏合功能，承担着修补、整合证据链的中介价值。

《解释》第140条规定，没有直接证据，但运用间接证据进行的推理符合逻辑和经验的，可以认定被告人有罪。

"两高三部"《关于办理死刑案件审查判断证据若干问题的规定》第33条规定，运用间接证据进行的推理符合逻辑和经验判断。根据间接证据定案的，判处死刑应当特别慎重。

某中级人民法院一审判决认定被告人刘某指使下属孙某将被害人王某枪杀，故刘某犯故意杀人罪，其根据是：（1）孙某率公司保安10余人将被害人王某当街枪杀；（2）被害人王某与被告人刘某素有积怨；（3）孙某杀害王某后，被告人刘某得知消息为其"接风洗尘"，并与其当众拥抱，助其逃避警方

---

① 陈瑞华：《刑事证据法学》，北京大学出版社2018年版，第266页。

追捕；（4）被告人孙某本人供认自己系刘某指使前去杀人；（5）在公司内部，孙某系刘某的下属，对刘某言听计从。法院认为，虽然被告人刘某本人拒不供认，但上述证据相互印证，刘某指使孙某故意杀害王某的犯罪事实足以认定。此案中，"刘某是否指使孙某杀害王某"，属与定罪量刑相关的要件事实。因同案孙某与刘某均系被告人，与案件的处理结果存在利害关系，不能排除攀供的可能性；而如果仅凭其一人的攀供定案，不足以采信，且尚未达到确实充分的程度，但"刘某与被害人有积怨、在事后对孙某相关行为予以肯定"这一间接证据，结合"事后肯定行为"的经验法则，可以补强孙某供述的证明力，强化了证据间的衔接部分，修补了证据链的链条。通过全案证据的综合判断，审判机关最终形成了确信的心证。

（三）作为事实推定大前提的经验法则

事实上的推定，是指法律规定法院有权根据已知事实，根据经验法则进行逻辑上的演绎，从而得出待证事实是否存在及其真伪的结论。简言之，事实推定就是指法律没有规定，但在实践中习惯上运用的推定。事实推定与法律推定均允许由已知的基础事实，结合经验法则与逻辑法则推定出待证事实，都是从 A 推理出 B 的过程。但有无法律明文规定，是区分法律推定与事实推定的明显标志。法律推定需要法律对基础事实与推定事实直接作出规定，如最高人民法院的司法解释规定，从非机动场购买机动车，或以明显低于市场价即可推定为明知是赃车而予以收购的情形；但事实推定过程中，无论是基础事实还是推定事实，法律均没有规定，而是由法官根据逻辑推理与经验法则自由判定。如一个人占有最近失窃的物品，即可推定具有盗窃的故意。因而，法律推定是事实推定的法律化、定型化，事实推定是法律推定的初级阶段，有待上升为法律推定。根据我国相关司法解释的规定，经法律推定所得出的结论无须举证。

事实推定是立法机关赋予司法人员在一定情形下行使自由裁量权、调节举证责任的具体运作状态，从而决定是否认定争议事实的司法原则。立法者在立法时没有预见到此种推定，或虽已预见到，但不能肯定其法律效果，难以对所有的具体案件统一规范。在此情形下，立法者把问题交由司法者去处理，以达到具体问题具体分析，原则性与灵活性相结合之效果。

最高人民法院《关于民事诉讼证据的若干规定》第 10 条第 4 项规定，根据已知的事实和日常生活经验法则推定出的另一事实，当事人无须举证证明。2002 年最高人民法院《关于行政诉讼证据若干问题的规定》第 68 条规定，根据日常生活经验法则推定的事实，法庭可以直接认定。2018 年公布的最高人民法院《关于适用〈中华人民共和国行政诉讼法〉的解释》第 47 条第 3 款规定，当事人的损失因客观原因无法鉴定的，人民法院应当结合当事人的主张和在案证据，遵循法官职业道德，运用逻辑推理和生活经验、生活常识等，酌情确定赔偿数额。

由此可见，民事、行政诉讼中的事实认定过程，允许法官根据经验法则进行事实推定，即便经验法则具有高度盖然性，但与民事诉讼中的优势证据证明标准匹配，法律赋予了经验法则极大的运用空间。法院利用一般生活经验，就一再重复的典型事象，由一定的客观事实，即可推断出某一待证事实的证据，在大陆法系国家即为表见证明。[①]

但对于刑事裁判中是否允许进行事实推定，法律没有明确作出规定。然而，刑事司法实践中，一方面，限于证据资源的有限性，法官运用已查明的基础事实进行事实推定确有必要，从已知事实推断另一事实的裁判结论屡见不鲜，如被告人对已受伤倒地的被告人腹部猛刺一刀致其死亡，可对其主观方面推定为"故意杀人"而非"故意伤害"，因为按照日常生活经验，一个受伤倒地的人已失去了攻击力，对其身体重要部位捅刺的目标是"夺命"。另一方面，审判机关通过会议纪要、指导性案例等方式，将审判实践中形成的经验法则形成法律文件，在刑事审判中广泛运用，事实推定的运用领域得以不断扩展。因而，作为事实推定重要桥梁的经验法则，始终在刑事裁判中"潜伏"下来，或明或暗地辅助法官完成司法证明的某一环节。

司法实践中的事实推定均借助了经验法则的助攻。聂树斌案最高人民法院 2016 最高法刑再 3 号再审刑事判决书认定，"案发之后前 50 天内多名重要证人证言全部缺失不合常理，且关键证人侯某某后来对与康某最后见面时间

---

① 陈界融：《证据法学概论》，中国人民大学出版社 2007 年版，第 319 页。

的证言作出重大改变，直接影响对康某死亡时间和聂树斌作案时间等基本事实的认定，导致在案证人证言的真实性和证明力受到严重影响。原办案人员对有关证人证言缺失的原因没有作出合理解释，故对申诉人及其代理人提出的这些缺失证据对聂树斌可能有利的意见，本院予以采纳"。审判机关从"多名重要证人证言全部缺失，且办案人员没有作出合理解释"这一基础事实，借助"证人证言缺失一般是因为其对被告人有利"这一经验法则，直接推定出"消失的证言对被告人有利"这一结论。

部分事实推定虽未上升为法律推定，但却被具有案例指导性质的法律文件所确认。为确保法律统一实施，司法机关将长期在司法实践中形成的办案经验与司法共识，以法律文件的形式予以公布，用以促进事实认定，指导实践办案，将司法群体的普遍经验规范化。2015年5月18日最高人民法院印发的《全国法院毒品犯罪审判工作座谈会纪要》（简称《武汉会议纪要》）及最高人民法院刑五庭负责人答记者问均认为，毒品犯罪中行为人因涉嫌贩卖毒品被抓获的，对于从其住所、贩毒所用车辆内等查处的毒品是否计入毒品数额的问题，最高人民法院总结了近年来各地法院审理毒品犯罪的经验与做法，以会议纪要的形式明确了此种情况"一般应当认定被查获的毒品系用于贩卖的毒品，但有确切证据证明该部分毒品并非用于贩卖或者并非其所有的除外"。事实推定可分为行为推定、状态推定、因果关系推定和过错推定，从贩毒者住所及车辆内查获的毒品，即可推定为有于贩卖之毒品。这一推定显然属于行为推定。

必须明确的是，这一会议纪要形成的上述内容，是最高审判机关根据全国各地司法机关办理毒品案件实践经验总结形成的经验法则，尚未升格为法律明文规定，尽管凝聚着司法共识，仍属于事实推定的范畴，而不属于法律推定。法律推定与事实推定的基础均为根据经已知事实与经验法则进行推定，但只有上升为法律明文规定的推定方为法律推定。

（四）作为检验印证事实真实性的经验法则

在司法实践中，囿于事实调查权的有限性，辩护人对"相互印证"的证据体系本身缺乏质疑的能力，但却能从印证证据最终所指向的结论中找到

"破绽"，发现与社会一般经验不符的事实结论之荒谬性。相互印证的证据体系为什么最终经不起日常生活经验的检验？究其原因，是因为相互印证的每一个证据真实性不足，形成虚假印证。而虚假印证现象，又源于侦查机关的"确证偏见"，侦查人员对于自己的侦查结论存在轻信或偏执的信任，对自己的观点只满足于确认，而忽略了可能存在的错误，以自我为中心取舍证据，系漠视、贬损、掩盖不利证据的不当思维所致。

根据我国刑事证明的基本方法，相互印证的证据得出的事实，因不同证据信息同一、信息指向同一，具有极高的可信度。但由此得出的事实，也需要经过经验法则的检验才能最终具有合理性。即便证据"相互印证"，也需要根据经验法则推导出这种印证形成的结论与一般经验、特殊经验是否相符。实践中部分冤假错案已经体现了经验法则的检验价值。

以缪新华故意杀人案为例。福建省高级人民法院（2017）闽刑再4号刑事附带民事判决书认定，"本案分尸地点、分尸工具不符合常情常理。原判认定的分尸地点在浴室地板，根据现场勘验笔录记载，浴室地板南北向约158厘米，东西向约74厘米，靠北的墙边有40×50厘米的洗脸台；尸体检验笔录显示，被害人身高推断为155—160厘米，按照各被告人的供述，被害人头朝里，脚朝外平放，浴室刚好容纳被害人尸体，且头部需置于洗脸台下，在如此狭窄的空间内多人实施分尸，且未提取到与被害人相关联的生物痕迹，不符合常理；原判认定的分尸工具菜刀与砧板，在案发后仍然被缪家人放置厨房使用，与日常生活忌俗相悖"。本案中的多名原审被告人在侦查阶段均供述，3名成年被告人在涉案浴室内对被害人进行分尸，且分尸的过程及细节均能"相互印证"，但原审法院所认定的分尸事实显然有违经验法则，最终福建省高级人民法院对本案所有被告人再审改判无罪。

因而，经验法则不仅要对相互印证的证据本身包含的信息加以审查，还要对印证证据所反映的事实进行检验。[①] 运用经验法则得出的结论如果不能肯定具有高度盖然性，还需要通过其他推理予以补强或其他证据印证。

运用经验法则还可以对待证事实从整体上加以检验，防止虚假印证对事

---

① 龙宗智：《刑事印证证明新探》，载《法学研究》2017年第2期。

实认定产生的错误确证。有鉴于此，"两高三部"《关于办理死刑案件审查判断证据若干问题的规定》第 5 条明确，"证据确实、充分是指……（五）根据证据认定案件事实的过程符合逻辑和经验法则，由证据得出的结论为唯一结论"。

（五）作为判决理由（论据）的经验法则

为防止司法坠入机械办案、就案办案、孤立办案的陷阱，提高人民群众对裁判结论的认同度，近年来最高司法机关出台了一系列的司法政策性文件，明确要求司法裁判必须努力探求和实现法、理、情的有机融合，考虑常情常理，尊重民众朴素的情感与道德诉求，反映普遍的正义观念。在这一背景下，经验法则作为社会民众生活经验与普遍认知的载体，进一步赢得了司法的尊重，并可以作为判决文书说理论证的论据。

2018 年最高人民法院《关于加强和规范裁判文书释法说理的指导意见》（以下简称《意见》）第 13 条规定，除依据法律法规、司法解释的规定外，法官可以运用下列论据论证裁判理由，以提高裁判结论的正当性和可接受性：最高人民法院发布的指导性案例；最高人民法院发布的非司法解释类审判业务规范性文件；公理、情理、经验法则、交易惯例、民间规约、职业伦理等。

综上，根据上述法律规范不难看出，经验法则作为司法三段论的大前提，可以作为人民法院说理论证的依据。其在事实认定中具体作用，主要表现在四个方面：第一，可以审查单项证据的可靠性及证明力；第二，可以在间接证据之间架设桥梁，弥合证据链中的缺损部分；第三，可以根据基础事实，直接推定出另一要素性事实；第四，可以对相互印证的证据演绎出的事实结论加以检验，确保证据印证过程中的经验法则发挥纠偏作用。概括而言，经验法则在事实认定中的功能分别为检验功能、弥补功能、推定功能。

三、实证检视：经验法则在刑事裁判中的适用误区

通过对大量的刑事裁判文书加以归纳研究，结合多年的办案实践，笔者发现，经验法则在司法实践中的适用情况，制度设计之间存在偏差。如果对

其不当运用，则可能导致事实认定错误的恶果发生，徒增被追诉人的入罪风险，影响社会公众对司法正义的期待。因而，对经验法则的司法适用状况加以实证研究势在必行。

（一）经验法则在刑事裁判中直接呈现的比率较低

在中国裁判文书网上以"经验法则"作为关键词搜索，对广东省2018—2019年作出的近1020份裁判文书进行分类研究，发现共有420份裁判文书直接出现"经验法则"的内容，其中民事裁判文书占405份，而刑事裁判只有15份。在这15份刑事裁判文书中，将经验法则作为间接证据审查判辅助工具的占6份，将经验法则当成"排除合理怀疑"证明标准审查的有3份，而另有6份裁判文书则认为被告人的辩解"不符合经验法则"。这一方面表明，以经验法则判断事实证据的演绎方法，与民事诉讼法高度盖然性的证明标准兼容，民事诉讼法赋予了民事法官运用逻辑与经验进行事实推定的广阔领地；另一方面也体现了刑事法官在运用经验法则过程受制于立法与法理的窘境。尽管经验法则这一术语已为学术界通用并被相关法律规范接纳，但是其概念较为抽象，内涵难以把握，法官因为难以把握往往选择回避适用，以降低判决风险。

（二）经验法则外化为"常识、常情、常理"

在对上述裁判文书样本进行研究的过程中，笔者发现，在刑事裁判文书中，当法官需要事实推定或整合证据链条时，倾向于以"日常生活经验、常识、常情、常理、习惯、习俗、专业经验"等词汇进行说理论证，以常识、常情、常理替代经验法则的判决份额为绝大多数（11份）。

常识、常情、常理是否属于经验法则？2018年最高人民法院《关于加强和规范裁判文书释法说理的指导意见》第13条规定，除依据法律法规、司法解释的规定外，法官可以运用公理、情理、经验法则论证裁判理由，以提高裁判结论的正当性和可接受性。此处经验法则成为与公理、情理并列出现的词汇，从语义解释的角度来看，二者之间似乎应当不具有包含与被包含的关系。常识、常情、常理，是指为社会民众长期普遍认同并分享的那些至今未被证明是错误的基本经验、基本道理、基本感情，与经验法则又存在交叉关系。鉴于概念上的混同，有学者认为，法官援引常理据以裁判说理，是缘于常理蕴含着一定程度为大众所普遍认同和遵循的经验法则，也契合了当事人与社会大众对于相关事物认识的经验判断与规律认知，发挥了法的可预测性功能。因此，常识、常情、常理实质就是一种经验法则。[①]

刑事裁判说理论证过程中，法官对经验法则的运用一般倾向于以"是否符合常理"代替。生活经验在很大程度上成为法官运用常理进行论证的主要依据，而常理一般来源于日常生活、社会经验、风俗习惯、客观规律。从表述方式上，法院若支持某项诉讼主张，则表述为"符合常理"或"不违背常理"；反之则"不符合常理""与常理不符"；大部分情况下，审判机关"从常理分析""根据常理分析"否定被告人及其辩护人诉讼主张。如江苏省无锡市中级人民法院（2015）锡刑终字第00017号刑事裁定书认定："上诉人杨某、刘某在市看守所也作过有罪供述，其辩称有罪供述系遭刑讯逼供所致辞的理由明显有悖常理。"此处，审判机关的论证显然借助了经验判断，即"在看守所作出有罪供述不可能系刑讯逼供所致，因为看守所内侦查人员隔着栅栏无法实施刑讯逼供"。

通过对上述样本进行分析，刑事裁判中运用常情常理为依据的证据审查判断，绝大部分是为了回应辩方的辩解，认定被告方的诉讼主张不能成立，均都产生了对被告人不利的后果。

（三）经验法则运用过程中的说理论证不足

在经验法则外化为常识、常理进行证据判断、事实认定的过程中，法官严格按照司法三段论加以法律推理的情形较少[②]，大部分法官在裁判文书中直接以"常理"对事实证据进行自由心证，规避了说理。

在绝大部分刑事判决书事关经验法则的运用过程中，法官规避说理论证。

---

① 谢进杰、邓慧筠：《刑事裁判说理中的"常理"》，载《中山大学学报（社科版）》2019年第3期。

② 笔者采集了300个涉及"常理"的刑事裁判文书为样本，78%的样本显示判决略去论证过程，仅36个裁判文书对事实推断或证据取舍的理由进行了说明或论证。

如在张某贩卖毒品案一审刑事判决书中，法院认为，"被告人当庭翻供，但其辩解明显不符合常理，本院不予采信；对于杨某提出的其不知道驾驶证真假的辩护意见，不符合常理，本院不予采纳"。被告人的辩解为何有悖常理，有悖于什么常理，判决书未曾展开。这种简单粗暴式的回应，与最高人民法院关于公开证据证明力推理的过程与结果之要求背道而驰。民事证据规则尚且要求公开经验法则运用的过程与结果，刑事诉讼的事实认定过程与结果事关人权保障，则更应审慎。

以经验法则进行说理论证，就是将案件具体事实这一小前提，与经验法则大前提相结合加以法律推理的过程。如果法官将不完整、不科学的推理过程公开在判决书中，则可能会引发社会公众的质疑。因此，以"常理、常情"代替经验法则运用过程，用"有悖常理、不符合常理"等理由否定辩护人的诉讼主张，时常会引发当事人及社会民众对司法判决结果的不信任感。

（四）不敢用：经验法则以"潜规则"形式存在

基于审判实践中我国法官或许并不清楚经验法则的适用技术，因而其在涉及经验法则运用时表现出对自由裁量缺乏自信的特点①。部分案件中，辩护方提出了公诉机关的事实认定与经验法则不符的观点，法院不予回应，不置可否。如深圳市福田区人民法院（2020）粤 0304 刑初 22 号一审判决书显示，被告人林某某抢劫案中，被害人报案称犯罪嫌疑人身高约 1.73 米，同案犯的口供也印证了这一点，但被告人林某某实际身高为 1.95 米。辩护人当庭提出，公诉机关认定被告人林某某涉案不符合经验法则。但一审法院在评判中对此辩解意见只字未提，以抢劫罪判处其有期徒刑 12 年。

而另一案件中，审判机关判定被告人郑某某寻衅滋事罪名成立，实际运用了经验法则，但并未在判决文书中援引相关法条。在这一实质上适用经验法则而形式上未援引法条的案件证据显示：（1）被告人郑某某案发当晚与另一驾驶员张某在一起吃饭，其间，郑某某与邻桌李某发生口角后起身离开；（2）郑某某离开后约 10 分钟，来了一帮手持棍棒的社会闲散人员对被害人李某实施

---

① 何雪峰：《我国经验法则案件的实证研究》，载《西部法学评论》2020 年第 6 期。

群殴致其轻伤;(3)打人者中有两人供认受驾驶员张某邀请前来滋事。法院直接认定,被告人郑某某指使其驾驶员张某邀集多名男子对被害人实施殴打,犯罪事实清楚,证据确实、充分。此案中认定郑某某罪名成立,是对间接证据推理的结果,经验法则显然在其间起到修补证据链之功能,对于确定被告人的犯罪行为的成立,起到了桥梁作用。"被告人郑某某与被害人发生过纠纷,而发生纠纷后指使心腹之人实施报复的可能性极大"作为事实认定的大前提,在判决书没有被提及,也没有"常情、常理"的字眼出现。因而,法官在刑事判决中是否需要运用经验法则、如何运用,成为司法实践中无法预料的潜规则,忽明忽暗地呈现在定罪量刑中,仿佛成为事实认定环节中无法掌控的黑洞。

(五)过度用:经验法则成为证据不足的"遮羞布"

如果说不敢用,源于法官对法律推理技术的陌生,那么在实践中还存在另一种现象则属于对自由心证权力的过度自信——过度适用。所谓过度适用,是指刑事裁判对经验法则的运用突破了无罪推定、证据裁判原则,随意运用常情、常理等经验法则代替证据证明。在这一事实认定过程中,经验法则的过度使用显然体现了对公民人权、自由、生命的处置以及国家刑罚权的使用超越了合理的限度。

例如,根据孤证不能定案之证明力规则,法官不能根据一个证据、多个同源证据或多个彼此孤立存在的证据对案件事实加以认定并作出裁判,因此这些证据会使待证事实处于真伪难辨、虚实不明的状态[①]。但司法实践中,法官有时为达到降低论证成本之功效,用孤证进行证据推理。如郑某被控徇私枉法一案中,副县长余某证称,其曾向身为公安局副局长的郑某打招呼要求对某案件进行从轻处理,郑某未置可否。公诉机关据此认为,郑某"为讨好上司而徇私情"。此案中认定郑某是否徇私的证据只有余某的证言,属孤证。基于其与余某存在上下级关系这一基础事实从而推断被告人郑某"讨好上司"的指控,则过于随意,此处的经验法则运用显然未能排除合理怀疑,并非所

---

① 杜文静:《"孤证不能定案"的逻辑证成》,载《学术研究》2017 年第 11 期。

有的下属都听命于上级的违法要求。

由此可见，此类状况主要体现在证据充分性不足、证据链薄弱、裁判逻辑牵强的有罪判决案件中。法官之所以过度适用，原因之一是"有审判人员认为经验法则难分对错"[①]。显然，这是对概念的误解。经验法则虽具有或然性，但并不意味着可以随意使用、过度使用，否则每一个事实不清、证据不足的案件都可以通过经验法则认定被告人有罪。因此，经验法则绝不能充当证据不足案件的"遮羞布"。

（六）用不准：经验法则被滥用

在司法三段论的大前提存在明显缺陷的情况下，法律推理的结论是错误的。基于经验规则内容的不确定性、法官对经验规则的认识差异以及适用经验法则的偏差等，学界普遍主张，法官的自由心证绝不意味着法官享有肆意专断的特权，因而有必要限制法官在适用经验法则时的自由裁量权。[②]广东省惠州市人民检察院指控，被告人郑某在担任海丰县公安局分管刑侦副局长期间，经时任海丰县副县长余某说情后，指示下属对犯罪嫌疑人余某某的犯罪事实不予追究，应当以徇私枉法罪追究刑事责任。此案中，被告人郑某辩护人辩解称，公安机关对余某某不予以追究是因为侦查结论不支持对余某某追责；此外，被告人也不具有徇私情的主观方面，本案证据材料显示，副县长余某虽在政府会议上与被告人郑某相遇，也的确过问了案情，但作为公安局刑侦副局长的郑某当时并没有表态。公诉机关在庭审中认为，"县公安局副局长作为副县长的下属，不可能不接受上级的说情"，因而被告人虽未明确答应请托事项，但公安机关最终没有对余某某进行追诉，可以认定为系被告人郑某徇私情的结果。这一证据推理过程中，检察官显然是运用了经验法则，将间接证据的证据链加以修补整合，最终得出了被告人郑某存在徇私情的主观方面。

---

① 何雪峰：《法官如何论证经验法则》，载《北方法学》2021年第1期。
② 季卫东：《彭宇案的公平悖论》，载《经济管理文摘》2007年第19期。

（七）忽略了当事人的参与

通过对大量刑事裁判文书的梳理，笔者发现，当事人以"控方证据有违经验法则"加以抗辩时，审判机关要么不予回应，要么以"辩解无事实依据"为由，拒绝适用经验法则。而在民事诉讼中，被告或被上诉人以经验法则为依据提出的主张，往往得到法官的尊重且胜诉率较高。[①]

经验法则的错误适用，产生的实践危害不言而喻。近年来媒体曝光的缪新华故意杀人案、念斌案等冤假错案的发生，实质是裁判者迈入了经验法则的误区，对被告人进行了错误的事实认定。究其成因，既有立法的局限性因素，也与法官自身专业素养与职业道德问题有关。

首先是立法位阶的限制使然。仅在刑事诉讼法相关解释中出现，没有在刑事诉讼法中加以规定，效力等级不高，使经验法则的法律适用欠缺正当性与规范性。

其次是刑事裁判程序中，经验法则的适用范围尚未明确延伸到事实推定领域。现行的司法解释难以满足司法实践的事实认定的现实需要，以至实践中经验法则适用的混乱。刑诉法解释规定，一般生活经验仅作为判断证人证言证据资格的标尺，没有赋予法官独立的经验法则使用权；此外将经验局限于对间接证据的审查、证据确实充分的检验和证据证明力的判断，而忽视了经验法则在事实认定方面所具有的独立价值。

最后是经验法则的内涵与外延没有形成共识。学者张卫平将经验法则作出类型化区分，认为经验法则包括自然法则或自然规律、逻辑法则，道德法则、商品交易习惯，日常经验法则，专门科学领域法则。[②]而我国刑事诉讼法解释仅承认一般生活经验，对人类在长期生产和生活中形成的、以经验归纳的其他知识没有纳入其中，特殊经验法则的适用无规律可循。而我国刑事诉讼法解释中将日常生活经验法则作为判断证据证明力的工具。因而，有必要通过司法解释对其概念加以厘定与澄清。

---

① 何雪峰：《我国经验法则案件的实证研究》，载《西部法学评论》2020 年第 6 期。
② 张卫平：《认识经验法则》，载《清华法学》2008 年第 6 期。

四、正道铺设：刑事裁判中经验法则适用的路径选择

（一）法理思辨：刑事裁判运用经验法则说理的正当性问题

裁判者只有认识到经验法则在刑事裁判中运用的正当性，认识到以普遍经验构建的证据方法对于科学认定事实具有促进作用，才有可能克服"不敢用"的困境。

1. 经验法则本身具有科学性

经验法则具有盖然性，从个别事实走向一般概念、结论的思维方法，明显存在缺陷。通过有限的经验归纳出无限情况的结论，在刑事裁判中面临错案风险。但是，由于经验和常识告诉我们，归纳法和通过归纳法得出的经验法则往往是有效和真实的，归纳法与经验法则也就成为人们认识事物的工具与出发点，在科学论上，由于归纳法得出的结论是通过实验得来的，并且还可以通过实验进行验证，因而被认为是科学的。因而，经验法则是一种具有相对真理性的认识，其中蕴含着绝对性。[①]

2. 经验法则与证据裁判具有兼容性

证据裁判，是指对于案件争议事实的认定，应当依据证据。[②] 而经验法则在任何场景下的适用，都未曾离开过证据，脱离了已知事实证据，经验法则在刑事裁判中无处安身。

首先，证据裁判要求对事实问题的裁判必须依靠证据，无证据不得定案，而经验法则的适用也必须结合在案证据。必须以间接证据或基础事实的存在方可得出要素性事实。在已经查明的基础事实上借助逻辑与经验进行演绎，与以事实为依据的诉讼原则并不排斥。其次，证据裁判并不否认司法人员的主观经验判断。刑事裁判文书所认定的事实，是基于审判人员对证据审查判断后所形成的心证，是一种基于客观事实的主观判断，在这一判断过程中法官的业务素质、道德修养、司法经验对于案件真实性的回溯有着重要影响与

---

① 樊崇义主编：《证据法学》，法律出版社2012年版，第66页。
② 陈光中主编：《刑事诉讼法》，北京大学出版社2009年版，第236页。

决定作用。[①] 因而，案件法律事实的确立，与法官的经验判断密不可分。最后，证据裁判的过程也是法官借助经验法则进行法律推理的过程，对过去发生的事件进行拼图，只能借助证据演示加以推断，而推断的过程离不开社会群体的经验与常识、常情、常理。从这个意义上讲，运用经验法则进行证据推论、推断或推理，都是司法证明的组成部分，是证据裁判原则的有益补充。[②]

3.经验法则的限制适用与疑罪从无原则并行不悖

无罪推定原则不仅要求控方承担证明被告人有罪的责任，还要求在诉讼的整个阶段都要贯彻有利于被告人的原则。当公诉方的指控无法达到确实、充分及排除合理怀疑的程度，被告方是否有罪存在疑问的情况下，裁判者应作出对被告人有利的解释，即疑点利益归于被告人。但在经验法则的适用过程中，因经验规则具有高度盖然性，由经验规则演绎的结论显然不能达到确实、充分的证明标准。那么是否意味着应当排除经验法则在刑事裁判中的适用？答案是否定的。

其一，刑事诉讼中证据排列组合的复杂性，决定了司法机关必须借助经验法则进行证据审查判断，否则刑事司法就失去了刑法有罪必罚的公正原则。如强奸案中，被告人的行为是否违背了被害人的意愿，往往成为争议的焦点。在被告人拒不承认主观方面时，法官可以借助其在与被害人发生性行为过程中被对方抓伤、被害人呼救等客观方面，直接认定被告人系违背了被害方的意愿；再比如，审判机关可以通过被告人持械击打被害人身体的部位判定，案件的性质系故意伤害还是故意杀人等。如果漠视经验法则在推定事实中的科学性，教条遵循疑罪从无、有利于被告人，则违背了诉讼认识的客观实际，与诉讼认识论所强调的"辩证运动过程"[③]不符，因为司法人员认识案件的事实，并非完全是一种理性的认识，感性认识在证据判断的过程中也具有非常重要的作用。[④]

其二，刑事诉讼法对经验法则的适用进行了严格的限制，防止其与疑罪

---

① 樊崇义主编:《证据法学》，法律出版社 2012 年版，第 80 页。
② 陈瑞华:《刑事证据法学》，北京大学出版社 2012 年版，第 266 页。
③ 韩阳:《刑事诉讼认识论研究中的基本范畴》，载《政法论坛》2011 年第 6 期。
④ 樊崇义主编:《证据法学》，法律出版社 2012 年版，第 62—63 页。

从无原则、与排除合理怀疑间的正面冲突。民事诉讼法直接规定了事实推定，允许法官根据法律规定或已知事实和日常生活经验法则，推定出另一事实，当事人对于经日常经验法则推定出的事实则无须举证证明；但刑事诉讼法没有明确规定，仅规定了间接证据认定事实可运用经验法则，经验法则检验拟认定事实的合理性。

其三，从司法实践的角度来看，刑事裁判中的经验法则多用于否定辩方的诉讼主张[①]，而以经验法则直接认定犯罪成立的比例较低。

其四，在死刑案件中，法官运用经验法则推定主要犯罪事实则更为慎重。如陈某某故意杀人案中，一审法院认为被告人的辩解不合常理，对其判处死刑，而广东省高级人民法院则没有认可这一观点，最终对上诉人作出无罪判决。因而，在刑事裁判中，与逻辑法则一样，经验法则必须成为事实认定的桥梁与纽带，以体现刑事诉讼法、证据法查明真相的求真价值，同时，必须对其限制适用，确保与无罪推定、有利于被告人、疑点利益归于被告人的诉讼原则的平衡。

4. 以经验法则说理论证具有法律规范支撑的合法性基础

从表面上看，运用经验法则说理论证依托的法律规范不充分，根据经验对证据作出主观判断、取舍，与裁判文书规范所要求的"表达客观，逻辑严密，准确分析说明理由"似乎存在冲突。但现行司法解释、司法文件、司法政策与审判实践已经对经验法则的运用给予了认可。虽然法律规范对法官如何运用经验法则进行事实认定没有作出细化的规定，这仅是技术层面的障碍，而并非对经验法则运用合法性的否定。

（二）从经验到法则：证据基础规则的确立

1. 确立经验证据规则的必要性

"潜规则"只有转化为"规则"，才能被刑事法官正确适用，从而最大限度地保证经验法则不被滥用或规避适用。司法文明的演化过程中，刑事证据

---

① 谢进杰、邓慧筠：《刑事裁判说理中的"常理"》，载《中山大学学报（社科版）》2019年第3期。

制度由神示证据制度向法定证据制度再向自由心证转变，而在自由心证的证明模式下，法官不受任何约束只需要诉诸内心确信即可作出事实认定，法官可以不再根据社会群体共同的知识经验，甚至根据个人的经验就可以判断事实，这一绝对的自由心证往往会引发裁判者的恣意。在这个背景下需要建立一种崭新的自由心证制度，要求法官在享受认定事实自由的同时，仍要接受逻辑推理规则和经验规则的约束。[①] 因此，可以肯定的是，经验法则的兴起，就是为了防止经验滥用或误用，而对经验进行限定和约束的一种规则。这种规则虽具有常识性，但却具有内在约束力，且以不成文规则呈现。[②] 正是因为经验法则在法律规则中无法堂而皇之地出现，立法者应在证据立法中对其适用予以进一步完善，以完整的法条呈现。

2. 确立经验法则的基础性证据规则

鉴于经验法则贯穿于证据能力规则与证明力规则审查的全过程，既能检验单项证据的可采性，又能联结间结证据强化证据链，还能对事实认定的结果与过程加以检验，实属一种具有普世性和基础性的证据方法，而我国刑事诉讼法却并未将其上升到规范层面，因此有必要在证据规则中增添经验法则，使其成为证明模式、证明标准之后的第三类基础性证据规则。[③] 若证据规则得以确立，法官才可能在裁判文书中公布证据评价的结果与过程，对待证事实的认定依据何种经验法则、经验法则本身是否符合普遍性共识标准进行阐述，从而增强刑事裁判结果的透明度与公信力。

确立经验法则的基础性证据规则，提高其立法位阶，可以增加其运用的正当性。我国的诉讼证明应纠正偏重客观化的倾向，使诉讼证明实现主客观统一，使司法人员判断证据和认定事实能够建立在经验法则的证据方法上，唯有建立多元化证据分析方法体系，改变过去单一的印证式证明模式，将印证方法中无法容纳的经验、知识与逻辑纳入证据分析过程，才能使证据判断

---

① 李树真:《司法证明中的逻辑法则与经验法则》，中国政法大学 2009 年博士学位论文。

② 张亚东:《经验法则:自由心证的尺度》，北京大学出版社 2012 年版，第 12 页。

③ 马贵翔、顾必琛:《经验法则的构成探析》，载《贵州民族大学学报》2019 年第 6 期。

不偏离常识常理，法律适用才不会背离人民群众朴素的正义观。① 因此，确立基础证据规则，可以稀释印证证明模式下的虚假印证顽疾，减少冤假错案发生的概率。

结合经验法则在司法实践中的运用情况，笔者建议，经验法则转化为基础性证据规则应当包括以下内容：（1）经验是什么，即用于刑事裁判的"经验"的内涵与鉴别标准；（2）经验何以成为经验，即法官对一般经验与特殊经验的论证方法；（3）经验在何情境下可演绎推理证据及推定事实；（4）控辩审三方在经验运用中的权力（利）义务。

（三）经验法则的适用限制

刑事法官对经验法则的适用错误，一部分原因与其对该规则的运行规范及法理基础缺乏系统研究。经验法则的适用限制，可以防止刑事裁判中对经验法则的过度适用与不正确适用。

1. 对经验法则本身的规制

首先，作为推理大前提的经验法则，应当具有高度的真实性或者高度的盖然性，或者是公认正确并得到社会群体的共同认可；前述案例中，审判机关根据被告人刘某事后对陈某故意伤人行为的肯定，判断其指使陈某故意杀人，所依托的经验显然不具有高度盖然性，仇敌被杀所产生的喜悦感，也有可能促使刘某对陈某表示赞赏。

其次，经验法则应与逻辑规则统一使用。经验法则具有实质内容，是大前提的具体内容，逻辑规则是科学的推理形式，只有将二者结合起来使用，才能得出正确的推理结论。

最后，用经验法则进行事实推定的基础事实必须查证属实。经验对证据起补强作用，经验不能单独存在。因而，基础事实作为推定事实或认定事实的小前提，必须查证属实，经验法则方可与之贴合。如在一起电信诈骗案中，公安机关从犯罪嫌疑人刘某随身携带的手机中查获了该手机发向被害人王某

---

① 纵博：《印证方法的不足及其弥补：以多元证据分析方法体系为方向》，载《法学》2020 年第 6 期。

的诈骗短信，法官即可根据"发送信息之人为手机主人或占有人"这一经验，推定刘某实施了诈骗行为。但案发当日，此手机是否为刘某实际使用，必须查证属实，否则推理结论存疑。

2. 证明对象的"骨干性构成要件"一般必须有证据予以证明

在民事诉讼中，基于当事人的实体处分权而设置了当事人的自认规定，基于辩论原则，对当事人没有争辩的事实还实行拟制自认制度，根据法律规定或者已知事实和日常生活经验法则，能推定另一事实的，当事人无须举证；有证据证明一方当事人持有证据无正当理由拒不提供，如果对方当事人主张该证据的内容不利于证据持有人，可以推定该主张成立。应当说，民事诉讼中的证明对象之多数内容可以通过经验法则加以直接推定，无须用证据证明，这些事实拟制规则的出现，削弱了证据裁判对事实认定的决定作用。刑事诉讼与民事诉讼、行政诉讼不同，证据裁判的例外情形相对较少，除非存在法律推定、司法认知等免证事实，对于定罪量刑所需的要件事实，必须有证据证明。此处的要件事实，可以理解为符合犯罪构成要件的犯罪事实，包括犯罪主体、犯意、犯罪客体、犯罪行为等。也就是说，对于主要犯罪事实（被告人实施了某种行为构成犯罪）的认定，需用证据直接或间接证明。对于与定量刑相关的其他要素或枝节问题，则可以允许运用经验法则进行判断。

例如，广东省佛山市南海区人民法院（2014）佛南法知刑初字第 12 号刑事判决书认为，"根据被告人周某的稳定供述及日常经验法则，被告人所生产的假冒手袋实际销售价格与正品手袋的市场价相差超过二百倍，非常悬殊，进入市场后不可能以正品价格销售。因此，公诉机关以价格鉴定意见上正品手袋的价值来计算本案的非法经营数额并据此认定本案被告的假冒注册商标情节特别严重的认定并不妥当，有违罪刑相适应原则。因此本院采信被告人当庭供述的涉案价格"。在涉及犯罪金额的判断上，审判机关运用了经验法则对证据进行了取舍，推定被告人的当庭供述为真。但是，对于被告人周某是否实施了非法经营犯罪，则需要用证据加以证明，不可运用经验法则进行事实推定。如果全案只有间接证据，只有当间接证据相互印证并得出唯一结论时，方可对被告人定罪量刑。

由此可见，在刑事诉讼中，基于刑罚适用的审慎性，证明对象中骨干性构成要件一般必须运用证据予以司法证明。对于证明对象的枝节性内容则存在无须证明的可能，以事实推定的方式解决争议则具有现实合理性。因此，以经验法则说理论证，只能成为事实认定辅助性手段，常识、常情、常理既不是公理更不是法理，仅可成为补充性的说理方式，从这个意义上说，证据评价与事实认定的过程中，必须坚持"法理为主，经验为辅"。

3.严格控制以经验法则为桥梁的事实推定

事实推定主要适用于民事领域，在某些特定问题上，遇到证明困难或为提升诉讼效率之需，采用事实推定可以起到证明责任的修补或调整之功效，但是，刑事诉讼中，推定不能取代对犯罪要件事实的证明，推定的范围不能涉及犯罪要件事实，因为在刑事案件中证明责任已为刑事诉讼法预先分配[①]。有学者认为，刑事推定适用范围可包括"人类的心理内容，被告人独知的事实，封闭环境或场所发生的事件，一些特定种类的事件"[②]。只要这些内容涉及到犯罪要件事实，均不许推定，否则让被告人加以辩驳，就是证明责任的转移，既违背无罪推定原则，也有违不得自证其罪原则。因而，在刑事诉讼中，不可将推定作为认定主要案件事实的证据加以使用，更不能直接用来推定被告人有罪，仅可以用于认定案件事实的某一方面的事实。[③] 因而，在使用经验法则认定主要犯罪事实或证明被告人有罪的过程中，事实推定被严格限制在"案件事实的某一方面"，而运用经验法则检验证据、修补证据链则不在此限。

4.证否、证伪的效能大于证成

如前文所述，经验法则在刑事裁判中既具有弥补、推定功能（证成），也具有检验功能（证否）。证成功能主要是指经验法则在事实推定与证据弥合中起到了强化作用，促进了定罪量刑；而证否则是指通过经验法则对单项证据及事实结论的可靠性进行检验，最终否定犯罪的认定。因为控方的指控需

---

① 张保生主编：《证据法学》，中国政法大学出版社 2014 年版，第 409—410 页。
② 李富成：《刑事推定研究》，中国人民公安大学 2008 年版，第 19—21 页。
③ 最高人民法院刑一庭、刑二庭编：《刑事审判参考》（第 5 集），法律出版社 2004 年版，第 50 页。

要达到确实、充分的程度，所以，经验法则用于指控犯罪仍然需要排除合理怀疑，而辩方提出的辩解只要让法官产生了合理怀疑，则可否定指控。从这个意义上讲，经验法则用于证否、证伪的效能更高。以常情、常理作为经验法则去审查判断证据的方法，证否的意义明显大于证成。但是刑事裁判不能偏重以常情、常理去反驳被告人的辩解，而更应去检验控方证据与事实，因为即便被告人的辩解不合常理，控方的指控也未必能成立。不能因为否定了辩方的辩解就认定控方的指控，毕竟证明被告人有罪的证明责任被明令归于控方。

同时，在刑事裁判过程中，对相关要件事实的判断需要以经验法则作为判断依据时，其中的大前提"经验"如果既不能证成，也不能证伪，则应作出有利于被告人的事实认定。如广西壮族自治区柳州市中级人民法院（2015）柳市刑一终字第 208 号刑事裁定书认为，刘某关于为同案被告人保管毒品的辩解虽有不符常理之处，但例外情况在客观世界中亦属常有，常理的违背不足以成就定论。在刘某是否贩毒既不能证实、亦不能证伪的情况下，应当恪守证据裁判和存疑有利于被告人的原则，对刘某贩卖毒品的事实不予认定，根据现有证据仅能认定其非法持有毒品。

5. 穷尽调查手段后方可适用经验法则

为保证实体公正，刑事诉讼法及其司法解释在审判阶段设置了检察机关建议延期审理、人民法院建议检察机关补充或变更程序、重新勘验、鉴定等诉讼程序，目的就是通过程序倒流的方式，穷尽一切司法对事实的查明功能，保证刑法的正确实施。如果能用证据证明，则排除经验法则的适用，避免经验的盖然性引发的冤假错案。同时，如果刑事裁判过程中存在免证事实、司法认知、法律推定的条件，对其应优先适用，也应排除经验法则的应用，因为法定的替代性证明方法，是经验规则的规范化，已被法律明确认可。

6. 限制法官自由裁量权

从制度演化背景来看，经验法则最初作为自由心证的限制条件而出现，而经验法则的运用，是为了对法官的自由心证作出限制与约束，确保法官心证的过程符合日常生活经验与一般规律。

证据证明力及可靠性的评价过程中，裁判主体具有注意并适用经验法则的权力，对在案证据的证明力有无与大小作出判断。如果法律对证据的证明力不预先作出规定，完全由法官独立判断，则属于自由心证。然而，经验法则本身也带有相当程度的盖然性与主观性，所以法官适用经验法则也难免存在滥用之忧。

欲正确发挥经验法则的司法功能，必须依赖法官的自由裁量权，但也必须作出限制，防止其对经验法则的过度使用。从个人经验到社会群体经验的升华，就是法则的形成过程，因而法官裁判说理所依据的经验必须是群体经验。制约法官权力的滥用的重要路径是，为法官运用经验法则设定客观标准（经验是什么，到底是一般经验还是特殊经验，如果是特殊经验如何论证），实质上就是将作为判断事实依据的经验法则法定化，在某些经验法则的运用上，尽量排斥法官主观任意的作用。[①]

（四）法官公开论证过程

运用经验法则进行证据评价或事实推定的过程，是一个自由心证的主观判断过程，必须说理论证，这是我国现行刑事证据制度的必然要求。我国的证据制度既不是法定证据制度，也不同于自由心证制度，而属于客观真实的证据制度。[②]因此，刑事裁判者对自由心证的结果与过程均需加以公开。

我国的证据法律制度赋予了司法人员具有独立自主判断证据的权力，但也受到法律的一定约束，刑事诉讼法证据一章也体现了对证据能力与证明力的限制。

自由心证的盖然性结果与民事诉讼证明标准中的优势证明标准相匹配，因此，民事诉讼中首先确立法官自由心证权具有现实合理性。但在我国刑事案件中运用经验法则加以自由心证，则颇费思量。一方面，刑事证据审查判断中的自由心证具有科学性和存在的客观性，自由判断与心证都是法官的"自在之物"，司法实践中的应用早已遍地开花，不应对其加以否定，另一方

---

① 杨晓玲：《经度与维度之争：法官运用"经验法则"推定事实——以"彭宇案"为逻辑分析起点》，载《中外法学》2009 年第 6 期。

② 樊崇义主编：《证据法学》，法律出版社 2012 年版，第 30 页。

面，刑事诉讼中"事实清楚，证据确实、充分"的证明标准，对刑事裁判者公开心证、公布心证过程，提出了更高层面的要求。因此，法官对经验法则的运用，应当将其与证据结合后的演绎推理过程在判决书中明确论述，增强裁判文书的说理论证效果。

聂树斌案最高人民法院 2016 最高法刑再 3 号再审刑事判决书中，将常理恰当地运用到了说理裁判中，道出了社会公众的心声，使社会民众产生了认同感，堪称经验法则运用的典范："聂树斌供述偷取一件破旧短小的女式花上衣自穿不合常理。根据聂树斌供述及相关证人证言，聂家当时经济条件较好，聂树斌骑的是价值四百余元的山地车，月工资有几百元，并不缺吃少穿，衬衣就有多件。平时除了上班有些散漫外，无任何证据证明聂树斌此前有过偷盗等劣迹，也无任何证据表明其对女士衣物感兴趣，而涉案上衣是一件长仅61.5 厘米且破口缝补的女式花上衣，显然不适合聂树斌穿着，故聂树斌所供偷拿该花上衣自穿，不合常理。"

（五）允许反驳及其程序设计

经验法则不同于自然科学法则、定理、公理，经验法则并不是事物之间内在联系的必然反映，只是一种具有盖然性的外在联系，一种按照归纳法所得出的判断和结论。这种基于经验法则的推论并不绝对为真。因此，法律允许利害关系主体对经验法则的推定提出例外情形，以推翻该推定。此外，一个特定的案件往往涉及诸多经验法则，而这些经验法则并不都是支持同一推论的，在具体的情形中，经验法则的运用可能是矛盾和冲突的。例如，人的趋利避害性，这是一种常理经验。① 但是在一些特定的场合，人们也会基于某种观念、同情心等主观认知而实施利他的行为，如彭宇案中，被告人将摔倒的老人搀扶起来，就属于利他行为，不能因此推定为彭宇骑车撞倒老人。

1. 允许当事人参与

经验法则在理论上可反驳已是不争之定论，但如何保障被追诉人一方在遭遇不利推定之时的反驳权则需要制度设计。在经验法则充当事实认定媒介

---

① 范思力：《犯罪事实认定中经验法则的理解与适用》，载《检察日报》2021 年 4 月 6 日第 3 版。

的情形下，其作为司法三段论的大前提存在，如何反驳？

现实的困境是，当事人无权参与或无法有效参与。在认定事实的过程中，法官是否适用经验法则、如何运用经验法则的权力专属裁判者一方，而经验法则的运用又无现成的规则可遵循，难以防止法官的随意适用或拒绝适用。同时，法官对于该法则的运用，一般都是单方进行，控辩双方大多只能在判决形成后才知悉。鉴于刑事法官运用经验法则进行事实推定或证据推理可能引发错误定罪之风险，立法上应增加当事人的程序参与权，对于有事实认定存在争议的经验法则，法庭应通过辩论由控辩双方充分发表意见，对其适用的科学性、合理性进行判断。当事人的有效参与，也可以防止经验法则适用的突袭性。①

当事人参与的另一层含义是，在刑事审判过程中，当事人及其辩护人、诉讼代理人也可以提请法官适用经验法则，以支持其诉讼主张。笔者收集的裁判文书中，法官引用经验法则的情形为主流，当事人较少运用，辩护词中偶见辩护人引用经验法则对控方的事实认定予以反驳。当事人既可以提请法官适用经验法则证明辩方观点，也可以提出反证反驳控方运用经验法则达成的不利指控。

2. 庭审中引入释明程序与辩论环节

《解释》第 295 条规定，人民法院拟变更指控的罪名前，应当保障被告人、辩护人充分行使辩护权，必要时，可以再次开庭，组织控辩双方围绕被告人的行为构成何罪及如何量刑进行辩论。在刑事审判庭拟运用经验法则进行事实认定之前，法律也应当参照该法条，设计相应条款，对被告人进行程序保障。正义不仅要实现，还要以看得见的方式实现。人民法院在运用经验法则认定与定罪量刑有关的事实前，也应听取控辩双方的意见。

首先，释明程序的设定。合议庭在庭审中或庭审后的评议环节，如果借助经验法则推定与定罪量刑相关的重要事实（要素性事实），则应当向控辩双方释明，既可以在庭审的辩论环节推进，也可以通过再次开庭的方式组织控辩双方围绕"能否适用经验法则、经验法则是否需要反驳"进行辩论，还可

---

① 张卫平：《认识经验法则》，载《清华法学》2008 年第 6 期。

以借助庭前会议及延期审理程序释明。

其次，应当允许被告方提出反证。为节约司法资源，合议庭法官应当在庭审前释明经验法则运用的目的与方向，并告知提出反证的权利及程序。尤其是运用基础事实对被告人进行不利推定之前，这一阐明与告知程序不可或缺。而对于间接证据的演绎推理及证明标准的判断过程中经验法则的运用，法庭则可以当庭释明，无须告知被告人有权提出反证。

再次，一审程序中法官未释明的情形下应赋予被告人救济的权利。对因经验法则适用不当引发的犯罪事实认定争议，被告人根据现行的刑事诉讼法享有当然的上诉权，但因原审法院没有行使释明义务而直接对被告人进行不利事实推定的情形，《解释》应将其归入我国《刑事诉讼法》第238条第3款，界定为"其他违反法律规定的诉讼程序"，纳为撤销原判、发回重审的条件之一。

最后，控辩双方均可提出适用，无论何方提起，法庭均应对经验法则的内容进行释明，引导控辩双方辩论。必要的时候，还可引导双方举证质证。

3. 明确经验法则的反驳区间

如前文所论，经验法则在刑事裁判中的适用区间多元。理论上讲，凡是经验法则的运用，都存在反驳的可能，但考虑到公正与效率间的平衡，审判机关不可能对所有的适用区间均设定释明、辩论程序。笔者认为，以经验法则对间接证据定案，或进行证明力检验，仅需公开心证过程及结果，被告人可以就这类证据演绎推理在二审程序中加以抗辩；而对于从基础事实推定出另一待证事实的情形，必须明确赋予被告人在一审程序的抗辩权。

（六）经验规则的大前提可靠性论证

经验法则作为符合社会民众一般认知的普遍经验或规律，因高度契合社会生活实际，在刑事裁判中得以正确运用，便可产生高度的可接受性。其通过证据识别、证据链修补、观点回应等方式发挥着事实认定的功能，作为"法理说理"的适当补充，经验法则承担着弥补立法漏洞、促进实体正义的使命。但如果经验法则作为大前提，其本身具有一定的或然性，法官对经验法则的理解可能夹杂着主观性，其理解的经验法则未必符合经验法则要求的一般规律性、符合普遍价值观。唯有通过确保大前提的可靠性，方可推导出正确的结论。

1. 明确一般经验与特殊经验，并设定不同的论证方法

一般经验并非法官的个人经验，而是群体经验，是一定范围内社会民众或行业组织对其日常生活、生产、工作实践中经过归纳概括形成的规律性认识，且被社会群体认同遵守。个人带有个人主观意识和情感倾向的经验实质上带有某种偏见，不能运用在事实认定中。一般经验包括日常生活经验、日常伦理道德、风俗习惯等，属事物发展的通常趋势或大致规律，其本身并无证明的必要，具有不言自明的特征。① 对一般经验之于案件的事实认定，则重点考量经验是否被普遍遵守，是否具有社会惯习性②；而特殊经验由专门知识构成，不同行业领域存在不同的专门知识，而法官通常不具备此类知识，只有通过鉴定人、专家辅助人的专业鉴定与评价、介绍、说明等证明方式方才形成经验认知，因而法官对特殊经验法则运用前，还必须论证其可靠性，因为其本身作为论据的必要性及可靠性，是落实司法公正目标的基本要求。法官审查专家证言（特殊经验）的判断标准，在美国则经历了从"普遍接受标准"（弗来伊标准）到相关性和可靠性标准（罗伯特标准）的转变，实质上赋予了法官对特殊经验法则可靠性的论证义务，刑事裁判者充当了特殊经验运用"守门人"的角色。

2. 充分权衡经验存在的时空条件

经验具有时间性，过去的经验随着时代的变迁、科技的进步同样发生变化；经验也具有地域性，不同地域的经济社会发展状况、习俗、文化具有差异性，特定区域内的社会群体形成的普遍经验仅适用于该区域。

---

① 毕玉谦：《论经验法则在司法上的功能与应用》，载《证据科学》2011 年第 2 期。
② 何雪峰：《法官如何论证经验法则》，载《北方法学》2021 年第 1 期。

（七）作出有利于被告人的推定

刑事诉讼的证明标准为排除合理怀疑，而对被告人定罪量刑所依托的经验法则，则因为以归纳推理为逻辑起点，本身就具有合理怀疑的成分。因此，当被告人的辩解对经验法则的运用发生冲突，形成案件疑点时，理应对被告人作出有利推定。间接证据结合经验法则定案，应得出唯一的结论，方才认定为证据确实、充分；若被告人的辩解与反驳让法官对证据推理过程产生疑问，则应撤销经验法则的运用。

而对于承担证明责任的公诉机关，立法应允许法庭根据经验法则，对其违法行为作出否定性推理，以体现程序制裁之诉讼原理。如《解释》第85条规定，对与案件事实可能关联的血迹、体液、毛发、人体组织、指纹、足迹、字迹等生物样本、痕迹和物品，应当提取而没有提取，应当鉴定而没有鉴定，应当移送鉴定意见而没有移送，导致案件事实存疑的，人民法院应当通知人民检察依法补充收集、调取、移送证据。如果检察机关没有按要求补证，法院则应根据"违法者不应获利"这一常理，作出对控方不利的事实推定，判定案件事实存疑。

再如，若辩方能证明检察官隐匿了对被告人有利的辩护性证据，则应当判定该证据对被告方有利。在域外法治国家，此种情况下甚至可对被告人直接作出无罪宣告。这一事实推定，所遵循的经验是，"冒险违法者的动机一般是为了获取利益"[1]。唯有对被告人作出有利的事实推定，才可以消弭经验法则与疑罪从无原则之间的法理冲突。

---

[1]　薛潮平：《毁灭证据论》，中国法制出版社2015年版，第229页。

论刑事诉讼中的"证据相关性瑕疵"及其弥补

万　旭[*]

所谓瑕疵，与其理解为"微小"的缺点，更宜界定为"可能被弥补"的缺陷。

——题记[①]

引论

2010 年以来，刑事证据法学界对有别于狭义非法证据的瑕疵证据进行了持续且较为深入的研究，主流意见将瑕疵证据界定为存在轻微技术性违法缺陷，处于证据能力待定状态，适用可补正排除规则的证据。笔者在 2016 年曾撰文指出，前述观点对刑事诉讼价值目标结构存在认识偏差，混淆了瑕疵证据的现象描述与理论界定，且缺乏规范意义上的证据裁判思维，进而主张将瑕疵证据理解为存在证据能力层面上相关性、真实性认证困难的证据。[②] 目前看来，笔者当时的观点影响力有限，虽然越来越多的学者注意到瑕疵证据与非法证据的区别不仅在于非法性的严重程度，而且还在于瑕疵证据与证据真

---

　*　法学博士，成都理工大学文法学院讲师。

　①　日常用语中，瑕疵一般被理解为"微小的缺点"。参见《现代汉语词典》，商务印书馆 2012 年版，第 1402 页。

　②　参见万旭：《瑕疵证据理论的反思与重建》，载陈兴良主编：《刑事法评论》（第 38 卷），北京大学出版社 2016 年版。

实性有密切联系①，但是，瑕疵证据理论相较于初创时并未发生实质性革新。②与此同时，在大数据、人工智能、区块链等新技术的冲击影响下，学界早已不再满足于证据法基础理论研究，而更加热衷于追逐各种"高精尖"的热点问题。

如此大环境下，笔者坚持讨论证据相关性瑕疵问题，是否有点执迷不悟，且不合时宜呢？我自认为不是的。一方面，传统瑕疵证据理论之所以长期占据通说地位，并不因其对实践中的瑕疵证据现象有周延的解释力，更不因其为解决瑕疵证据现象中的诸多弊病怪象提供了有效的理论指导，而主要是因为学界怠于对瑕疵证据理论进行实质性的系统反思。另一方面，无论新技术为刑事证据法学研究带来多么前沿的新论题，我们都需要有一套契合于刑事证据法多元价值结构的、符合司法实践中语义约定习惯的、贴合规范意义上证据裁判基本法理的证据法基础理论体系来作为分析工具，笔者认为，传统的瑕疵证据理论难堪此任。总而言之，在当下，反思瑕疵证据理论仍然具有必要性与紧迫性。

本文即是由此立场出发，选取"证据相关性瑕疵"这样一个瑕疵证据理论反思涉及很小但笔者认为比较重要的点，作若干思考与讨论。其中部分内容是对 2017 年旧文观点的重申，还有部分内容则是这几年思考后的新收获。

一、证据相关性瑕疵是一种妨碍刑事诉讼认识论目标的证据能力缺陷

传统瑕疵证据理论秉持二元化的刑事诉讼价值论，将惩罚犯罪与人权保障的冲突平衡作为刑事诉讼的核心论题。实践中的瑕疵证据现象被视为一种

---

① 参见张斌：《论我国刑事证据属性理论的重构——刑事证据"四属性说"的提出与意义》，载《四川大学学报》（哲学社会科学版）2015 年第 1 期；董坤：《中国化证据排除规则的范性梳理与反思》，载《政法论坛》2018 年第 2 期；杨波：《以事实认定的准确性为中心——我国刑事证据制度功能之反思与重塑》，载《当代法学》2019 年第 6 期。

② 例如，李学军、刘静发表于 2020 年的文章，对瑕疵证据的基本认识仍然与 2010 年前后形成的主流观点大同小异。参见李学军、刘静：《瑕疵证据及其补救规则的适用》，载《清华法学》2020 年第 5 期。

兼顾人权保障与惩罚犯罪的现实主义妥协。据此，瑕疵证据与非法证据的合法性缺陷并不存在质的差异，而仅有程度轻重之别——瑕疵证据是存在轻微技术性违法缺陷的证据。与瑕疵证据匹配的可补正的排除规则，则被视为一种代替强制排除规则以调和人权保障与惩罚犯罪间紧张关系为主要意图的特殊设计。[①] 如图 1 所示，在这样一套理论框架（可称为"轻微违法性论"）下，没有讨论影响刑事诉讼认识论目标的证据相关性、真实性问题的空间，"证据相关性瑕疵"这一提法，显得令人费解而难以成立。

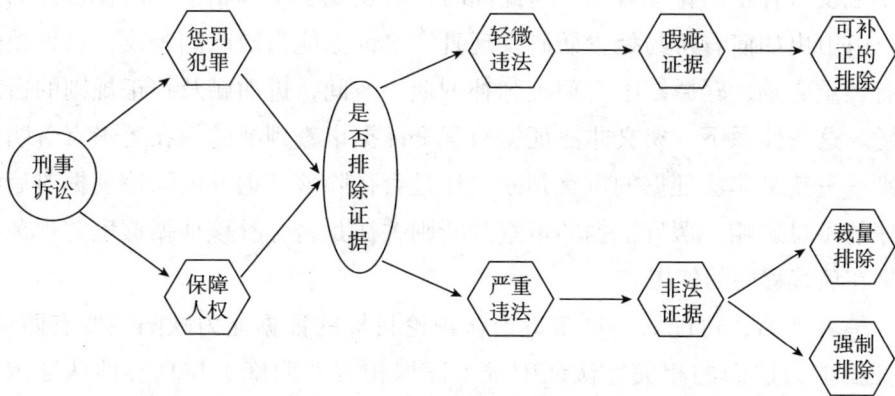

图 1[②]

然而，"轻微违法性论"根本无法有效区分瑕疵证据与非法证据，反而导致证据能力理论体系不周延，更未能厘清轻微违法性与可补正排除规则的内在关联。[③] 对此的反思，促使笔者回到刑事诉讼价值目标结构这一原点，主张

---

① 参见万旭：《瑕疵证据理论的反思与重建》，载陈兴良主编：《刑事法评论》（第38卷），北京大学出版社2016年版。

② 受二元价值论影响，证据能力判定问题等同于证据使用禁止（证据排除）问题，证据非法性程度的强弱成为区分瑕疵证据与非法证据的关键，证据相关性与真实性被归集到证明力评价范畴内。

③ 参见万旭：《瑕疵证据理论的反思与重建》，载陈兴良主编：《刑事法评论》（第38卷），北京大学出版社2016年版。图1还反映出，"轻微违法性论"的框架下，强制排除的非法证据与裁量排除的非法证据同样界限模糊。毫无疑问，非法证据裁量排除的空间同样源自非法性程度的相对轻微，可是裁量排除与可补正排除的适用界限何在，实在难以厘清。

区分刑事诉讼内在的认识论目标与外在的政策性目标，强调刑事诉讼认识论目标的基础性与相对独立性。在此基础上，笔者主张将瑕疵证据界定为存在妨碍了刑事诉讼认识论目标之证据能力缺陷的证据，进而与存在妨碍人权保障等政策性目标之证据能力缺陷的狭义非法证据从质上区别开来。如图2所示，我们可以循此推导出一套全新的理论体系。新体系中，人权保障与惩罚犯罪等外在目标的紧张关系，引申出狭义非法证据是否（强制或裁量）排除的争议，非法性缺陷的相对轻微只是为裁量排除规则的适用创造了空间，但并不触及可补正的排除规则。与此同时，对发现事实真相这一内在目标的追求，引申出如何看待与处置妨碍发现真实之证据能力缺陷的争议，这种缺陷也有轻重之别，轻微缺陷为瑕疵弥补创造了空间，进而触及补正规则的适用问题。这一体系下，狭义非法证据与瑕疵证据审查判断的内在逻辑有着明显区别——狭义非法证据的审查判断关注是否排除该证据并消除该证据对后续程序的不良影响，瑕疵证据的审查判断则关注是否弥补该证据瑕疵并规范该证据在后续程序的使用。

笔者认为，可能妨碍刑事诉讼认识论目标的证据能力缺陷主要有两种，即证据能力层面的相关性认证困难（证据相关性瑕疵）与真实性认证困难（证据真实性瑕疵）。证据能力层面的真实性即证据的同一性，具备同一性意味着举证人所主张的证据就是其最初取得的证据。证据能力层面的相关性与同一性的关系颇为复杂，从根本上讲，两者的相对分离，是案件与审判之间时空移转、情势变化的结果，而对两者的认证，则在某种程度上使得它们"回复"到案发时混合的状态。[①] 本文接下来主要讨论证据相关性瑕疵。

---

① 参见万旭：《瑕疵证据理论的反思与重建》，载陈兴良主编：《刑事法评论》（第38卷），北京大学出版社2016年版。

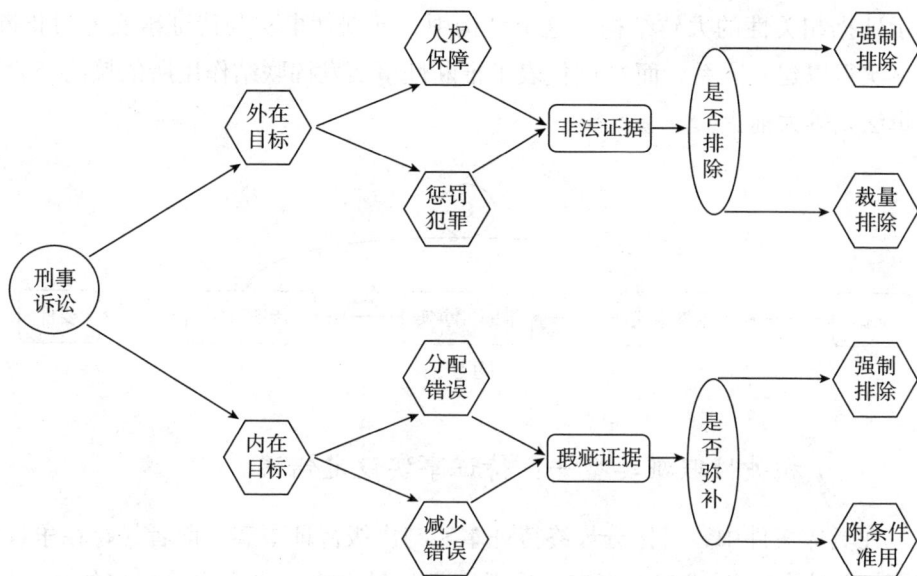

图 2[①]

二、证据相关性瑕疵的实质是推理错误

规范意义上证据裁判的基本法理强调，相关性是其他一切证据能力要求的基础。所谓证据相关性，是证据事实与待证事实之间通过基于经验、逻辑法则的推论性推理而构建起的联系。这种联系包含人的主观能动因素，不同于事物之间客观的物质性联系。证据能力层面的相关性认证困难，意味着这种包含主观性的推论性推理存在缺陷，换言之，证据分析的主体发生了推理错误。为了便于说明推理错误（相关性瑕疵）的具体类型，我们首先以图3

---

① 内在目标即发现事实真相，可采分为两个层面：其一是减少事实认定错误，其二是分配错误风险。其中，减少错误居于内在目标的核心，而分配错误风险则是内在目标与外在目标联结之处，对外在目标的平衡深刻影响到错误风险分配的结论。这意味着，虽然图2表面上将非法证据与瑕疵证据引申为两条分支，但实践中可能发生竞合，即特定证据既有妨碍内在目标的证据瑕疵，又有影响外在目标的非法证据缺陷。

展示证据相关性的大致结构。这个结构中，证据性事实与待证事实通过推断性事实得以建立联系，而 G 则代表了推断性事实发挥联结作用所依赖的经验、逻辑法则等大前提。

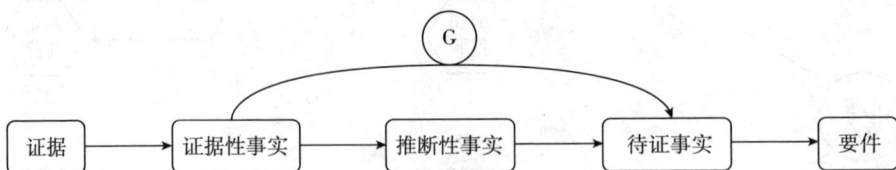

图 3①

（一）相关性瑕疵类型一：待证事实设定错误

在具体案件中，可区分最终待证事实与次级待证事实，前者是存在争议、需要被认定的主要或基本事实，后者则是从最终待证事实中分解出的次一级（或多级）待证事实。② 例如，对于一起故意杀人案件，"甲故意杀害了乙"是最终待证事实，其可被分解为若干次级待证事实。任何特定的证据材料，只要其能够与最终待证事实，或者任一次级待证事实建立推论性联系，就具备相关性。

但是，实践中经常出现待证事实设定错误，进而无法建立证据材料与待证事实之推论性联系，导致难以判定证据相关性的情况。图 4 中，证据性事实只能与次级待证事实 3 建立推论性联系（以实现标明），若错误地主张或认定证据性事实与其他次级待证事实，甚至直接与最终待证事实能建立推论性联系，就发生了待证事实设定错误（以虚线标明）。

---

① 图 3 参考了艾伦教授的观点。参见［美］罗纳德·J. 艾伦等：《证据法：文本、问题和案例》（第三版），张保生等译，高等教育出版社 2006 年版，第 149 页起。该书中，相关性的公式为"证据性事实（EF）—推断性事实（IF）—要素性事实（FOC）—要件（EE）"，推断性事实背后的大前提被称为"归纳概括"（generalization）。本文为行文方便，将要素性事实改称为"待证事实"。

② 参见［美］特伦斯·安德森等：《证据分析》（第二版），张保生等译，中国人民大学出版社 2012 年版，第 80—81 页。

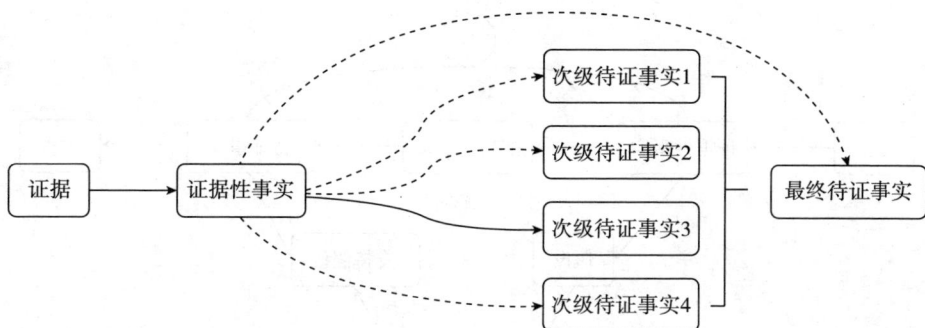

图4

（二）相关性瑕疵类型二：错误假设

错误假设主要在进行溯因推理时发生。溯因推理是先基于现有证据进行假设，然后寻找支持假设的新证据，一旦找到新证据，该假设就转变为有根据的推理，新证据也就基于这个推理成为相关证据。[①] 图 5 清晰地展示出，在溯因推理中，新证据支持了假设，进而融入相关联推理链条之中。假设有一盗窃案，在案证据包括一份证人证言，证人称其目睹了张某在案发前曾于现场出现且形迹可疑。基于该证言可以形成一个假设，即如果证言为真，张某有可能就是窃贼，而张某作为窃贼，其家中可能藏有所窃财物。于是，警察对张某住所进行搜查，确实发现了疑似被盗财物。此时，疑似被盗财物作为物证，就证实了基于证人证言形成的假设，因而具有了相关性。

溯因推理一成立，新证据就能与之前触发假设的证据相互支持，形成互为表里的印证关系，进而可能共同与更高层级的待证事实建立联系（如图 6 所示）。例如，前段设定的盗窃案中，物证与证人证言相结合，能够指向"张某从案发现场将被盗财物转移到自己住处"这一更高级别的待证事实。

[①] 溯因推理是具有多重含义的争议性概念，本文对其含义的把握参考《证据分析》的定义。参见［美］特伦斯·安德森等：《证据分析》（第二版），张保生等译，中国人民大学出版社 2012 年版，第 490 页。

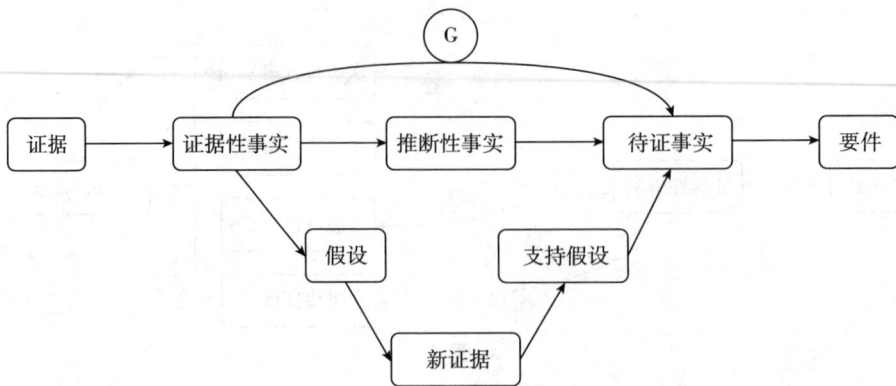

图 5①

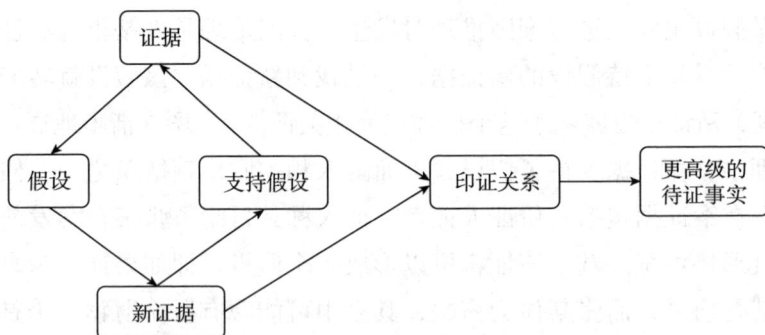

图 6②

如果未能找到支持假设的证据，或者反而发现了与假设矛盾的证据，则表明假设错误，这不仅可能否定新收集证据材料的相关性，还可能导致原有证据的相关性被推翻（如图 7 所示）。在前段的盗窃案中，如果在张某家中没有发现被盗财物，或者在后续侦查中通过案发现场附近的监控录像发现证人所目击到的并非张某，抑或发现张某家中的疑似被盗财物其实是张某在案发前数月通过合法途径购买，就意味着发生了假设错误，新收集的证据材料难

---

① 溯因推理的框架内，新证据对假设的支持，是在先证据与待证事实联结的必要条件；新证据支持假设后，成为在先证据相关性链条的关键一环，因而也具备了相关性。

② 在溯因推理的框架内，现有证据与新证据形成彼此印证、相互支持的关系，证据分析者可以基于证据间的印证关系做出内容更加丰富、深入，与更高级的待证事实更为接近的推论。

以基于对假设的支持而获得相关性。

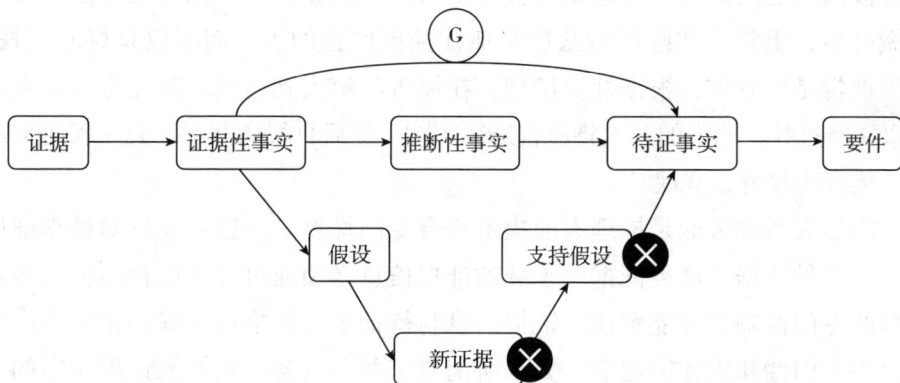

图7

（三）相关性瑕疵类型三：概括失当

推断性事实之所以具有联结证据事实与待证事实之功能，是因为推断性事实的背后有符合经验、逻辑法则且为法律所允许的事理作为大前提。如果支撑推断性事实的大前提本身不当，则证据相关性难以成立。

概括失当有可能是推理大前提存在逻辑硬伤。例如，在一起网络传销案件中，为证明被告人罗某在传销组织中发展了3个以上层级的会员，公诉人举示了一份电子数据鉴定意见。该鉴定意见显示，在涉案公司的服务器包含的会员ID数据网状图表中，该传销组织中县级经销商A、市级经销商B和省级经销商C的ID账号均为被告人罗某的下线。罗某的辩护人在质证时提出，该鉴定意见显示，经销商A、B、C的ID账号注册时间均早于罗某的账号注册时间，这意味着从逻辑上讲A、B、C不可能是罗某的下线，换言之，鉴定意见分析的会员ID数据网状图表存在明显的逻辑硬伤，相关性存疑。

概括失当还有可能是推理大前提与常情、常理相悖。例如，在彭宇案一审判决中，南京市鼓楼区法院从彭宇扶起被撞老人并在老人家属达到现场后与家人一起将老人送至医院的事实，推导出原告老人系与被告彭宇相撞后受伤这一结论。该推理中包含的大前提是"根据日常生活经验分析……人被外力撞倒后，一般首先会确定外力来源、辨认相撞之人，如果相撞之人逃逸，作为被撞倒之人的第一反应是呼救并请人帮忙阻止。……如果被告是见义勇为做好事，更符合实际的做法应是抓住撞倒原告的人，而不仅是好心相扶；如果被告是做好事，根据社会情理，在原告的家人到达后，其完全可以在言明事实经过并让原告的家人将原告送往医院，然后自行离开"①。这一推理大前提显然有违常情、常理。

概括失当也可能是推理大前提不符合专门性要求。这主要针对科学证据或专家意见证据，这类证据所承载的证据信息必须通过并非由社会公众普遍掌握的专门性知识才能解读，证据信息与待证事实的推论性联系也只有由专家运用专门性知识才能建立。如果所谓专家并不具备提供专家证据所需的专门性知识、资质条件，或证据分析过程违反了专业性的规范要求，该证据的相关性就难以建立。

概括失当还可能因为推理大前提为法律所限制或禁止。例如，有的国家确认被告人享有沉默权，进而在原则上禁止从被告人在讯问时的沉默中作出不利于被告人的推论。

三、证据相关性瑕疵可能被弥补

证据瑕疵妨碍了刑事诉讼认识论目标的实现，而刑事诉讼认识论目标最终追求的是减少事实认定错误，提升事实认定整体准确率。这就决定了不能一味地排除瑕疵证据，而应关注证据瑕疵的弥补、消除以及对证据后续的规范使用。尤其是对于证据相关性瑕疵，相关性本身的特质决定了这种瑕疵往往是可被弥补的。

弥补相关性瑕疵，实质是对推理错误的修正。证据相关性本质上是基于经验、逻辑法则的推理问题，其不同于证据与待证事实之间的客观联系，因此有可能通过修正推理方向、改变推理方案、更新推理前提等方式来弥补相关性瑕疵。张继成教授提倡的证据概念"命题说"有助于我们理解相关性瑕

---

① 南京市鼓楼区人民法院（2007）鼓民一初字第 212 号民事判决书。

疵的可弥补性。他认为，"命题的证据地位是在相互竞争的过程中获得的……与要证事实具有相关性（能作为要证命题逻辑前件）的命题才有资格成为要证命题的潜在证据或诚实证据"①。实际上，命题的相互竞争，也就是不同的相关性推理之间的竞争，这种竞争在实践中既可能表现为控辩双方的争辩，也可能表现为举证人在证据准备过程中的自我思辨，或者事实认定者在最终评议案件时的斟酌。相关性瑕疵就是在这样的竞争过程中得到显现，进而被弥补的。②

在 2017 年的讨论中，笔者强调证据瑕疵具有弥补可能性，不等于瑕疵证据皆可弥补，认为实践中瑕疵证据可能因瑕疵过于严重（不具备弥补可能性，或者弥补成本过高），或者因与非法证据发生竞合，而导致适用强制排除规则。③ 不过，相比于证据真实性瑕疵，相关性瑕疵被弥补的可能性更大，相关性瑕疵证据被强制排除的范围更小。从相关性本身看，这一方面由于相关性瑕疵本质上是带有主观性的推理错误；另一方面由于相关性与证明力有直接联系，法律过于严格的规制相关性瑕疵可能过度妨碍事实认定者对证据证明力的自由评价。

四、相关性瑕疵证据的准用规程

相关性瑕疵证据的准用涉及两个方面，即对瑕疵的弥补，以及对证据后续使用的规制。其中，本文重点讨论瑕疵弥补问题。在不考虑非法证据排除问题的前提下，相关性瑕疵的弥补涉及四步规程：（1）确定待证事实；（2）判断瑕疵类型；（3）厘定弥补方法与方案；（4）具体实施弥补。其中，本文集中讨论第三步，即瑕疵弥补方法与方案的厘定。从逻辑上看，方法是方案的核心内容，方案可能涉及多种方案的综合应用，因此，本文往下先分析不同瑕疵类型对应的弥补方法，再集中讨论弥补方案的选定思路。

---

① 张继成:《事实、命题与证据》，载《中国社会科学》2001 年第 5 期;《命题获得证据地位的内在逻辑》，载《中国法学》2011 年第 4 期。

② 参见万旭:《瑕疵证据理论的反思与重建》，载陈兴良主编:《刑事法评论》（第 38 卷），北京大学出版社 2016 年版。

③ 参见万旭:《瑕疵证据理论的反思与重建》，载陈兴良主编:《刑事法评论》（第 38 卷），北京大学出版社 2016 年版。

待证事实设定错误的弥补方法主要有二：

第一种方法较为简单，即转换待证事实。

例如，在一起命案中，林某涉嫌驾驶车辆连续撞击被害人胡某，致其重伤身亡。在案证据包括旁边停放的一辆汽车的行车记录仪拍摄到的案发过程，从中可以清晰地看到涉案车辆连续撞击被害人的过程。公诉人在举示该份证据时，主张该证据能够证明被告人林某故意杀害了胡某。辩护人当即提出异议，认为该份视听资料只能证明被害人受到涉案车辆的连续撞击，但无法证明连续撞击究竟系被告人故意为之，还是过失肇事，甚或属于车辆故障引发的意外事件。这一相关性异议显然是有道理的。此时，公诉人应当转换待证事实，审慎地主张该视听只能证明胡某的死亡与涉案车辆的连续撞击有直接关系。

再如，在一起毒品犯罪案件中，周某涉嫌帮助毒贩夏某运输毒品，在案证据包括同案犯严某的供述。严某为夏某的表妹，在某批发市场经营小卖部，据其供述，夏某派人将装入黑色背包的毒品放到小卖部，之后周某前来取走了该背包，取包时严某和周某分别给夏某拍摄发送了微信照片告知交接过程。公诉人若主张该证据能证明周某故意实施了帮助运输毒品行为，则存在相关性瑕疵，因为该供述只能证明客观上存在对毒品的运输行为，但不能证明周某当时明知交接物品为毒品。此时，应当转换待证事实，审慎地主张该同案人供述只能证明周某客观上实施了帮助运输行为。

第二种方法相对复杂，即组合推论。尽管证据材料与次级待证事实建立联系即可具备相关性（这部分证据材料可称为间接相关证据[①]，其间接性体现在未能直接与最终待证事实建立联系），但司法证明的最终任务是证明最终待证事实。在单个证据只能胜任间接相关证据时，可以通过将其与其他相关证据结合起来，通过组合推论靠近乃至到达最终待证事实。

[①] 本文对间接相关证据的界定不同于《证据分析》，也不同于纵博等国内学者的观点。按照《证据分析》及纵博的观点，证据只要处于推理链条中，无论其与次级待证事实还是最终待证事实联结，均属于直接相关证据；而所谓间接相关证据，则并不处于推理链条中，只是对推理链条的某个环节起到增强或削弱作用的证据。若依此论，间接相关证据等同于所谓附属证据或辅助证据。参见〔美〕特伦斯·安德森等：《证据分析》（第二版），张保生等译，中国人民大学出版社 2012 年版，第81—82 页。纵博：《论证据推理中的间接相关证据》，载《中国刑法杂志》2015 年第 5 期。

组合推论大体包括两种情况。其一是间接相关证据与其他间接相关证据实现组合推论。例如,在一起盗窃案中,在案证据有一份于案发现场发现的被告人的头发,证人声称目睹被告人于案发时在现场出现的证言,以及被告人家中发现的被盗财物。这三份证据均为间接相关证据,若分别独立看待,则均无法到达最终待证事实,但这三份证据可以通过溯因推理结成互为表里的印证关系,基于组合推论靠近乃至到达最终待证事实(见图8)。

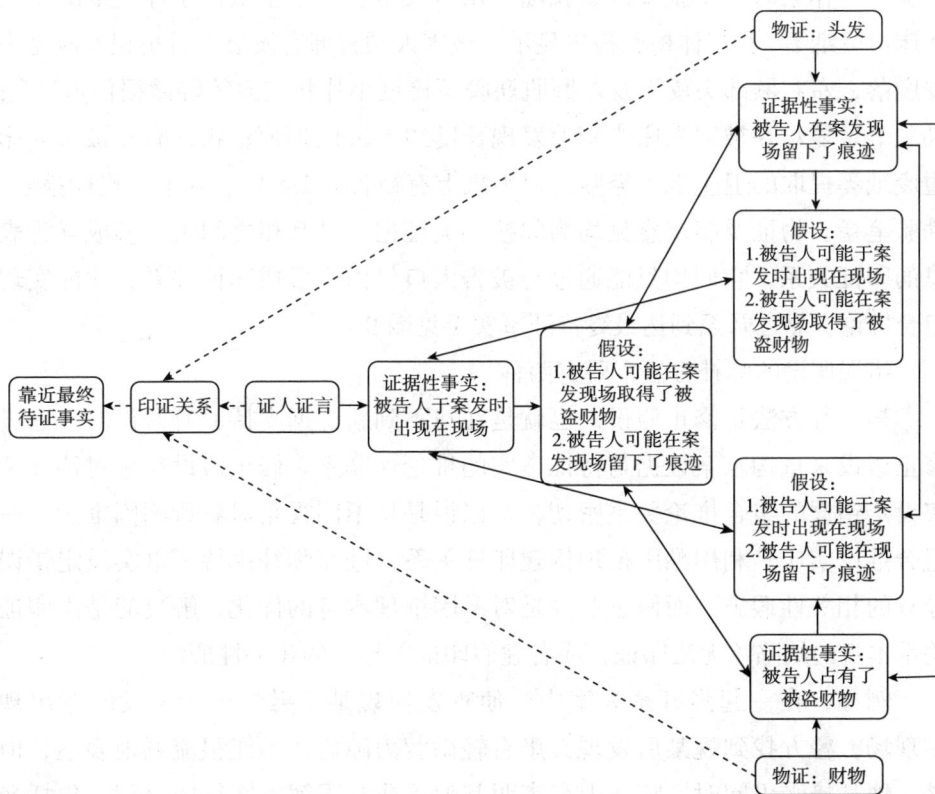

图8①

----

① 对比图6和图8,可以认为,溯因推理的框架下,随着相互印证的间接相关证据数量的累积,印证体系会越发充实、圆融、稳定,证据分析者能够据此提出更加具备融贯性的事实主张。但是,应当注意到,印证关系的建立,只是间接相关证据与更高级别待证事实建立联系的基础,并不意味着这种联系已经达到"确实、充分"或者"排除合理怀疑"的程度。

其二是间接相关证据与直接相关证据实现组合推论。这里的直接相关证据主要是完整反映了最终待证事实的被告人供述、被害人陈述、关键证人证言或者监控录像等电子证据。例如，在一起故意杀人案件中，在案证据有被告人对行凶经过的供述，称"用围巾勒颈几分钟后，被害人有挣扎举动而翻趴在床，继而跪压在被害人背部继续猛勒，直至确认被害人没有呼吸……被害人挣扎时，右手无名指上的钻戒磕到床头柜上留下了一道划痕，发出刺耳声音……作案时出了很多汗，我随手用床头柜上的卫生纸擦了汗，纸随手丢在床边废纸篓"；尸体检验报告显示"被害人颈背部有淤痕、右小腿前侧见表皮脱落，左右颞部头皮下及左颞肌筋膜下检见小片状出血等轻微损伤痕迹"；勘验笔录显示在被害人床头柜上发现长度约5cm的划痕；物证有在被害人床边废纸篓提取的卫生纸（经鉴定卫生纸上有被告人DNA）。其中，尸检报告、勘验笔录、物证及鉴定意见均为间接相关证据，且互相之间难以形成互为表里的印证关系，它们均只能通过与被告人口供内容形成印证关系，才能实现组合推论，靠近乃至到达最终待证事实（见图9）。

错误假设的弥补方法主要有两种。

第一种方法是修正假设，也就是在找不到新证据支持原有假设时，通过修正假设来重构在案证据与待证事实的推论性联系。修正假设与应对待证事实设定错误的组合推论关系密切，可以说是从不同视角对看待溯因推理——组合推论实质是利用溯因推理构建印证关系，进而弥补由待证事实设定错误导致的相关性瑕疵；而修正假设是对溯因推理本身的优化，解决的是由印证关系本身的缺陷（无法印证，或者虚假印证）导致的相关性瑕疵。

例如，在一起强奸杀人案中，侦查发现魏某（男性）于案发时段出现在现场，警方找到魏某后发现其患有轻微智力障碍，不能很流畅地表达，但是，魏某接受讯问时，陈述内容表明其似乎非常了解本案行凶过程，包括受害人被凶手用衣物反绑四肢这一细节。于是，警方假设魏某为本案真凶，以此为侦查方向，继续深挖口供，期望其口供与其他在案客观证据印证。然而，魏某后续陈述出现大量与在案客观性证据矛盾之处，警方通过进一步勘验现场也无法获取与魏某陈述吻合的新证据。这表明，以"魏某为真凶"为基础的侦查假设恐怕难以成立。经过反复斟酌，警方意识到，魏某对本案部

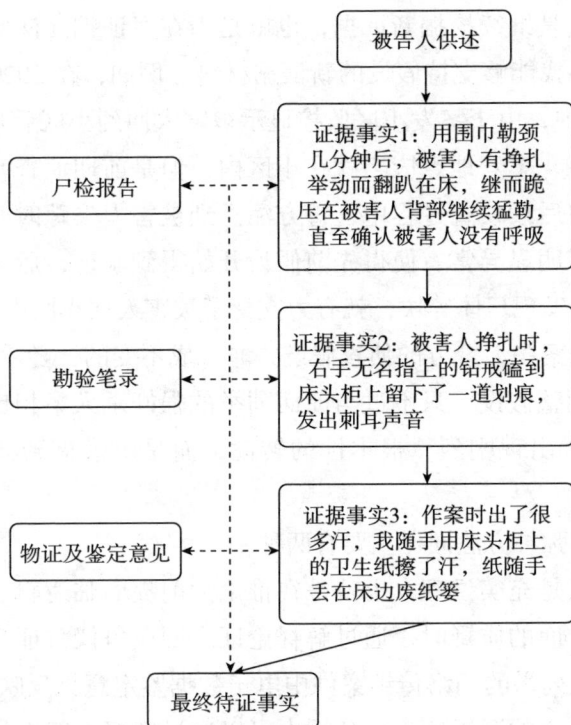

图 9①

分行凶细节的准确陈述，更像是作为旁观者的回忆，因此转而假设魏某为本案目击证人，由此出发，结合案发时天色昏暗，现场周围林木茂密的客观情况，可以合理解释魏某为何对许多客观细节无法准确陈述，同时可以假设魏某有可能看到了真凶容貌。在后续询问过程中，魏某确实逐步描述出行凶人的关键外貌特征，警方循此展开进一步调查，最终成功抓获了真凶。②

---

① 与图 8 展示的多个间接相关证据的组合推论结构相比，间接相关证据与直接相关证据的组合推论结构有明显不同。这一框架下，证据之间并非相互支持，直接相关证据是支撑整个推论体系的唯一支柱。间接相关证据对于组合推论结构的稳定性没有作出任何贡献，它们只能通过依附于直接相关证据才能与更高级的待证事实建立联系。一旦直接相关证据被排除，整个证据体系也就崩塌了。因此，这种组合推论的构建，同样不必然达到"确实、充分"或者"排除合理怀疑"的程度。总而言之，组合推论虽然是解决待证事实设定错误的一种方法，但这种方法只能构建其相关性，并不能直接飞跃到达证明的终点。

② 该案例的构建受到韩国电影《杀人回忆》的启发。

第二种方法是继续挖掘新证据，也就是当在案证据无法验证假设时，扩大调查范围，寻找能够支持假设的新证据材料。例如，在2020年轰动一时的"杭州杀妻案"中，由于案发小区监控显示被害人回到小区后从未离开，可以假设其如果遇害，案发地点应当就在小区内，但是前期侦查并未发现支持该假设的证据。在后续侦查过程中，警方注意到被害人失踪时间段内，其家中自来水用水量有明显异常，使得先前假设开始得到验证，后续在被害人所在楼栋的化粪池中发现尸体碎块，就有力支持了被害人在小区内遇害的假设。

当然，在该案中，警方的侦查假设并非一成不变的，随着新证据的涌现，警方也在逐步调整假设，只不过与前面列举的强奸杀人案相比，警方对侦查假设的调整并未出现剧烈、根本性的转向，而是由模糊到清晰、由笼统到具体。

概括失当的弥补方法同样主要有两种。

第一种方法是充实说理，也就是在推论大前提面临逻辑、情理、专门性要求或合法性方面的质疑时，通过解释论证来回应争议，证立大前提的适当性。例如，前文列举的网络传销案件中电子数据鉴定意见反映出的涉案ID在注册时间和层级上的逻辑悖论，公诉人可以通过解释本案中传销组织的原始数据库在底层逻辑设计上存在bug，导致系统记录的ID注册时间具有随机性，甚至可能出现ID注册时间早于传销平台研发时间的情况，并指出这种注册时间随机分布有可能是该传销组织在设计平台时为了干扰侦查而故意设计的。

第二种方法是补充证明，也就是通过引入新证据来证明推论大前提的适当性。假设有一故意伤害案，被告人甲系外卖配送员，其被指控殴打某小区保安乙。甲的辩护人主张甲构成正当防卫。为了证明案发时甲面临来自乙的不法侵害，辩护人提供了一份来自案发现场附近商家的监控录像，该证据显示朱某发现甲在小区门口违规停放电瓶车后，返回保卫室，约两分钟后其与另外两个人走出保卫室来到电瓶车旁等候周某，此时乙已经将保安制服换为便服，与他同行的两个人也未穿制服。辩护人主张，视频内容证明乙当时有侵害甲的意图。公诉人质证时认为，视频内容只能反映出甲与乙等人在小区门口发生争执进而引发互殴，而甲将乙打倒在地，无法证明乙在等待甲时已经有伤人意图。法官提示辩护人，公诉人实际是质疑该份视频证据的相关性。

辩护人提出，乙与其同事脱去制服的行为表明其有侵害甲的意图，因为通常该小区保安返回保安室更换便服，都表明他们要与别人发生冲突。公诉人与法官均对辩护人阐明的这一推理前提表示怀疑。第二次庭审时，辩护人申请3位证人出庭作证，分别是提供监控视频的商家老板，与甲并不认识但也配送过该小区订单的外卖员丙，经常在小区门口花园锻炼身体的小区业主丁。这3位证人分别陈述，他们见到过保安在门口与外来人员发生争执前主动换掉制服并对外来人员实施言语挑衅和暴力围殴的情况。这3位证人的证言，能够证明辩护人基于监控视频建立的推理链条的合理性。

补充证明是一种特殊的充实说理，其与一般说理的区别在于是否为了说理而引入指向推理大前提的新证据。因此，也可以将弥补概括失当的两种方法更加准确地归纳为"单纯的解释性说理"与"引证式的补充证明"。

实践中，个案中证据相关性瑕疵可能是多种推理错误的混合，对相关性瑕疵的弥补不得不涉及多种弥补方法的综合运用，也就是需要设计针对性的相关性瑕疵弥补方案。为了将前述学理分析结论与现实规则，以及实务界语用习惯契合起来，笔者建议将实践中常言的所谓瑕疵证据的"补正"与"合理解释"界定为两种弥补证据瑕疵的备选方案，不同相关性瑕疵类型匹配的弥补方法可分别归到两套方案之中（见表1）。

表1

相关性瑕疵类型	弥补方法	对应补正还是解释
待证事实设定错误	转换待证事实	合理解释
	组合讨论	补正
假设错误	修正假设	合理解释
	继续寻找新证据	补正
概括失当	充实说理	合理解释
	补充证明	补正

走私犯罪主观明知认定中
推定规则适用的合理性及方法

——兼议排除合理怀疑

陆　锋　张元金 *

近年来，我国的对外贸易事业得到迅猛发展，但走私犯罪活动也愈演愈烈，严重扰乱了我国的市场秩序，阻碍了我国国内经济产业的健康发展。以上海市为例，2015 年至 2019 年，上海检察机关受理海关走私犯罪的批准逮捕案件以及审查起诉案件数量均稳步上升，犯罪手段日趋专业化、隐秘化、集团化，致使司法机关对于走私犯罪的认定难度不断加大。[①] 其中，对于如何认定行为人在走私犯罪中的主观明知一直是实务界和理论界分析和研究的重要问题。在司法实践中，使用推定规则认定走私犯罪中行为人的主观明知状态较为常见，但是如何具体使用推定规则来认定行为人主观明知状态却没有统一的认识或标准，故有必要对走私犯罪中如何使用推定规则来认定行为人的主观明知状态进行深入分析和研究。

使用推定规则认定行为人主观明知，首先需要厘清推定与类推的区别，防止打击扩大化。推定是对运用间接证据证明案件事实的一种方式，是走私犯罪中认定行为人主观明知的一个常用概念。针对"推定"的概念，中外学界已形成了共识性结论，即"推定"是通过证实 A 要素（通常即"基础事

* 陆锋，上海市人民检察院第三分院（铁检分院）第一检察部副主任、四级高级检察官，最高人民检察院重罪检察人才库成员，上海市检察机关食药环资专业化办案团队召集人，上海市涉外法律人才库成员。张元金，上海市人民检察院第三分院（铁检分院）三级检察官助理。

① 参见《上海打击走私犯罪检察工作报告》（2015—2019）。

实")而直接推认 B 要素（通常即"推定事实"）成立的法律范畴，是存在于 A 要素与 B 要素间的一种关系。[①] 推定具有如下特征：其一，需要一定基础事实的存在；其二，基础事实得证直接导致推定事实的成立；其三，基础事实与推定事实之间存在经验法则和逻辑关联；其四，存在反证时推定事实不成立。推定并非刑事法律规范的固有术语，其原系纯正的民事实体法概念，本身即带有推测与假定的意味，契合民事领域公正与效率兼顾的诉求。随着民刑法域的一定交融和诉讼证明的现实需求，推定才逐渐进入刑事领域并获得青睐和认可。[②] 类推为类比推理的缩写，是逻辑推理的一种形式，其是根据两个对象在某些属性上相同或者相似，通过比较而推断出它们在其他属性上也相同的推理过程。但它不是由特殊到一般，而是特殊到特殊的推理过程。因缺乏预测可能性，我国刑法"罪刑法定原则"禁止类推解释，但有利于被告人的除外。认定走私犯罪中行为人的主观明知状态属于入罪证明，故此时禁止适用类推解释。两者最大的区别在于推定是基于生活经验、事物发展的客观规律而得出的结论，符合一般常识常理，从理论上讲基础事实到推定事实的过渡，是一种逻辑和经验上的跳跃，它建立在对经验规则的信赖和法律规定的遵守之上。而类推则是一种类型化的认定，其强调事物之间的相似性，事物之间的关联关系缺乏客观基础，其得出的结论往往超出一般常识常理以及一般人预测的可能性范围，故一般被刑法所禁止。

一、走私犯罪中推定规则适用的现实性

司法实践中，因走私犯罪成本低、回报周期短、非法获利较大，致使走私犯罪频发，一些地方甚至出现了"渔船打油不打渔，货船运油不运货"的现象。走私犯罪人员被抓获后往往对抗性较强，不供率、翻供率较高，导致能够直接认定犯罪嫌疑人主观心态的书证或者电子证据难以获取。上海市人民检察院第三分院侦监处课题组以 2015 年至 2018 年 8 月办理的海上走私成

---

① 参见郭晶：《刑事推定的构造与"应当知道"的认定——以推定之逻辑构造为基础》，载《中国刑事法杂志》2012 年第 8 期。

② 广东省人民检察院课题组：《毒品犯罪"明知"的认定》，载《中国检察官》2020 年第 14 期。

品油、白糖案件为研究样本,分析发现在 2018 年 1—8 月的 118 名犯罪嫌疑人中,有 77 人作有罪供述,其余 41 人均有不供、翻供的情况,占总人数的 35%,辩解内容多集中于主观不明知自己的行为构成走私犯罪。[①]

(一)涉案人员常以无违法性认识为由对抗审查

在走私犯罪中,因海上作业具有一定的专业性,犯罪嫌疑人多数为沿海生活的渔民,他们从小以海上捕鱼为生,家庭生活条件较差。上海市人民检察院第三分院侦监处课题组在研究报告中指出,海上走私成品油、白糖案件涉案人员普遍学历较低,在 149 名报捕人员中,有 87% 的犯罪嫌疑人系渔民出身,具有船舶驾驶经验,有 84% 的犯罪嫌疑人为初中以下学历,普遍文化知识程度不高。[②]为了谋取不当利益,不惜铤而走险。被抓后,出于逃避法律制裁的本能,常常以文化知识程度不高、不具有违法性认识、只是听命于船长做水手工作为由试图逃避法律制裁,进而导致不供或翻供现象的产生。

(二)涉案人员紧密度日益加强,易形成"共同战线"

走私犯罪组织模式日趋专业化、集团化、紧密化,出资人、船长、轮机长、大副、水手、厨师等涉案人员之间有着明确的分工,拖油管、两船对接、核对卸油数量、打开阀门、清理甲板等工作均有安排专人负责。此外,还配备了专人做账,负责记录销售情况、统计盈余、分发工资、按比例分红。犯罪组织者出于慎重考虑,往往安排、召集自己的亲属、老乡从事走私犯罪活动,亲朋好友之间共同走私逐渐成为常态,涉案人员之间的紧密度进一步加强,导致涉案人员在犯罪之前就容易形成共同对抗司法审查的"共同战线",进一步促使涉案人员以各种理由试图逃避法律制裁,致使实践中依靠行为人主观言词证据认定明知的难度加大。

---

① 参见上海市人民检察院第三分院侦监处课题组:《海上走私成品油、白糖类犯罪的实务问题研究》,载陈晖主编:《海关法评论》(第 9 卷),法律出版社 2020 年版,第 166 页。

② 参见上海市人民检察院第三分院侦监处课题组:《海上走私成品油、白糖类犯罪的实务问题研究》,载陈晖主编:《海关法评论》(第 9 卷),法律出版社 2020 年版,第 169 页。

（三）侦查取证困难程度加剧，认定主观明知难度大

近年来，走私犯罪的涉案人员反侦查意识日益提高，犯罪手法不断隐秘化。一方面常选择深夜时间、海域复杂的不特定隐秘海域作案，另一方面会预先安排以特定不易被发觉的方式接头交易。如实践中常出现以一元纸币作为接头暗号，即买方每次出海前会从一沓人民币中随意抽出一张，将人民币的后四位编码作为和大巴油船对接的"票号"，通过中间人发送给上家，上家再把大巴的经纬度位置坐标、电台号码通过中间人以微信方式发送给买家，之后买家和大巴船靠着人民币的后四位编码作为对接暗号。同时，在走私犯罪中，还存在对改装后的船体进行伪装，用木板、油布掩盖油舱，私装储油舱、油泵等行为试图掩盖犯罪行为。并且，司法实践中常发现走私人员擅自删除电子数据、丢弃手机、删改 AIS 系统等行为，大大增加了侦查机关的取证难度，致使司法实践中依靠推定规则认定涉案人员主观明知的程度加大。

二、走私犯罪中推定规则适用的合理性

在司法实践中，证明行为人主观明知的方式有两种：证明事实明知或者推定应知。针对走私犯罪中涉案人员的主观明知能否使用推定应知规则有两种观点。一种观点认为，在走私犯罪中，对于涉案人员主观明知的认定不能使用推定应知，应当以行为人主观上明确的意思表示作为认定标准。[①] 此种观点一方面忽视了事物发展规律中主观见之于客观的原理，另一方面也忽视了我国刑事诉讼活动的现实需要。故可以认为，走私犯罪中的明知应当包括"已知"和"应知"，对于刑事诉讼中所收集的证据材料能够明确反映行为人的主观明知状态的，可以使用推定规则认定行为人属于"应当知道"。

（一）符合主观见之于客观的原理

在事物发展规律中，行为人从事违法犯罪活动必然不会将自己的真实意图轻易公之于众。在现实生活中，反映行为人活动的主观明知状态的证明方

---

① 参见胡平：《试论走私犯罪主观方面的若干问题》，载《刑法论丛》2009 年第 4 卷。

式并不只是单纯依靠行为人的自觉表示，还可以依据案件事实的反映及所收集的客观证据材料，根据行为人的生活经验，在已经排除行为人可能确实不知的合理怀疑的情形下，推定行为人"应当知道"是符合主观见之于客观的原理的。此种方式是在确认一般客观行为规律与行为人实际主观认识及意志之间具有一定的必然联系的基础之上来进行逻辑推定的，具有一定的逻辑学理论基础。所以在认定主观"明知"时，应允许"推定明知"的适用，即在行为人拒不承认明知其行为会造成危害社会的结果之时，只要符合一定的标准和客观表现形式，便可认定其明知。

（二）符合办理走私案件司法实践的需要

在实践侦查取证过程中，能够直接证明走私犯罪主观故意的证据主要有三类：犯罪嫌疑人的口供、证人证言以及能够认定犯罪嫌疑人主观心态的书证或者电子证据。如前文所述，在司法实践中，因涉案人员学历普遍较低，犯罪组织分工明确，人员紧密度进一步加强，致使实践中难以获取证明走私犯罪中犯罪嫌疑人主观明知程度的口供与相关证人证言。并且，在走私案件中，很多案件具有跨国性质，致使司法实践中无法及时取证，导致能够直接认定犯罪嫌疑人主观心态的书证或者电子证据更加难以获取，进一步强化了犯罪嫌疑人主观明知认定中推定规则的适用。

（三）符合相关法律文件规定的精神

现行法律和有关司法解释在认定行为人主观明知的规定中已经明确使用"应当知道"或者依据犯罪嫌疑人的行为、方式以及被查获时的情形，根据年龄、阅历、认知等因素进行综合推定来认定行为人的主观明知状态。2002年7月发布的《关于办理走私刑事案件适用法律若干问题的意见》（以下简称《走私意见》）第5条规定，走私主观故意中的"明知"是指行为人知道或者应当知道所从事的行为是走私行为，具有所列规定的情形之一的，可以认定为"明知"，但有证据证明确属被蒙骗的除外。2008年12月最高人民法院《全国部分法院审理毒品犯罪案件工作座谈会纪要》（以下简称《毒品工作座谈会纪要》）第10点"主观明知的认定问题"规定，毒品犯罪中，判断犯罪嫌疑人对涉案毒品是否明知，不能仅凭犯罪嫌疑人供述，而应当依据犯罪嫌疑人实施毒品犯罪行为的过程、方式、毒品被查获时的情形等证据，结合犯罪嫌疑人的年龄、阅历、智力等情况，进行综合分析判断。2019 年，在"两高"、海关总署联合发布的《打击非设关地成品油走私专题研讨会会议纪要》（以下简称《成品油走私会议纪要》）中，针对走私行为人的主观故意的认定，也采取了类似于《走私意见》第 5 条的表述形式。

三、走私犯罪中行为人主观明知的推定方法

走私犯罪在主观上只能由故意构成，而在我国刑法理论中，故意包括直接故意和间接故意。针对走私犯罪的罪过形式是否包含间接故意，理论界存在一定的争议。笔者认为，走私犯罪的主观明知应当包括间接故意。其一，根据《刑法》第 14 条对犯罪故意的规定，可以看出无论是直接故意还是间接故意，二者的认识因素并无严格的区别，都是"明知自己的行为会发生危害社会的结果"，只是在意识因素上突出了二者对危害结果所持态度具有显然区别，直接故意是"希望危害结果的发生"，间接故意是"放任危害结果的发生"。其二，在司法实践中，船主将船只租借他人，发现他人利用所租借的船只从事走私犯罪活动后，主动向承租人索取高额租金，为走私分子提供运输便利，对这样的船主而言，其明知自己的行为会导致走私成功进而危害社会的后果，但并不能必然推导出其对帮助对象能否完成走私结果的追求态度，为了获取高额承租费用，放任了行为后果的发生。没有船主的放任行为，整个共同走私犯罪行为无法构成。因此，走私犯罪中存在间接故意，且其总是和共同犯罪交织在一起。[1]

推定走私犯罪行为人主观明知的证明可以分为两种方式：第一种是通过间接证据的组合证明，达到充分性标准；第二种是通过法定义务。在走私犯罪中，主要采用的是第一种推定方式。在司法实践中，可以通过准确把握走

---

[1]　徐秋跃：《走私罪认定与处理的若干疑难问题研究》，载《刑事司法指南》（第 56 集），法律出版社 2013 年版。

私犯罪中利用间接证据推定行为人主观明知的表现形式及充分性证明标准，来准确认定行为人的主观明知状态。

（一）推定主观明知的表现形式

如上文所述，在没有直接证据可以认定行为人具有直接或者间接故意的情形下，则可以使用推定规则来认定行为人的主观明知状态。通过梳理相关文件，推定主观明知的表现形式具体包括：

2002年《走私意见》第5条规定，具有下列情形之一的，可以认定为"明知"，但有证据证明确属被蒙骗的除外：（1）逃避海关监管，运输、携带、邮寄国家禁止进出境的货物、物品的；（2）用特制的设备或者运输工具走私货物、物品的；（3）未经海关同意，在非设关的码头、海（河）岸、陆路边境等地点，运输（驳载）、收购或者贩卖非法进出境货物、物品的；（4）提供虚假的合同、发票、证明等商业单证委托他人办理通关手续的；（5）以明显低于货物正常进（出）口的应缴税额委托他人代理进（出）口业务的；（6）曾因同一种走私行为受过刑事处罚或者行政处罚的；（7）其他有证据证明的情形。

2008年《毒品工作座谈会纪要》"主观明知的认定问题"规定，以伪报、藏匿、伪装等蒙骗手段，逃避海关、边防等检查，在其携带、运输、邮寄的物品中查获毒品的，行为人不能作出合理解释的，可以认定其"明知"是毒品，但有证据证明确属被蒙骗的除外。

2019年《成品油走私会议纪要》第2条规定，行为人没有合法证明，逃避监管，在非设关地运输、贩卖、收购、接卸成品油，有下列情形之一的，综合其他在案证据，可以认定具有走私犯罪故意，但有证据证明确属被蒙骗或者有其他相反证据的除外：（1）使用"三无"船舶、虚假船名船舶、非法改装的船舶，或者使用虚假号牌车辆、非法改装、伪装的车辆的；（2）虚假记录船舶航海日志、轮机日志，进出港未申报或者进行虚假申报的；（3）故意关闭或者删除船载AIS系统、GPS及其他导航系统存储数据，销毁手机存储数据，或者销毁成品油交易、运输单证的；（4）在明显不合理的隐蔽时间、偏僻地点过驳成品油的；（5）使用无实名登记或者无法定位的手机卡、卫星电话卡等通信工具的；（6）使用暗号、信物进行联络、接头的；（7）交易价格明显低于同类商品国内合规市场同期价格水平且无法作出合理解释的；（8）使用控制的他人名下银行账户收付成品油交易款项的；（9）逃避、抗拒执法机关检查，或者事前制定逃避执法机关检查预案的；（10）其他可以认定具有走私犯罪故意情形的。

上述规定对于使用推定规则认定行为人主观明知提供了参考与借鉴。但是在实际审查过程中，还存在以下可以推定行为人主观明知的情形：（1）国内购买人员有无索要检验检疫证明等证明材料，是否能够提供国内买卖合同、发票等证实涉案物品合法来源，有无相关经营许可证；（2）陆上接货人员、仓储人员有无合法资质、有无查验货物的合法证明，有无索要相关经营许可证、买卖合同、营业执照等证明材料，有无销毁运输单证、进出库单证等行为，有无使用隐蔽、伪装的仓库场所仓储，有无收取明显不合理报酬；（3）随船水手是否有相关海上作业经营且明确感知航行时间、是否看到大巴船船身英文标志及相关交接地点是否合法。

（二）推定主观明知的充分性证明标准——排除合理怀疑

现有规定对通过间接证据证明的"充分性"描述其实并非完全空白，最高人民法院《关于〈中华人民共和国刑事诉讼法〉的解释》第140条，对没有直接证据，但间接证据可以形成有罪证明的情形，列出了需要同时被满足的五项标准，即"证据已经查证属实""证据之间相互印证，不存在无法排除的矛盾和无法解释的疑问""全案证据已经形成完整的证明体系""根据证据认定案件事实足以排除合理怀疑，结论具有唯一性""运用证据进行的推理符合逻辑和经验"。具体到走私犯罪案件中，根据《走私意见》第5条、《毒品工作座谈会纪要》第10条以及《成品油走私会议纪要》第2条等文件规定精神，对走私犯罪"明知"的认定，除了要求具备所列举的情形之外，还要求"没有证据证明行为人确属被蒙骗""没有其他相反证据"或者"行为人不能作出合理解释"。同时，还需要满足总括性要求：认定行为人的主观明知状态需要根据行为人实施走私行为的过程、方式、船舶航行轨迹、被查获时的行为等证据，结合行为人的年龄、阅历、智力、相关从业经历等情况，综合分析判断行为人的主观明知状态。很显然，此种通过间接证据推定走私犯罪行为人"主观明知"的证明标准是主观与客观的双重反映，即要求达到"排除合理怀疑"的程度。

虽然我国刑事诉讼法已将"排除合理怀疑"写入法律条文，但对合理怀疑的基本概念界定、分析方法和判断标准等具体内容尚无明确的立法规定，司法实践中也并未达成完全统一。在排除合理怀疑进入我国刑事诉讼立法之后，关于排除合理怀疑是否属于证据标准中的主观标准而难以被客观衡量的争论一直不断。笔者认为，在我国的司法实践中，理解和展开排除合理怀疑不宜将其完全主观化。不可否认，"合理"与"怀疑"都是具有一定主观性的判断，这也是排除合理怀疑作为主观证明标准的基础。但当两者结合为"合理怀疑"这一法律概念时，特别是在我国司法实践的具体环境中，是必然有其客观性的，而且是可以被客观衡量的。一方面，通过对合理怀疑产生的沿革、基本范畴、与"内心确信"的对比分析及相关域外司法情况等内容的梳理，特别是对我国刑事诉讼证明标准的演化过程和最终将排除合理怀疑作为证据原则写入立法的分析，可以明确的是，所谓"合理怀疑"并非只存在于法律人理念意识中的一个难以被具象化的模糊概念，其内涵和本质是有法理基础的，当然能够被提炼和抽象为可操作、可判断的法律原则。另一方面，判断是否存在合理怀疑的基本对象是待证事实，而组成待证事实的证据在具备合法性前提的基础上，其真实性和关联性的问题是通过证据之间的证明逻辑和界限规律等客观方法形成的综合判断。而在判断过程中，证据之间是否存在矛盾冲突、是否与生活常理违背、是否具有偶发性等判断要素也是客观的。

客观衡量"排除合理怀疑"证明标准需要考量在对待证事实的证明过程中，是否出现了与常识或称社会一般共识相悖的情形，以及是否出现了证据之间无法印证的情形。上述两种考量指标可以被归纳为"一般常识常理"和"证据印证关系"。"一般常识常理"指标更多地侧重于研判证据本身的真实性情况，而"证据印证关系"指标则更多地侧重于研判证据之间关联性的情况。在证据具备合法性的前提下，相关案件是否能排除合理怀疑，需要全面审视上述两种指标并进行综合研判。同时，需要及时查明行为人可能提出的可查性线索并作出排除与否的认定。

1. 一般常识常理

"一般常识常理"可以被理解为通常条件下，根据待证事实发生的环境，普通公民依据生活常识、社会习俗或专业领域中的一般经验所作出的普遍性判断和反应。其可以通过三种途径来综合判断：一是依据具体情境来判断，即先将案件中的情境特点抽象为一般条件，再代入普通人的具体感知。案发时的具体情境，是案发时的自然条件、周围环境等外在因素的统称。把握案发时的具体情境是判断"一般常识常理"的基础，要点在于全面性，侧重于综合研判外在条件对当事人的心态和行为的客观影响，从而判断行为的合理性和存在可能性。值得注意的是，在社会学概念上，对"常识"的理解分为两个层面——普通生活层面和专业领域层面，即生活常识和专业常识；而司法实践中对"一般常识常理"的把握也应当考虑到，某些案件是发生在特定行业、特定领域中的案件，行业内的一般背景和行业规则，甚至是潜规则，也同样需要以具体情境的角度去全面把握。二是依据逻辑来判断。逻辑是常识中必然包含的内容之一，故是否符合逻辑自然是判断某项怀疑是否是"有理由的"重要原因。需要强调的是，与具体情境因素一样，逻辑是否异常也只是判断"一般常识常理"的角度之一，而且这一角度往往还建立在具体情境因素的基础上。所不同的是，具体情境因素侧重考量外在环境对当事人心理和行为的影响；而逻辑是否异常则侧重考量证据本身的自洽性问题。实践中，常见的逻辑异常包括两种：主观与客观之间的逻辑异常，事实要素之间的逻辑异常。所谓主观与客观之间的逻辑异常，是指某项证据中对主观与客观要素的描述存在逻辑难以自洽的情形。而所谓事实要素之间的逻辑异常，是指某项证据中对两个不同事实要素的描述发生逻辑难以自洽的情形。三是依据特异性来判断。在考量"一般常识常理"时，不能简单地以常识凌驾非常识，以经验排除非经验。虽然"万事皆有可能"不是刑事诉讼中可以被直接采纳的"常识"，但如果对某种特殊情形能够给出相应的可查性线索，那么就不能再以"不正常"为由，一概拒绝该种特殊情形符合"一般常识常理"的合理性，而应当视具体证据情况和所对应的常识内容作区别对待，并结合另一指标"证据印证关系"考量是否能排除合理怀疑。正如最高人民法院《关于适用〈中华人民共和国刑事诉讼法〉的解释》第 139 条规定，"对证据的真实性，应当综合全案证据进行审查"。

2. 证据印证关系

"证据印证关系"可以被理解为证据所描述的内容之间所形成的形式逻辑上的推理关系；具有"证据印证关系"，是指此推理关系完整、周延，且指向唯一结论，无与之相矛盾的推理或矛盾推理不成立。反之，则是不具有"证据印证关系"。实践中，因不具有"证据印证关系"而形成合理怀疑的情形主要包括两类：证据锁链主要部分缺失和证据之间相互冲突。首先，证据锁链主要部分缺失可由证据冲突引发，也可由"缺乏直接，间接不足"所引发。所谓"缺乏直接"并不是直接证据数量一概为"零"——当然也有一些确实为"零"的情况存在，实践中较为常见的是直接证据的稳定性不足。换言之，围绕直接证据并没有形成具有"证据印证关系"的证明体系，使直接证据成为极易被质疑的"孤证"状态，一旦出现反向证据，或者证据变化，就会使"证据印证关系"被迅速突破，因而称为"稳定性不足"。而所谓"间接不足"是指间接证据的组合无法达到对这一主要部分进行充分性证明的标准。在司法实践中，间接证据组合的系统性有几方面因素构成：间接证据能形成必要的推理条件、推理条件组合后可以形成完整的形式逻辑推理过程、推理的结论具有唯一稳定性。所谓"间接不足"，往往是缺少上述三个要素中的一项或多项。其次，证据之间相互冲突是司法实践中排除合理怀疑所涉最为常见的情况。实践中证据之间相互冲突主要有两种表现形式：其一，在内容要点上相互矛盾，即直接冲突；其二，在证明目的上难以互洽，即间接冲突。直接冲突表现明显，通过证据内容即可径直判断，但是要注意不能仅仅通过证据内容的差异表象进行形式判断，应当注意区分要点问题和枝节问题。事关待证事实的基础要素，无法形成稳定的事实主干，从而影响定罪量刑证明结论的冲突，是要点问题；而不影响基本事实，或与定罪量刑无关联性的冲突则属于枝节问题。只有要点问题的冲突才是证据之间相互冲突的情形，才会引发排除合理怀疑的研判。间接冲突中，证据内容的正反冲突并不明显，而是主要表现为一证据的证明目的，形成对另一证据证明目的的制约。

3.可查性线索

在司法实践中，分析上述两个基本指标的同时，还会不可避免地面对可查性线索问题。例如，在审查判断"一般常识常理"的指标时，如果行为人辩解所称的情况完全属于非常识情形，则一般需要提供可查性线索进行判断。又例如，在审查判断"证据印证关系"的指标时，面对两份完全相反的言词证据而又不能依据证据规则简单排除时，又必然会借助可查性线索进行侦查，尽力对待证事实达到认知的最高水平。在走私犯罪中，根据上述规定，如"有证据证明确属被蒙骗或者有其他相反证据"，则不能认定行为人具有主观明知。在司法实践中，行为人在供述中会提出一些类似"可查性线索"的辩解来证明其确属被蒙骗或者确实主观不明知其实施的行为为走私犯罪。实际上，很多此类辩解要么是没有明确指向的直接否认，是一种没有具体原因、事项和理由的无效辩解；要么是完全超出现有侦查手段的能力范围，是一种非理性、非常识的辩解。无论是哪一种情况，相应辩解都会因为缺乏可查性线索而成为"幽灵辩解"，无法使待证事实产生怀疑的合理性。所以，可查性线索应当符合两个基本特征：一是线索要有明确的指向性，指向具体的人或事；二是查证该线索的方法并不超出现有侦查手段的范围。如行为人的辩解符合上述特征，则检察机关需要及时查明并依据上述两种考量指标作出排除与否的决定。

（三）走私犯罪"概括明知"的认定分析

概括明知是指行为人对于犯罪结果的发生具有概括性的认识，但是对于行为对象的个数以及哪个行为对象可能发生一定的危害结果尚不确定的心理态度。[①] 在刑法规定的走私犯罪中，不同的犯罪对象设置了不同的罪名以及所对应的刑罚。在司法实践中，存在实际走私的对象超出了行为人主观认识范围的情形，例如部分犯罪嫌疑人避重就轻，供述只知晓自己的行为可能涉嫌走私一般货物，但是实际上却从事了更为严重的走私毒品或者相关禁止进出口的物品的违法犯罪行为。针对上述情况，《走私意见》第 6 条规定，走私

---

① 参见张明楷：《刑法学》（第三版），法律出版社 2007 年版，第 214 页。

犯罪嫌疑人主观上具有走私犯罪故意，但对其走私的具体对象不明确的，不影响走私犯罪构成，应当根据实际的走私对象定罪处罚；但是，确有证据证明行为人因受蒙骗而对走私对象发生认识错误的，可以从轻处罚。有观点依据上述规定，认为只要行为人主观上具有走私犯罪的故意，客观上实施了走私行为，就可以按照走私行为对象的具体性质来定罪处罚，行为人是否明知或者可能知道走私行为对象的性质，不影响对走私犯罪的认定。[①] 上述观点很明显忽视了刑法所规定的主客观相一致的原则。对于《走私意见》第6条的理解，并不能仅仅停留在字面含义之上，而是需要根据刑法定罪原则的基础之上进行全面分析把握。应当将上述规定的理解限定在行为人对走私犯罪的对象持无所谓态度的情形，即行为人对于走私的对象没有限定某一特定指向，而只是具有一定的概括认识范围，无论走私认识范围内的何种货物、物品，走私行为人均予以认可，此时就应当按照行为人实际走私的对象进行认定。而针对行为人确定明知的情形，则不能适用上述规定，而是应当根据主客观相一致的原则，如果实际走私的对象已经超出了行为人确定明知的范围，则需要根据其确定明知的对象范围进行认定。

四、实证案例分析

【案例】某外籍男子A受他人雇佣与B同行，各自携带他人指定的行李箱经某国转乘航班至我国。入境后，两人选走无申报通道，未向海关申报任何物品。海关关员在A和B携带的行李箱夹层内查获用锡纸包装的白色粉末，经鉴定，上述白色粉末中均含有可卡因成分。

B到案后主动交代其明知行李箱藏有毒品而携带入境的事实，但A到案后，声称不知其所携带的行李箱内藏有毒品。故本案例的难点在于综合全案证据认定A走私毒品的主观明知状态。

A在部分供述中声称其系受老板的经济资助来中国旅游，该辩解符合可

---

① 参见曹坚：《以主客观相一致的视角检视走私犯罪的主观故意》，载《政治与法律》2007年第2期。

查性线索的特征，可以认定行为人提出了可查性线索。但经全案证据分析，可以认定该辩解不符合一般常识常理，且行为人的辩解之间出现相互矛盾的情况，致使无相关要点能够形成合理怀疑。同时，根据证据印证关系，可以综合推定行为人具有走私毒品的主观明知。

第一，针对行为人来中国旅游的辩解，经审查认定该辩解明显不符合一般常识常理。其一，根据 A 行程单可知，A 来中国的行程中，几天时间内辗转多个国家，且多次在不同国家的机场过夜，行程匆忙，明显不符合一般人旅游的行程安排，违背一般常识常理。其二，根据后续行程单可知，其在入境我国当天就会前往他国，故可以认定其进入我国的目的只是为了转机，并非来我国旅游。

第二，A 关于入境中国目的的辩解存在前后反复、互相矛盾的情形。其在第一次供述前半部分称来中国的目的是纯粹旅游，而在第一次供述的后半部分以及第三次供述的前半部分称其此次出行的目的是接受一名本国当地的警察局长 C（后又称为当地军人）所托，帮助 C 抓捕毒贩的。但是，在第三次供述的后半部分又称并没有告知 C 此次出行到中国的行程。在审查起诉阶段，A 又供述 C 与本案无关。最后，A 在第五次供述及审查起诉阶段又称其来中国的目的是度假。所以，A 关于入境中国目的的辩解存在前后反复、互相矛盾的情形，其不能对此作出合理解释，无法形成有效的合理怀疑。

第三，A 在其与 B 是否认识方面一直存在说谎的情形。A 供述，其来中国并无同行人，是独自一人来到中国，其与一起被查获的 B 并不相识。但是，根据旅检视频资料显示，二人在进入我国海关时，相互提着对方的行李箱进行查验。并且，二人从本国出发到中国的全程，共用同一行程单，且该行程单是在 B 随身物品中查获的。在行程过程中，二人曾共同入住同一酒店的同一房间。而根据 B 的供述，其因急需用钱，明知其所携带的行李箱内藏有毒品，与 A 在同一地点、同一人处取得涉案行李箱后，受该人指示，与 A 一起经过多国后入境中国。本案的客观证据与 B 所述相符，A 一直在隐瞒其与 B 相识的事实，试图撇清其与 B 的关系。

第四，A 的部分供述能与同行人 B 的供述形成印证关系，可以推定 A 应知。A 在第一次供述中明确此次行程是其同事为其介绍的"生意"，其妻子得知情况后，告知其"突然有这么轻松就能赚钱的生意，肯定不太干净"。为了非法谋利，在同事第二次询问有没有兴趣去做上次他说的"生意"的时候，A答应了。在审查起诉阶段，A也承认此次行程是一个类似快递的"生意"。所以，A应当明知此次行程是一次回报丰厚的、类似于快递的交易行为，并不是一次简单的旅游。而且，因为妻子的提醒，A在接受涉案行李箱后，第一时间特地打开行李箱进行检查。A检查行李箱的行为正说明了因为其妻子的提醒导致其心中已经对此次行程抱有怀疑的态度，也说明了A心中明白此次行程可能存在不法行为。同时，根据A的供述，侦查机关在还未告知其所携带的行李箱中藏有可卡因的情况下，由于A知道自己国家走私可卡因的违法犯罪行为较多，当其被侦查机关铐住时即供认其所携带的行李箱里应该藏有可卡因。所以，可以推断出A在被侦查机关抓捕之前即认为其所携带的行李箱中有藏匿毒品的可能，即A应当知道其所携带的行李箱中藏有毒品。

综上，现有证据可以证实A主观上应当明知，其所提出的辩解存在前后矛盾且违背一般常识常理的情况，无相关要点能形成合理怀疑。根据《毒品工作座谈会纪要》等规定，综合A的年龄、阅历和智商等客观要素，现有证据已经足以证实其在主观上应当知道其所携带的行李箱藏有毒品。